Margem e Centro

Coleção Estudos
Dirigida por J. Guinsburg

Equipe de realização – Edição de texto: Lilian Miyoko Kumai; Revisão de provas: Soluá Simões de Almeida; Sobrecapa: Sergio Kon; Produção: Ricardo Neves e Raquel Fernandes Abranches.

Ana Lúcia Vieira de Andrade

MARGEM E CENTRO
A DRAMATURGIA DE LEILAH ASSUNÇÃO, MARIA ADELAIDE AMARAL E ÍSIS BAIÃO

Dados Internacionais de Catalogação na Publicação (CIP)
(Câmara Brasileira do Livro, SP, Brasil)

Andrade, Ana Lúcia Vieira de
    Margem e centro : a dramaturgia de Leilah Assunção,
Maria Adelaide Amaral e Ísis Baião / Ana Lúcia Vieira de
Andrade. – São Paulo : Perspectiva ; Rio de Janeiro : UNI-Rio :
Capes-RJ, 2006. – (Coleção estudos ; 227 / dirigida por J.
Guinsburg)

    Bibliografia.
    ISBN 85-273-0754-5

    1. Amaral, Maria Adelaide - Crítica e interpretação
2. Assunção, Leilah - Crítica e interpretação 3. Baião,
Ísis - Crítica e interpretação 4. Crítica teatral 5. Dramaturgas -
Brasil 6. Teatro brasileiro - História e crítica I. Guinsburg, J.
II. Título. III. Série.

06-2564   CDD-792.0981

Índices para catálogo sistemático:
1. Dramaturgas brasileiras : Crítica e interpretação   792.0981
    2. Teatro brasileiro : História e crítica   792.0981

Direitos reservados à
EDITORA PERSPECTIVA S.A.
Av. Brigadeiro Luís Antônio, 3025
01401-000 – São Paulo – SP – Brasil
Telefax: (0--11) 3885-8388
www.editoraperspectiva.com.br
2006

Sumário

AGRADECIMENTOS VII

INTRODUÇÃO IX

    Centro e Margem.. XXII

1. A Mulher Dramaturga na Cena Brasileira entre os Anos
   de 1960 e 1990..1

    Leilah Assunção: Trinta Anos de Teatro 8

    Maria Adelaide Amaral e o Brasil da Abertura..............12

    O Teatro de Isís Baião..16

    O Cânone do Mercado e o Cânone da História..............20

2. O Teatro de Leilah Assunção...27

    Fala Baixo Senão Eu Grito...27

      A crítica e o público..35

    Roda Cor de Roda...37

      A crítica e o público..44

    Boca Molhada de Paixão Calada 48

      A crítica e o público..54

MARGEM E CENTRO

O Momento de Mariana Martins 56

Mariana Martins e a mulher do século xx 61

3. Maria Adelaide Amaral: Do Brasil da Abertura Política
aos Anos de 1990 65

Bodas de Papel 65

A Resistência 74

De Braços Abertos 78

Diálogo entre Luísa e Sérgio 82

A crítica e o texto..91

Querida Mamãe 92

A crítica e o público..96

4. O Teatro "Desagradável" de Ísis Baião 99

Instituto Naque de Quedas e Rolamentos 99

As Chupetas do Senhor Refém 102

O uso do grotesco em *As Chupetas* 104

As Bruxas Estão Soltas..111

O fantasma da culpa 120

As Bruxas e a crítica 121

Essas Mulheres ou She By Three of Them 123

Essas Mulheres e a crítica..................................131

CONSIDERAÇÕES FINAIS..133

Agradecimentos

O material que compõe este livro faz parte de uma tese de doutorado defendida na Mc Gill University, Montreal Canadá, em dezembro de 2001, e resulta também de pesquisas realizadas entre abril de 2003 e abril de 2005.

Gostaria de agradecer a todos aqueles que contríbuíram para a elaboração deste trabalho, em especial aos professores Kathleen Sibbald e Jesús Pérez-Magallón, leitores atentos, cujas sugestões foram de grande ajuda ao longo do caminho, aos professores Luiz Artur Nunes e Tania Brandão, por terem gentilmente concedido importantes entrevistas, aos produtores e atores com quem conversei, a Paulo Giardini, Rafael Ponzi, Sebastião Milaré e Ecila Mutzenbecher, pela atenção com que receberam minhas perguntas e, principalmente, faço questão de dirigir um agradecimento particular e carinhoso às autoras Leilah Assunção, Maria Adelaide Amaral e Ísis Baião pelo apreço com que me receberam em suas casas, concedendo-me depoimentos tão preciosos, mesmo em momentos difíceis.

Gostaria de agradecer também a André Telles, que, diante da minha falta de tempo, aceitou a tarefa de traduzir o texto da tese, o que pôde transformar o projeto desta publicação em realidade.

Não poderia deixar de mencionar também a CAPES, quem finaciou minha pesquisa de doutorado, a McGill University, que me concedeu um Research Grant, e a UniRio, que me possibilitou dar continuidade ao trabalho acadêmico através do convênio PRODOC/CAPES. A todos o meu muito obrigada.

Introdução

Nosso trabalho busca suprir uma lacuna fundamental nos estudos sobre o teatro brasileiro contemporâneo. Seu objetivo básico é estabelecer uma reflexão acerca do posicionamento de certas escritoras no contexto mercadológico e crítico da cena brasileira da segunda metade do século XX. Desse modo, pretendemos situar, num panorama mais amplo, a maneira pela qual o mercado de produção e o cânone da crítica de teatro no Brasil reagem diante do trabalho de determinadas autoras, incorporando-o, ou não, segundo as circunstâncias. Para isso, escolhemos analisar a obra de três dramaturgas: Leilah Assunção, Maria Adelaide Amaral e Ísis Baião, cujas peças compreendem o período que vai dos anos de 60 à década de 90 e são um espelho do desenvolvimento de duas tendências-chave da dramaturgia brasileira dos últimos trinta anos: a que busca transcender as fronteiras do teatro político, unindo-o à problemática do indivíduo, e a que marca a dissolução de um formato estético-conceitual específico que determine claramente os limites, as posturas frente às heranças da tradição e da vanguarda, cujo traço marcante é o hibridismo de formas e de linguagens, refletindo a predileção por um tipo de escrita que não se fixa em moldes rígidos.

Outros nomes bastante conhecidos e importantes no contexto do teatro escrito por mulheres no Brasil – como o de Consuelo de Castro, presença obrigatória nas antologias de dramaturgas brasileiras e latino-americanas do século XX, e Hilda Hilst – não foram incluídos nesse estudo em virtude do desejo de se trabalhar com um quadro de autoras mais reduzido. Além do mais, a escolha de um nome menos canônico, como o de Ísis Baião, fez-se necessária para investigar, com maior propriedade, a maneira como se relacionam margem e centro, tanto dentro do esquema de produção quanto dentro do panorama histórico-crítico.

Assim, nosso objetivo não é tentar descobrir uma voz representativa da "mulher" no teatro brasileiro, mas traçar um panorama das diferenças presentes nas vozes que representam um determinado grupo de autoras. Acreditamos, com isso, ser possível chegar a algumas conclusões a respeito da influência que a recepção crítica dessas diversas posturas desempenhou sobre a continuidade e a evolução da carreira das referidas dramaturgas.

Embora, até o momento, não tenhamos mencionado a questão mais específica da recepção por parte do público, é fundamental assinalar que também trabalhamos com esta instância, pois a mútua influência entre os dois pólos não permite que uma análise abrangente os separe. Além disso, em alguns casos, o sucesso de bilheteria alcançado por um texto acaba despertando o interesse do crítico/historiador, exigindo uma nova orientação acerca da direção do cânone.

O presente estudo valeu-se quase sempre, além da consulta à bibliografia disponível no campo do teatro brasileiro, dos depoimentos de historiadores, produtores teatrais, diretores e das próprias dramaturgas, assim como de artigos e reportagens da imprensa que pudessem situar com mais segurança o perfil do contexto histórico/crítico analisado e a reação do público diante das peças comentadas. Esse momento da investigação verificou-se bastante produtivo, já que o material recolhido nos permitiu propor uma contribuição efetivamente nova às análises sobre a dramaturgia contemporânea escrita por mulheres no Brasil: a questão do mercado, que acaba acarretando inúmeros aspectos definidores de parte importante do desenvolvimento estético das trajetórias investigadas. Para o autor de teatro, o êxito ou não de público e de crítica pode determinar sua própria sobrevivência como profissional. Em termos históricos, o êxito de público e de crítica determina o destino de certos posicionamentos temático-formais e, por conseguinte, a direção das correntes que configuram, em um nível mais amplo, os rumos da cena.

Susan Bennett, em seu estudo sobre o público no teatro considera que:

> O texto literário, assim como o cinematográfico, é um produto estabelecido e acabado que não pode ser afetado diretamente por seu público. Mesmo a forma seriada do romance ou a edição revista só permitem uma interferência limitada por parte dos leitores. No teatro, todo "leitor" está envolvido na confecção da peça. Com efeito, até mesmo o público do teatro mais "culinário" está envolvido numa relação recíproca

INTRODUÇÃO   XI

que pode mudar a qualidade e o sucesso da representação. Nunca duas representações teatrais poderão ser iguais em virtude do envolvimento desse público[1].

Embora Bennett esteja se referindo mais propriamente ao fato de o público no teatro participar com sua presença física e, portanto, de suas reações formarem parte do acontecimento teatral em si, sua menção ao sucesso como resultado dessa participação reforça o ponto de vista segundo o qual existe um nexo indissociável entre os pólos dos eventos que ocorrem no palco e na platéia, sendo, portanto, necessário levá-lo em consideração nas investigações acerca do fenômeno teatral.

Em termos de crítica literária, a teoria do *reader-response* foi alvo do interesse de pesquisadores a partir do final dos anos de 1960 e durante toda a década de 70. Hoje em dia, apesar de estudos centrados no papel do leitor continuarem a ser publicados, como afirma Bennett, "o *reader-response* não vai ocupar por muito tempo um lugar central na teoria crítica. Agora ele pode ser considerado um movimento historicamente relacionado aos acontecimentos do final dos anos de 1960 [...]. A teoria pós-estruturalista, mais recentemente, fez claras restrições à abordagem do *reader-response*"[2]. Embora não trabalhemos com o conceito de leitor desenvolvido por essa teoria, já que o espectador de teatro integra uma comunidade e participa de um acontecimento público – o que faz com que suas reações percam muito do caráter privado e particular mais característico da relação entre o leitor e o texto literário[3] – alguns dos modelos que o enfoque da teoria da recepção proporciona irão mostrar-se úteis para o desenvolvimento de nossa investigação, como o conceito de Fish de comunidades

---

1. Susan Bennett, *Theater Audiences*, London / New York: Routledge, 1990, p. 21-22.

2. Idem, p. 36.

3. Em sua antologia de 1980, *The Reader in the Text* (Princeton: Princeton University Press), Susan Suleiman afirma que foi a tendência à auto-reflexão que forneceu o terreno necessário para o surgimento da teoria da recepção. "Sua auto-reflexividade tem seu análogo nos princípios da relatividade e incerteza, na medida em que surgiram nos primórdios da física do século XX. Além disso, a auto-reflexividade, certamente, surgiu como um interesse particular dos textos. O romance de John Fowle, *The French Lieutenant Woman* (1969), e a peça de Peter Handke, *Ofendendo o Público* (1966), são exemplos bem conhecidos de obras que dirigem as afirmações de sua arte e o papel de seus públicos, e que antecipam uma teoria com as mesmas preocupações". A supremacia da análise textual que privilegiava o ponto de vista do conhecimento enciclopédico e da ilustração é então questionada, e novas instâncias interpretativas passam a ser consideradas importantes. O papel do inconsciente como parte da experiência do indivíduo na compreensão de um texto, o estabelecimento de uma abordagem subjetiva e psicanalítica para o ato da leitura, tudo isso representou um novo marco nos estudos literários dos anos 60, como o de N. Holland, *The Dynamics of Literary Response* (New York: Oxford University Press, 1968), e o de Walter Slatoff, *With Respect to the Readers* (Ithaca: Cornell University Press, 1970).

XII   MARGEM E CENTRO

interpretativas. Não o utilizamos, contudo, como uma ferramenta básica determinadora de um caminho específico para a análise dos posicionamentos da crítica e do público, mas como uma noção que pudesse sustentar e justificar nosso tratamento, que considera esses dois pólos receptores do fenômeno teatral a partir de posturas elaboradas coletivamente, ou seja, a partir de condutas induzidas por um contexto cultural específico. Para Fish,

> As comunidades interpretativas são compostas por aqueles que partilham estratégias interpretativas não para ler (no sentido convencional), mas para escrever textos, para constituir suas características e atribuir suas intenções. Em outras palavras, essas estratégias existem previamente ao ato de ler e, a partir daí, determinam a forma do que é lido mais do que, como em geral se admite, o contrário[4].

Como assinala o crítico, as estratégias utilizadas na recepção da obra artística fazem parte de pontos de vista que o observador adota *a priori* e que lhe são transmitidos pela comunidade à qual pertence, *que autoriza ou não determinados pontos de vista* (grifo da autora).

Bennett, em seu trabalho já comentado, menciona a história da recepção da peça de Harold Pinter, *Festa de Aniversário*:

> Em 1958, a peça estreava em Londres no Lyric Hammersmith, e a resenha de 20 de maio do crítico teatral do *The Times* foi menos do que entusiasta: "Os efeitos do Sr. Pinter não são nem cômicos nem aterradores: são nada mais do que confusos, e após um breve instante tendemos a abandonar a confusão desesperançados"[5]. A confusão e o desespero críticos claramente estendidos ao público acabaram subsistindo por apenas algumas apresentações. Em contrapartida, as representações pré-londrinas de *Festa de Aniversário* foram mais entusiasticamente recebidas em Oxford e Cambridge, onde o público era provavelmente constituído, em parte pelo menos, pela comunidade acadêmica local. Portanto, seriam mais conscientes e receptivos às tradições da vanguarda européia subjacentes à peça de Pinter. Além disso, quando *Festa de Aniversário* foi reapresentada no Aldwych, em Londres, cerca de seis meses mais tarde, foi saudada como um sucesso e desfrutou de uma carreira mais longa. Em 18 de junho de 1964 uma resenha do *Times* declarava: "*Festa de Aniversário* é o texto seminal do moderno drama britânico: se John Osborne estimulou novos autores a escrever, Pinter mostrou-lhes como fazê-lo"[6].

O contraste entre as diferentes reações à peça de Pinter mostra como o público de teatro age segundo os parâmetros da comunidade à qual pertence. Em termos do que mostra Fish, a discrepância entre os distintos tipos de recepção em 1958 comprova a existência de duas comunidades interpretativas particulares que determinaram a postura do público frente à obra. Em 1964, como os procedimentos da vanguarda européia já haviam sido canonizados pela crítica, e o público

---

4. Stanley Fish, *Is There a Text in This Class?* Cambridge, Mass.: Harvard University Press, 1980, p.171.

5. *The Times*, Londres, 1958, p. 3.

6. *The Times*, jun. de 1964, p. 18, citado por Susan Bennet, op. cit., nas páginas 43-44.

INTRODUÇÃO   XIII

exposto com maior freqüência ao tipo de estética utilizada por Pinter, pôde-se produzir uma mudança nas estratégias de recepção da obra.

Bennett comenta do mesmo modo que o conceito de Fish de comunidades interpretativas também pode ser utilizado com respeito à crítica jornalística:

> Patrice Pavis, em sua análise das críticas reunidas da produção de Peter Brook para *Medida por Medida* no teatro Bouffes du Nord, em 1978, enfatizou as estratégias compartilhadas dentro do que se constitui a crítica teatral como gênero. A crítica, descobriu Pavis, ao convergir para uma discussão sobre o espaço cênico e sobre a caracterização do tipo de *mise-en-scène* como "frio", "denso", "autodestrutivo", "seguro", "hábil", com "uma revigorante ausência de afetação", definitivamente não ajuda o leitor a percebê-lo[7]. Claramente, como assinala Pavis[8], o discurso da crítica reflete concepções partilhadas do que constitui o teatro[9].

A afirmação de Pavis citada por Bennett também é comprovada por nosso estudo, no qual, por meio da análise de diversos exemplos de material crítico jornalístico, pudemos confirmar que existem de fato posições prévias, pré-definidas, que determinam as posturas demonstradas nas resenhas. No caso dos comentários com os quais trabalhamos, pode-se perceber, por exemplo, quase sempre uma antipatia direcionada para qualquer tipo de expressão que busque dar voz a um conteúdo de caráter feminista, ou que se suponha feminista. Esse tipo de posicionamento, embora mais comum nos anos de 1970 e 1980 (ainda marcados pela presença da ditadura militar), continua, em menor proporção, até a década de 1990, o que demonstra a existência de um certo desprezo por parte da comunidade crítica (de predominância masculina) pelo teatro que busque, às vezes de maneira muito sutil, apresentar um enfoque mais ideologizado, principalmente quando essa ideologia é ou parece ser feminista.

Enquanto os críticos dos grandes jornais pretendem demonstrar imparcialidade com relação às suas posições (embora, às vezes, isso se mostre impossível), os que escrevem para publicações menores, ao contrário, assumem o posicionamento das publicações por eles representadas. Como afirma Bennett, "a criação nos anos de 1970 do *Time Out* londrino foi, sem dúvida, fundamental para o estabelecimento do emergente teatro feminista e gay. As críticas no *Time Out* foram importantes não só por seu radical alinhamento político, mas também pelo valor de sua informação, chamando atenção para a riqueza de um teatro que estava à margem tanto dos tradicionais espaços teatrais quanto dos tradicionais mecanismos publicitários"[10].

---

7. Patrice Pavis, *Languages of the Stage*, New York: Performing Arts Journal, 1982, p. 103.

8. Idem, p.5.

9. Susan Bennett, op. cit., p. 44-45.

10. Idem, p. 45.

XIV MARGEM E CENTRO

Não há dúvida de que as comunidades interpretativas formam-se a partir de estratégias de percepção político-ideológicas[11], e nosso trabalho busca enfatizar a forma pela qual essas estratégias operam ao longo de um período de trinta anos (1969-1999) de presença de dramaturgas nos palcos brasileiros.

A teoria de Fish, em geral, não especificamente o conceito de comunidades interpretativas, foi alvo de críticas de outros teóricos do chamado "*reader-response criticism*", como Wolfgang Iser, que desenvolveu seu trabalho a partir das influências de Edmund Husserl e Roman Ingarden, para quem as estratégias textuais "simplesmente oferecem uma estrutura dentro da qual o leitor é obrigado a construir para si mesmo o objeto estético"[12]. Para ele, a estrutura intersubjetiva do processo pelo qual um texto é "traduzido" na mente do leitor depende do modo pelo qual este relaciona o lido aos acontecimentos de sua vida passada e expectativas futuras. Esse fato, não obstante, direciona-se mais a uma síntese que não é "nem manifestada no texto impresso, nem produzida apenas pela imaginação do leitor, e o projeto no qual consistem têm eles próprios uma natureza dual: eles emergem do leitor, mas também são orientados por sinais que 'se projetam' a si próprios nele"[13].

Iser não se concentra na análise específica do leitor, mas no processo de interação entre este e o texto. Em termos de teatro, Iser analisa a qualidade do cômico peculiar à obra de Beckett, onde haveria uma passagem constante do não-sério para o sério, provocando uma reação de aturdimento no público: "O que aconteceria se essa declaração de não-seriedade fosse também atacada e derrubada? Supondo isso, no exato momento em que reconhecemos a não-seriedade como um meio de autoliberação, ela voltaria a ser séria novamente? Em tais casos, não podemos escapar por muito tempo da tensão e, em vez disso, nosso riso morre em nossos lábios"[14]. O público que assiste a uma peça de Beckett não assiste a uma situação cômica, "ao contrário, a comédia lhe ocorre porque ele experimenta suas próprias interpretações como aquelas que

---

11. A relutância de Fish em tratar das implicações políticas do conceito de comunidade interpretativa foi percebida por William Cain, que afirmou: "O impulso da teoria de Fish é radical e liberalizante ao subverter o mito de que uma autoridade é um fato natural, e que estamos para sempre limitados à forma existente de nossas instituições. Apesar disso, até mesmo quando Fish aponta para a força radical de sua teoria, ele a enfraquece, transformando o poder desmistificador de seu pensamento numa reafirmação do domínio necessário da autoridade sobre nós. Como a preocupação de Fish com as 'coerções' em seus primeiros trabalhos comprovam, ele está fortemente comprometido com ordem, disciplina e controle". William Cain, Constraints and Politics in the Literary Theory of Stanley Fish, em Harry R Garvin (org.), *Theories of Reading. Looking and Listening*, Lewisburg: Bucknell University Press, 1981, p.75-88.

12. Wolfgang Iser, *The Act of Reading: A Theory of Aesthetic Response*, Baltimore / London: Johns Hopkins UP, 1978, p. 11.

13. Idem, p.135.

14. Idem, p. 145.

INTRODUÇÃO XV

devem ser excluídas"[15]. Prossegue o teórico: "O momento do riso depende da disposição do espectador individual, de modo que esse riso como reação e como alívio de sua confusão é privado de uma confirmação coletiva no momento exato em que ela se faz mais necessária"[16]. Essa confirmação coletiva não aparece porque o aturdimento da platéia impediria o compartilhamento do riso. Analisando em termos mais específicos *Fim de Partida*, Iser considera que essa peça busca frustrar a possibilidade de o espectador construir sentidos durante o processo de fruição. "A constante obliteração dos referentes lingüísticos resulta em espaços em branco estruturados, que permaneceriam vazios se o espectador não sentisse a compulsão de preenchê-los"[17]. Essa interpretação do teatro becketiano como um sistema de "não-preenchimento", embora a princípio possa ser comprovada – uma vez que não se pode negar que as primeiras reações a *Esperando Godot* comprovavam a dificuldade do público de agir como um grupo e integrar-se num consenso frente à obra –, não se sustenta se levarmos em consideração o fato de que, apesar de tal dificuldade, como relata Martin Esslin em seu *Theather of the Absurd*, a peça resultou num grande sucesso:

> O triunfo real de Beckett, contudo, chega quando *Esperando Godot*, que foi publicada na forma de livro em 1952, foi produzida pela primeira vez em 5 de janeiro de 1953, no pequeno Théâtre de Babylone (hoje fechado), no bulevar Raspail. Robert Blin, sempre na linha de frente da vanguarda do teatro francês, dirigiu e representou ele próprio o papel de Pozzo. E contrariando todas as expectativas, a estranha farsa trágica, na qual nada acontece e que foi desprezada como não-dramática por vários produtores, tornou-se um dos maiores sucessos do teatro do pós-guerra. Teve cerca de quatrocentas representações no Théâtre de Babylone e, mais tarde, transferiu-se para um outro teatro parisiense[18].

Como se pode perceber, a teoria de Iser, ao concentrar-se de modo mais particular nas reações do fruidor como indivíduo, não consegue dar conta das contradições envolvidas no processo de recepção no teatro, que podem ser melhor explicadas por meio de um ponto de vista coletivo, ou seja, por meio de uma abordagem que leve em conta os aspectos sócio-históricos produzidos pelos parâmetros de aceitação de determinada obra. Se a primeira reação à *Festa de Aniversário* em Londres não foi boa, ao contrário do que ocorreu com *Esperando Godot* em Paris, foi provavelmente porque o público parisiense encontrava-se mais a par dos procedimentos da vanguarda do que o público inglês da época, formando assim uma comunidade interpretativa com outros critérios[19].

15. Idem, p. 145.
16. Idem, p. 160.
17. Idem, p. 176.
18. Martin Esslin, *Theater of the Absurd*, London: Eyre Mithuen, 1974, p. 20.
19. Susan Bennett, op. cit., afirma: "Iser sugere que buracos são uma estratégia comum no texto moderno, usadas para incitar o leitor a buscar uma introspecção, ape-

XVI MARGEM E CENTRO

Outras investigações no âmbito do *reader-response criticism* buscam situar o aspecto da recepção da obra em termos históricos. O trabalho de Robert Jauss, por exemplo, concentra-se nas questões da história literária como baseadas "na experiência prévia da obra literária por seus leitores"[20], ou seja, busca olhar a história a partir do horizonte de expectativas do leitor, estabelecendo uma forma de objetificá-lo. Ao recuperar o horizonte de expectativas de determinado período, pode-se verificar a compreensão de uma obra por meio do tempo, e, ao contrário de explicá-la apenas comparando-a a outros exemplos de sua época, pode-se avaliá-la pelo ângulo da experiência social do leitor.

Esse ponto pareceu especialmente relevante para o desenvolvimento de nosso trabalho de pesquisa e, embora não nos tenhamos concentrado exclusivamente no objetivo de produzir um *corpus* crítico que resgatasse integralmente o que seria o "horizonte de expectativas" e as estratégias de recepção do mercado teatral e do público, já que demos importância igual à descrição temático-formal das peças (aspecto muito importante para esclarecer as diferentes reações às obras analisadas), não há dúvida de que essa dimensão é a que determina o ponto de vista deste estudo.

Se a abordagem proposta por Jauss recebeu críticas devido, entre outros motivos, a sua pouca ênfase na possibilidade de existência de diferentes horizontes de expectativa coexistindo entre tipos diferentes de público[21], optamos por abordar esse conceito no âmbito da idéia

nas para descobrir que a tarefa é impossível. Pode-se argumentar, contudo, que buracos, na verdade, incitam meramente os leitores a aceitarem os buracos. Em todo caso, o buraco é obviamente uma estratégia na obra de Beckett. Com o próprio reconhecimento de Iser dessa prática geral, por que então ele espera que o público fique abalado com esse procedimento? O riso da platéia pode, e o faz, advir da percepção de uma interpretação deficiente, mas também é estimulado por técnicas cênicas mais óbvias nas peças de Beckett: movimentos corporais que interrompem ou substituem a linguagem, aspectos da encenação, fórmulas de *vaudeville*, piadas cômicas de repertório. Em outras palavras, Beckett trabalha com um material que achamos convencionalmente cômico. Isso fornece outra indicação da importância do ritual quando tudo o mais está perdido. O riso é frio não tanto pelo auto-reconhecimento, mas pela estrutura da performance... O teatro de Beckett não atrai a atenção do público pelo brilho com que explora a mecânica do teatro. Embora Iser declare que as novelas de Beckett prendem a atenção dos leitores na medida em que o habilitam a compreender a natureza daquela narrativa, ele não parece reconhecer que o apelo cênico de Beckett é gerado similarmente" (1990, p. 50-51). Uma vez que a situação do teatro como evento público que acontece dentro de um determinado contexto estético-ideológico não é analisada em profundidade por Iser, sua teoria verifica-se incompleta para a especificidade exigida pela análise do fenômeno teatral.

20. Hans Robert Jauss, *Towards an Aesthetic of Reception*, Minneapolis: U. of Minnesota Press, 1982, p. 20.

21. A ênfase na diversidade, no fato de existirem "públicos" e não "um público", não parece ter sido o interesse primordial de Jauss (essa ênfase o aproximaria ainda mais do conceito de comunidades interpretativas de Fish), como assinalaram Suleiman

INTRODUÇÃO   XVII

de comunidades interpretativas proposta por Fish (por nós utilizada, como dissemos, com maior liberdade e em um sentido mais amplo do que o fornecido pelo teórico, concentrado no aspecto sincrônico da questão), mais adequado a nosso ver para abordar o problema da recepção no teatro. Pareceu-nos importante, para isso, durante o desenvolvimento de nosso trabalho, apontar as mudanças percebidas ao longo do tempo, ou seja, mostrar, por meio da comparação entre os aspectos diacrônico e sincrônico, como um determinado tipo de reação pode mudar quando diferentes parâmetros interpretativos passam a ser utilizados.

Janet Wolff critica a teoria de Jauss por não conseguir tratar com profundidade a questão sociológica subjacente ao problema colocado pelo conceito de horizonte de expectativas:

> Pois a existência de uma "grande tradição" continua a não parecer muito problemática, na medida em que não conseguimos perceber o material específico e as práticas ideológicas nas quais as obras são produzidas em primeiro lugar (a sociologia da produção literária), aquelas condições e práticas que estabelecem certas pessoas ou grupos como públicos e, particularmente, aqueles membros-chave do público receptor cuja tarefa é formular e preservar a herança literária (a sociologia da recepção e da crítica)[22].

Os pontos criticados por Wolff em sua apreciação da teoria de Jauss, ou seja, a falta de uma ênfase na revelação das práticas ideológicas entre as quais as obras são produzidas, que acabam por gerar a recepção dos grupos formadores da comunidade do público, foram levadas em consideração nesse trabalho. Assim, tentamos sempre que possível esclarecer plenamente o contexto sócio-histórico e os parâmetros estético-ideológicos predominantes ao longo das quatro décadas analisadas. Como aponta Manfred Naumann, "antes de atingirem o leitor, as obras produzidas já possuem formas de apropriação social por trás de si; foram selecionadas para recepção por meio de instituições sociais, tornadas disponíveis por estas últimas, e na maioria dos casos já foram assim avaliadas"[23]. No caso do teatro, as instituições sociais têm um papel mais preponderante ainda na forma como as peças são produzidas e consumidas. Naumann menciona o exemplo da produção londrina de 1974 de *Um Bonde Chamado Desejo*, de Tennessee Williams, cujos responsáveis, um dos mais influentes proprietários de casas de espetáculos, uma poderosa organização de *mass-media* e o marido da atriz principal, formavam um grupo que tentou explorar ao máximo em termos comercias a popularidade do autor e da versão cinemato-

---

e Crosman em *The Reader in the Text: Essays on Audience and Interpretation*, Princeton: Princeton University Press, 1980, p. 37.

22. Janet Wolff, *Aesthetics and the Sociology of Art*, London: George Allen & Unwin, 1983, p. 35-36.

23. Manfred Naumann, Literary Production and Reception, *New Literary History* 8.1, 1976, p. 107-126.

XVIII   MARGEM E CENTRO

gráfica com Vivien Leigh e Marlon Brando, bem como o fato de que a protagonista seria interpretada por Claire Bloom, uma atriz que vinha de trabalhos populares na televisão. Desse modo, deixava-se claro que não havia intenções por parte dos produtores de tentar nenhum tipo de experimentalismo para o espetáculo. Afirma Naumann:

> Por meio dos órgãos mediadores em ação no intervalo entre a obra produzida e o começo do processo de recepção individual, há sempre uma indicação fornecida [...] dos processos de recepção e efeito que operaram durante e depois de sua realização[24].

Esses processos de recepção são transmitidos ao público, que reage segundo seus modelos. Naumann descreve também o processo anterior ao contato com a obra em si como determinado pela ideologia e pela visão de mundo do espectador[25], que também estão relacionados a questões como classe social e educação:

> Esse "antes" também é determinado por seu pertencimento [do fruidor] a uma classe, estrato ou grupo, por sua situação material (condições de renda, lazer, moradia e trabalho, e estilo geral de vida); por sua educação, conhecimento e nível de cultura, suas necessidades estéticas; por sua idade, e até por seu sexo, e não menos por sua atitude em relação às outras artes e, especialmente, à própria literatura de que já foi receptor[26].

Naumann não menciona o problema do gênero como um dos fatores que determinam o estágio anterior à recepção, o que toda a crítica feminista já resgatou como um dos aspectos mais importantes do processo descrito pelo teórico. Essa crítica só pôde se realizar a partir dos próprios parâmetros de uma estética da recepção, uma vez que um de seus objetivos principais se relaciona com a realização de uma leitura das obras canônicas (e das críticas a elas) que aponte o modo pelo qual as interpretações masculinas modelares deixaram de lado o universo da experiência feminina nelas presente. Do mesmo modo, para propor um contra-cânone que inclua nomes de autoras antes muito pouco comentados, a crítica feminista precisa enfatizar que a tradição crítico-histórica em literatura vem se mostrando eminentemente auto-referente, constituindo um campo intelectual que busca excluir toda expressão que não se enquadre dentro do panorama das políticas interpretativas validadas por uma tradição de caráter "de gênero" (mas que nunca se declara como tal). Ao realizar essa tarefa, necessita da contribuição de estudos centrados no aspecto da recepção para poder justificar seus pontos de vista[27], embora quase sempre

24. Idem, p. 120.
25. Idem, p.121.
26. Idem, p.22.
27. Vera Maria de Queiroz Costa, em sua tese de doutorado apresentada à Pontifícia Universidade Católica do Rio de Janeiro (Puc-Rio), apontava um dos objetivos mais conhecidos da crítica feminista: "Sua estratégia vem sendo, nas últimas décadas,

INTRODUÇÃO   XIX

não sejam Fish, Iser ou Jauss seus interlocutores, e sim as práticas ou a herança bloomiana. Susan Bennett comenta o vínculo da abordagem feminista com a estética da recepção e sua correspondência com o teatro:

> O que os estudos de Fetterley e Kolodny mostram é o fato de que o gênero em sua constituição sociológica e ideológica deve ser considerado nas análises tanto do processo de produção quanto de recepção. Os problemas encontrados pelas críticas feministas em sua descrição da leitura, assim como em seu relacionamento com textos em geral, foram reiterados na criação do teatro feminista. Feministas que trabalham no teatro buscaram, assim como suas colegas acadêmicas, resgatar textos perdidos de mulheres e reler obras clássicas, particularmente Shakespeare. Além disso, desafiaram o conceito de teatro como instituição cultural, reestruturando, assim, radicalmente o diálogo entre público e espetáculo. Grupos como o Le Théâtre Parminou (sediado em Québec) e o Women's Theatre Group (em turnê pela Inglaterra) envolveram seus públicos na criação de textos para encenação. Eles não apenas contam com o público nos estágios pré-produção, como abrem em sua *mise-en-scène* espaço para cenas "abertas" ou discussão pós-produção[28].

Os exemplos mencionados acima por Bennett aplicam-se a um tipo de prática teatral mais encontrado na América do Norte e nas culturas anglo-saxônicas, cujo objetivo principal não é buscar um espaço no mercado comercial do teatro, mas criar um tipo de cena que, rompendo com a divisão entre platéia e cenário, construa suas obras a partir de uma espécie de "work-in-progress", contando com a experiência do público no tratamento das questões por ele abordadas. Esse tipo de prática não é o foco de investigação do presente trabalho, uma vez que justamente nos propomos a averiguar as estratégias que permitem a uma determinada obra (ou autora) ser canonizada tanto pela crítica quanto pelo mercado produtor. Desse modo, compartilhamos com a leitura feminista a intenção de assinalar o que constitui a ideologia do cânone, analisando a presença feminina no panorama teatral brasileiro dos anos de 1960 até os anos 90; no entanto, nossa meta não é unicamente provar que esse cânone é masculino e excludente do Outro, mas, também, que os critérios de valoração por ele utilizados são produtos de uma determinada ideologia que muda de acordo com as particularidades do momento sócio-histórico ao qual pertence. Como afirma Kolodny, a partir do momento em que somos (as mulheres) ensinadas a ler não nos comprometemos com textos, mas com paradigmas [29] (e tal fato aplica-se também ao uni-

a de tornar público o gesto da apropriação do saber, afirmar o caráter de construção dos fatos da cultura, aí incluídos o literário, a partir de um lugar histórico, social, de raça, de classe e de gênero". *Crítica Literária e Estratégias de Gênero*, Rio de Janeiro, Departamento de Letras, Puc-Rio, 1995, p. 45.

28. Susan Bennett, op. cit., p. 61.

29. Annette Kolodny, Dancing Through the Minefield: Some Observations on the Theory, Practice and Politics of a Feminist Literary Criticism, *The New Feminist*

XX MARGEM E CENTRO

verso de leitores masculinos). Nosso objetivo, portanto, é explicitar quais são esses paradigmas no contexto teatral brasileiro das últimas quatro décadas para comprovar três hipóteses básicas: 1) as temáticas exclusivamente femininas abordadas a partir de posturas feministas ainda não conseguiram ser integralmente incorporadas pelo cânone da crítica jornalística, que continua a considerá-las um tipo de expressão pouco universal; 2) as formas que evitam o realismo a partir de um trabalho com o grotesco, sobretudo quando vêm acompanhadas também de um posicionamento político, seja com relação à condição feminina ou com relação aos problemas sociais do país, tampouco encontram facilidade para penetrar no mercado e obter boa acolhida por parte da crítica, e, finalmente; 3) o realismo que permite uma abertura diante do modelo da peça bem feita, reduzindo a preponderância do clímax e aumentando a ênfase na revelação dos dramas interiores dos personagens, é um formato que proporciona à dramaturga obter de maneira mais rápida uma penetração tanto no mercado produtor quanto no cânone da crítica. Também o chamado público tradicional de teatro no Brasil, a classe média adulta, de meia idade ou idosa, já familiarizado com esse tipo de estética desde os anos de 1960, tem o hábito de prestigiar obras construídas segundo esses parâmetros.

Não pretendemos afirmar, contudo, que essas conclusões apresentem um panorama definitivo, imutável. Como já comentamos, o horizonte de expectativas da crítica jornalística ou dos diversos grupos que formam o público de teatro muda de acordo com a incorporação de novos critérios de juízo divulgados dentro das comunidades interpretativas. Esses novos critérios são formados a partir do que ocorre nos grandes centros estrangeiros e a partir das alterações sofridas dentro do quadro político-ideológico do país. Um exemplo da força exercida pelos grandes centros estrangeiros, principalmente Nova York, sobre o tipo de produto comercializado no mercado teatral brasileiro foi a produção do espetáculo *Os Monólogos da Vagina* no Rio de Janeiro durante o ano 2000. A peça de Eve Ensler, que ganhou o prêmio Obie e foi indicada para o Drama Desk, tinha obtido um grande êxito off-Broadway, chegando a excursionar por todos os Estados Unidos e por algumas cidades estrangeiras, como Jerusalém, Zagreb e Londres. No Brasil, a atriz Vera Setta, que vive em Nova York, decidiu produzir o texto por meio de sua companhia, First Brazilian Theater Company, sob a direção de Miguel Falabella, conhecido ator, autor e diretor de televisão e teatro. A obra original, fruto de uma investigação de mais de dez anos, baseia-se em depoimentos de um número superior a duzentas mulheres das mais diversas regiões, como o Oriente Médio e os Estados Unidos, sobre o sexo e a relação

Criticism. Essays on Women, Literature and Theory, Ed. E. Showalter, Nova York: Pantheon Books, 1985, p. 153.

INTRODUÇÃO   XXI

que aprenderam a manter com seus genitais, transformados pela cultura patriarcal num símbolo do pecado. Ao apresentar um discurso marcado pelo pensamento feminista, como comprova parte da introdução ao texto publicado escrita pela autora, *Os Monólogos* foram vistos com desconfiança pelos produtores locais, que julgavam a peça excessivamente ousada para o mercado[30]:

> É assustador dizer a palavra "Vagina". No princípio você tem a impressão de que está se chocando com um muro invisível. "Vagina". Você se sente culpada e errada, como se alguém fosse derrubá-la. Então, depois de dizer a palavra mais de cem vezes ou mais de mil vezes, ocorre-lhe que a palavra é sua, que o corpo é seu, que ela indica o lugar mais essencial de seu corpo. De repente, você se dá conta de que toda a vergonha e o constrangimento que você sentia antes ao dizer a palavra eram formas de silenciar seu desejo, de erodir sua ambição[31].

Os aspectos feministas que podem ser percebidos de modo claro na passagem acima transcrita foram minimizados pela encenação brasileira, que buscou suavizar o tom mais político do original da autora. O crítico Macksen Luiz, do *Jornal do Brasil*, aplaudiu a iniciativa:

> Falabella criou personagens como uma dona de casa mineira. É hábil ao manter a essência dos depoimentos sem conferir-lhes uma aparência de subsídio para tese acadêmica ou de panfleto para sufragismos fora de lugar. *Os Monólogos da Vagina* recebem tratamento de show [...] Apesar disso, os depoimentos da velha e das mulheres da Bósnia foram prejudicados pelo tom mais ligeiro dado pela direção[32].

Embora não deixe de mencionar que o tom escolhido pela direção acabou prejudicando parte do texto, o crítico considera positivo o fato de que a encenação tenha eliminado "a aparência de subsídio para tese acadêmica ou de panfleto para sufragismos fora de lugar", em uma clara demonstração de antipatia por qualquer tipo de postura mais associada ao discurso feminista. Do mesmo modo, o material de divulgação da peça, comemorativo das cem primeiras apresentações, enfatizava sua pouca relação com o movimento iniciado nos anos de 1960: "A léguas de distância do feminismo, perto de uma discussão sobre a condição da mulher, a peça já foi encenada em Londres, Jerusalém, Atenas, Estocolmo"[33]. Sempre colocando a ênfase no sucesso obtido pelo texto no estrangeiro, as notas jornalísticas também reforçam a idéia de que uma peça de caráter feminista não seria interessante, contribuindo, mais uma vez, para a comprovação da hipótese de que, para a comunidade interpretativa que domina os grandes jornais

---

30. A produtora Ecila Mutzenbecher, em entrevista a nós concedida, afirmou que se recusou a investir na montagem dessa peça por considerá-la um investimento de alto risco.

31. Eve Ensler, *Os Monólogos da Vagina*, Rio de Janeiro: Bertrand Brasil, 2000, p. 20-21.

32. Os Monólogos, *Jornal do Brasil*, 23.04.2000, Caderno B, p. 3.

33. *Jornal do Brasil*, 04.11.2000, Caderno B, p. 3.

XXII   MARGEM E CENTRO

como o *Jornal do Brasil*, as obras mais particularmente políticas no sentido comentado não costumam ter boa acolhida[34].

Um dos fatores que também corroboram para que obras com um discurso feminista mais claro encontrem dificuldades para obter espaço no mercado é o fato de não existir uma organização específica que separe os diferentes segmentos de produção, ou seja, as peças "off" contam com muito poucas salas onde possam se apresentar e com muito poucos recursos. Portanto, torna-se difícil mudar os parâmetros das diversas comunidades interpretativas, uma vez que estas, além disso, acabam tendo pouco acesso a espetáculos cujas propostas se afastam do modelo considerado mais comercial. Tampouco há uma estrutura de teatro "amador" de qualidade que permita a grupos experimentais atuar dentro de um território específico onde possam explorar novas possibilidades de linguagem.

CENTRO E MARGEM

Levando-se em conta esse fato, temos um quadro em que as chamadas práticas centrais ou discursos predominantes possuem um bom controle do mercado teatral brasileiro. Assim, em que consistiriam exatamente essas práticas? Em termos genéricos, são aquelas que exploram, no que diz respeito à dramaturgia brasileira, textualidades historicamente hegemônicas, como a comédia de costumes e o realismo remanescente dos anos de 1950 (nem sempre, porém, dentro dos limites do que se convencionou chamar "peça bem feita"), modernizado a partir do uso de uma *mise-en-scène* menos convencional. No que se refere aos aspectos ideológicos[35], são práticas que não se preocupam em questionar os valores divulgados e cristalizados referentes às questões de gênero, raça e classe, já que estão direcionadas a um público de classe média mais conservador, que pertence a um

---

34. Temáticas femininas em geral obtêm sucesso de público no Brasil, embora não necessariamente de crítica, quando são apresentadas sob a forma de comédia ligeira, sem espécie alguma de posicionamento ideológico (no sentido feminista) visível. Grupos como O Grelo Falante, cujo trabalho aproximava-se mais de posturas relacionadas ao feminismo, que escrevia os próprios textos que encena, embora já tivesse inclusive obtido do canal de televisão mais popular do país (TV Globo) um programa próprio (retirado do ar alguns meses depois da estréia), encontrou dificuldades para ser considerado comercialmente "confiável" pelo mercado.

35. Trabalhamos com a concepção de ideologia descrita por Paul Ricœur a partir dos conceitos weberianos de ação e relação social. A necessidade de uma ideologia estaria relacionada ao fato de um grupo social necessitar proporcionar-se uma imagem de si mesmo. Suas funções seriam: 1) justificar a priori o pensamento que se deseja produzir; 2) professar sua própria razão ao se produzir; 3) gerar os códigos interpretativos com que opera (desse modo é auto-reflexiva e não transparente); 4) realizar um estreitamento no campo do real a partir da sedimentação da experiência social. Para o autor, a ideologia é simplificadora do pensamento e opinativa. Cf. Paul Ricœur, *Interpretação e Ideologias*, Rio de Janeiro: Francisco Alves, 1988, p. 67.

INTRODUÇÃO   XXIII

tipo de comunidade interpretativa para a qual tais colocações não são importantes. Outra tendência central no mercado é a comédia ligeira (algumas vezes de traição e ciúme, inspirada nos modelos do *vaudeville*, outras estruturadas em *sketches* cuja linguagem se aproxima dos programas cômicos da televisão), que, ao utilizar atores de televisão e valer-se de uma abordagem de conflitos bastante superficial, resulta quase sempre em sucesso de bilheteria. A versão da comédia de costumes encontrada a partir dos anos de 1980 poderia ser descrita como uma ressemantização do modelo consagrado no final do século XIX e na primeira metade do século XX, propondo-lhe transformações. Por exemplo, a crítica feita anteriormente aos hábitos de um determinado grupo social perde parte de sua força (ainda que não desapareça), e o desenvolvimento da trama perde em importância, indicando uma preocupação maior com o efeito cômico produzido pelo choque de personalidades em cena (*A Partilha*, de Miguel Falabella, é um modelo do que acabamos de descrever). Por conseguinte, é um tipo de comédia muito mais concentrado no personagem e dependente do desempenho do ator.

O sistema que despontou como central depois da queda da ditadura nos anos 80, como analisaremos a seguir de maneira mais detalhada, não incorporou as textualidades prestigiadas pelo meio teatral anterior ao golpe, já que as fundações governamentais que subsidiavam a encenação deixaram de desempenhar esse papel. Assim, com as produções completamente dependentes do investimento dos empresários e dos setores de marketing das grandes empresas, as práticas centrais tornaram-se ainda mais conservadoras.

O exposto acima gerou também a perda de um perfil estético-conceitual marcante para a cena brasileira dos anos de 1980 aos 90. Isso acabou afetando também as chamadas produções marginais, uma vez que tampouco elas, em geral, conseguiram escapar a esse destino. No entanto, os anos de 1980 promoveram o surgimento de diretores que passaram a ocupar as margens com propostas, acima de tudo, polêmicas, como é o caso de Gerald Thomas. Outros nomes importantes foram também os de Bia Lessa e de Moacyr Góes[36]. Toda essa "geração" (na realidade, este não é o termo mais adequado, já que não havia propriamente uma identidade estética unificadora entre eles), porém, por demonstrar uma postura contra-ideológica apenas em ter-

---

36. Tanto Gerald Thomas quanto Moacyr Góes tiveram seus trabalhos homogeneizados de certa forma pelas práticas teatrais do centro. Ambos são encontrados com alguma freqüência nas páginas dos jornais de grande circulação e ambos se destacaram na direção de espetáculos de grande envergadura e de atores pouco experientes, porém de sucesso na televisão. Bia Lessa, uma das raras diretoras a obter prestígio junto à comunidade crítica, chegou inclusive a dirigir óperas para o Teatro Municipal do Rio de Janeiro (assim como o próprio Thomas). Hoje, um pouco afastada da cena teatral, dedica-se também à organização e direção de grandes eventos.

XXIV MARGEM E CENTRO

mos estéticos, acabou, de certo modo, sendo absorvida pelo centro, tornando-se uma espécie de "margem oficial" do sistema. Assim, pode-se afirmar que a margem que permanece como tal no panorama da cena contemporânea no Brasil não é apenas a que se propõe a explorar novas posturas estéticas, mas também a que, tematicamente, apresenta uma posição contra os valores da sociedade capitalista e patriarcal. Entre as autoras analisadas por este trabalho, a única que caminha de modo claro nessa direção é Ísis Baião, cuja obra, como veremos a seguir, busca traduzir um posicionamento crítico mais claro perante o sistema. Já Leilah Assunção, por ser um nome que faz parte do cânone da história do teatro no Brasil desde o extraordinário sucesso de *Fala Baixo Senão Eu Grito*, estaria integrada ao centro. Apesar disso, muitas vezes por escolher temáticas relacionadas a posturas feministas, encontra resistência por parte de determinado setor da crítica[37], que inclusive chega a acusar a autora de escrever textos para uma minoria. Nélson de Sá, em sua resenha da peça *O Momento de Mariana Martins* para o jornal *Folha de S.Paulo*, chega a escrever: "o terreno não é distante daquele das revistas femininas, no tema, nas situações e conflitos. Como uma publicação do gênero, seu público pode ser descrito como um nicho de mercado, com interesse e repercussão restritos"[38]. A acusação de que o interesse do tema é restrito não se comprova quando a maior parte do público que freqüenta o teatro no Brasil é hoje composta por mulheres. Nélson de Sá não consegue fundamentar de maneira convincente sua antipatia pela temática da obra, deixando transparecer que os parâmetros da comunidade interpretativa à qual pertence não julga que a trajetória da mulher até sua autonomia seja assunto de interesse universal. Assim, embora pertença ao centro por ter seu nome incluído entre os que integram o desenvolvimento da dramaturgia brasileira nos anos de 1960, é sempre questionada quando justamente parece voltar ao tema da obra que lhe proporcionou tal posição no cânone da história[39].

Maria Adelaide Amaral seria efetivamente a autora prototípica do chamado centro, já que pouco tentou explorar caminhos estéticos ou temáticos que pudessem provocar rejeição junto ao público e à crítica. Inclusive, uma de suas primeiras obras, *Cemitério Sem Cruzes*, que soava como uma denúncia do capitalismo sem escrúpulos, quando

---

37. Sabemos que essa afirmação pode ser redutora, porém a análise das críticas jornalísticas, que mostraremos a seguir, proporcionou o material necessário para comprovar nosso ponto de vista. Acreditamos também que, na verdade, nem todos os textos de Assunção demonstram o mesmo nível de qualidade encontrado em *Fala Baixo Senão Eu Grito* ou *Roda Cor de Roda*; apesar disso, não achamos que se possa negar a qualidade de uma obra somente pelo tipo de temática por ela abordado.

38. Nelson de Sá, Espetáculo se Leva Muito a Sério, *Folha de São Paulo*, 06.11.1999, Ilustrada, p.3.

39. Explicaremos no capítulo seguinte os motivos que geram tal reação.

INTRODUÇÃO XXV

foi escrita para integrar o ciclo Segunda-feira de Opinião, estava inserida num contexto em que a comunidade artística ainda valorizava esse tipo de postura, o que logo lhe permitiu associar-se aos que protestavam e eram censurados naquele momento, grupo este que tinha prestígio junto à mídia. Em seguida, como veremos, a autora perdeu o interesse por esse tipo de temática, pois o público passou a preferir espetáculos que não explorassem mais tais conteúdos. Sua primeira peça encenada, *Bodas de Papel*, que buscava mostrar o quadro das relações entre os sexos na esfera da classe média alta paulistana, foi considerada pelo grande crítico Yan Michalski uma espécie de "fábula sobre o machismo"[40], em que o suposto feminismo da autora teria gerado uma exacerbação na abordagem do autoritarismo masculino. Afirma Michalski: "Creio que o generoso feminismo de Maria Adelaide Amaral lhe faz perder um pouco o senso de medida". A peça, como veremos a seguir, não se propõe de maneira alguma constituir-se um "discurso feminista". Essa leitura está relacionada ao fato de que a abordagem do tema da imposição de um tipo de autoritarismo masculino na esfera dos casamentos da classe média alta (que, além disso, não é o único na obra) já criava uma espécie de "reação desconfiada" a respeito das intenções da autora. Do mesmo modo, a afirmação de que a dramaturga havia perdido o "senso de medida" serve justamente para desqualificar a crítica da autora, ou seja, para limitá-la ao campo de uma espécie de "exagero".

Das três autoras analisadas, Maria Adelaide Amaral é a que menos se interessa pelo tema do gênero como construção social. Tampouco seu trabalho está relacionado ao desenvolvimento de uma investigação estético-formal; portanto, é a que está, entre as três obras que analisaremos, mais ao centro.

Deixando um pouco de lado a especificidade do contexto brasileiro, é interessante comentar que, muitas vezes, as fronteiras entre o hegemônico e o não hegemônico se confundem. Bennett, na obra citada, relata a recepção do texto *Zoot Suit*, uma produção do Teatro Campesino para o Mark Taper Forum em Los Angeles, dirigida principalmente à comunidade chamada "chicana", cujo argumento girava em torno de um julgamento por assassinato que resultou na condenação injusta de membros de uma "gangue de rua" composta por descendentes de mexicanos. O sucesso da peça, escrita por Luis Valdés, foi enorme e seu público incluiu também a classe média branca. Bennett questiona: "Será que a recontextualização da história, a perspectiva dos chicanos, foi simplesmente fetichizada como objeto? Tudo indica que o público tradicional seria capaz de agrupar os acontecimentos como *história*, ao passo que para o público chicano o jul-

---

40. Yan Michalski, Fábula Moral Sobre Dinheiro e Machismo, *Jornal do Brasil*, 26.09.1980, Caderno B, p. 3.

XXVI MARGEM E CENTRO

gamento também agia como uma poderosa metáfora para as injustiças de sua experiência cotidiana"[41]. A formulação de Bennett nos parece bastante apropriada, já que, de certa forma, o público norte-americano tradicional que prestigiou o evento não compreendia a obra como uma crítica direta à forma excludente de organização social promovida por seus pares. Em contrapartida, outra questão pode ser levantada: até que ponto uma peça produzida dentro dos parâmetros de produção hegemônicos (com apoio da Fundação Rockfeller para um teatro *mainstream*) consegue preservar sua carga de marginalidade? O Teatro Campesino, contudo, converteu-se para os mexicanos no símbolo de uma comunidade que crescia em força e importância dentro do panorama social dos Estados Unidos. O sucesso *de Zoot Suit* acabou proporcionando ao espetáculo uma temporada em Nova York, onde a crítica o considerou em geral de baixíssima qualidade. Esse fato não permitiu que a peça ficasse em cartaz por muito tempo. Relata Bennett:

> Com críticas ruins, o público tradicional da Broadway permaneceu distante, mas os produtores dirigiram-se para os não-tradicionais *theater-goers* (hispânicos e negros). Isso manteve o espetáculo em cartaz por quatro semanas, uma temporada muito maior do que a alcançada por espetáculos mais intensamente criticados, mas o fracasso (pelo menos em termos comparativos com o sucesso de Los Angeles) mostrou que a máquina cultural dominante (em seu discurso crítico e na econômica cênica) era na Broadway mais poderosa do que o entusiasmo do público "de minorias". A montagem de uma peça chicana na Broadway foi, apesar de tudo isso, um marco... [42].

A história de *Zoot Suit* na Broadway ilustra o fato de que, quando as relações entre margem e centro tornam-se muito difusas, há uma perda de interesse por parte tanto do chamado público tradicional quanto do novo público a quem o espetáculo estaria inicialmente dirigido. No caso mais específico da peça de Valdés, convém também considerar que o fato de estar na Broadway transformou imediatamente a obra num entretenimento relativamente caro para as populações de origem hispânica, e, como a força da comunidade crítica no mercado de Nova York é enorme, tampouco se pôde contar com a atenção dos turistas e da classe média nova-iorquina.

No mercado brasileiro do final dos anos 90 também encontram-se com certa freqüência peças que se revelam uma mescla de discursos hegemônicos e marginais. Embora seja possível relacionar a questão à diversidade do panorama artístico da era pós-moderna, julgamos que, no caso específico do modelo encontrado no Brasil, o interesse por ocupar um espaço verdadeiramente à margem é cada vez menor. Leilah Assunção em *O Momento de Mariana Martins*, por exemplo, tenta experimentar com as formas épicas do drama, além de desen-

---

41. Susan Bennett, op. cit., p. 69.
42. Idem, p. 170.

volver o tema da liberação e da aquisição de autonomia por parte da mulher; apesar disso, essas especulações foram levadas a cabo por um elenco de atores que freqüentam com certa assiduidade a tela da televisão, o que deixou a platéia confusa, incapaz de identificar propriamente a natureza do espetáculo. Por outro lado, o próprio texto de Assunção reflete uma dupla índole: a exploração um tanto exagerada de artifícios cômicos (onde acreditamos residir sua vocação para enquadrar-se no discurso hegemônico) a partir de uma temática séria.

Todo esse espectro de questões forma o tema deste livro, inspirado, primeiramente, pela seguinte afirmação de Kirsten Nigro:

> A materialidade do teatro latino-americano continua elusiva para mim, e, por mais que eu teorize sobre isto ou aquilo, levar a teoria à práxis é outra coisa. Ou talvez seja porque temos que reonceber esta práxis, transformá-la, de uma que foi bem mais individual, em outra, coletiva, na qual trabalhamos juntos, para que as mulheres que fazem teatro na América Latina nos ajudem, fornecendo informação, reações e material fotográfico: para que possamos saber como reagem o público e os críticos teatrais a obras e encenações "feministas"; para que nos ajudem a entender melhor o que é o ato e o gesto cênico da mulher na América Latina[43].

---

43. *Latin American Theater Review*, primavera 1993, p. 124.

1. A Mulher Dramaturga na Cena Brasileira entre os Anos de 1960 e 1990

Em geral, ao se estudar a presença da mulher nos palcos brasileiros do século XX, destaca-se, principalmente, o importante trabalho de atrizes como Itália Fausta, Dulcina de Morais, Maria della Costa, Cacilda Becker, Tônia Carrero, Fernanda Montenegro, entre outras. Foram poucos os críticos que se preocuparam em mostrar a contribuição feminina à dramaturgia. Isso se deve ao fato da trajetória das dramaturgas no Brasil se estabelecer de maneira mais sólida nos últimos trinta anos, isto é, a partir de 1969, quando estrearam *As Moças*, de Isabel Câmara, *À Flor da Pele*, de Consuelo de Castro, e *Fala Baixo Senão Eu Grito*, de Leilah Assunção. Não podemos deixar de comentar também que só nesse período surge entre nós, embora ainda de maneira problemática, uma certa consciência da especificidade da mulher. Começa-se a falar em "peças escritas por autoras", reconhecendo-se aí uma possível abordagem específica. Até esse momento, nomes de dramaturgas – não atrizes – apareciam de maneira bastante esporádica não só nos cartazes, mas também nos compêndios de história do teatro. Isso não quer dizer, porém, que o interesse da mulher brasileira pela dramaturgia seja recente. Já no século XVIII, em 1797, uma autora anônima de São Paulo escreveu uma peça intitulada *Tristes Effeitos do Amor, Drama em que Fallão Paulicea, a Prudência e a Dezesperação / Na figura de uma Fúria*[1]. No século

---

1. O descobridor do texto, Antônio Soares Amora, informa que a peça foi escrita após a partida de Bernardo José de Lorena (a quem a cidade de São Paulo devia uma

2 MARGEM E CENTRO

xix, Maria Angélica Ribeiro, casada com o cenógrafo João Caetano Ribeiro, foi autora de, pelo menos, dezenove textos teatrais, entre eles dramas e comédias. Alguns foram encenados, outros publicados[2]. Entre as peças que subiram ao palco está *Gabriela*, em 4 atos, levado no Teatro Ginásio Dramático a 11 de março de 1863. Outra peça de sua autoria, intitulada *Cancros Sociais* (drama em 5 atos), foi apresentada ao público em maio de 1865 no Teatro Ginásio Dramático pela Companhia Furtado Coelho e, em 1866, editada no Rio de Janeiro pela editora Laemert. Outro nome que não podemos esquecer é o de Gertrudes Angélica da Cunha (1794-1850), portuguesa que chegou ao Brasil em 1829 e publicou em 1848 a tragédia *Norma*. Constam ainda de sua obra as comédias *A Mudança de Sexo ou Quanto Podem as Boas Maneiras* e *O Noivo de Algarve ou Astúcias de Dous Ladinos*. Também Júlia Lopes de Almeida (1863-1934), nome de certo prestígio nos meios literários, interessou-se em escrever para o teatro e chegou a apresentar um de seus textos, *Quem Não Perdoa*, no Teatro Municipal do Rio de Janeiro em 1910. Nesta peça (drama em 3 atos), a idéia do casamento como táboa de salvação e felicidade da mulher é questionada de modo explícito, o que significava já uma tentativa de ver a instituição base do sistema patriarcal através de um outro ponto de vista. Sua obra dramática, reunida em apenas um volume, foi publicada em 1917 em Portugal e somente mais tarde no Brasil. Além disso, na primeira metade do século xx, no Rio de Janeiro de 1939, a companhia de Dulcina de Morais produziu uma peça da autora Maria Jacinta (Trovão da Costa Campos), intitulada *Conflito*[3]. Nascida no município de Cantagalo, estado do Rio de Janeiro, em 25 de setembro de 1906, e falecida em 1994 na cidade de Niterói, essa dramaturga chegou a receber um prêmio da Academia Brasileira de Letras por sua primeira peça, *O Gosto da Vida*, de 1937. Contudo, este texto foi censurado pelo Estado Novo e a produção da Companhia Jaime Costa

---

excelente administração) para a capitania de Minas Gerais, onde passou a exercer o cargo de governador. A autora anônima compara a partida de Lorena à de Enéas na *Eneida*, de Virgílio. Antônio Soares Amora, Uma Matriarca da Literatura Feminina Paulista, *Classicismo e Romantismo no Brasil*, São Paulo: Conselho Editorial de Cultura, Comissão de Literatura, 1964, p. 89.

2. A pesquisadora Maria Stella Orsini se dedicou a estudar a obra dessa dramaturga e escreveu um texto não publicado sobre ela: "Maria Ribeiro: uma dramaturga singular no Brasil do século xix". Não tivemos acesso a esse ensaio, que é mencionado por Elza Cunha de Vincenzo em seu *Um Teatro da Mulher* (São Paulo: Edusp/Perspectiva, 1992). Outros nomes, como o de Josefina Álvares de Azevedo e Maria Eugênia Celso, também fazem parte do conjunto de autoras teatrais brasileiras do século xix.

3. Dulcina de Morais deve ter percebido, ao decidir-se a montá-la, que tanto a forma quanto o conteúdo da peça não representavam um ataque frontal à sensibilidade conservadora do público. Quando Nelson Rodrigues ofereceu-lhe *A Mulher Sem Pecado*, a conhecida atriz e empresária negou-se a encenar este texto, porque não quis arriscar-se com uma peça fora dos padrões mais comerciais.

A MULHER DRAMATURGA NA CENA BRASILEIRA...   3

foi retirada de cartaz por ter sido considerada um atentado à moral e aos bons costumes.

Conflito, publicada em 1942 pela editora Tucano de Porto Alegre, embora hoje possa ser interpretada como simplista e sem maiores ambições formais, foi considerada progressista para os parâmetros da época, pois retratava os problemas de uma jovem, Gilda, de personalidade ousada, educada nos Estados Unidos, para adaptar-se aos costumes de uma sociedade extremamente conservadora. Apesar de o papel do personagem feminino principal nos parecer atualmente bastante afastado de algo que possa ser considerado verdadeiramente avançado, no momento da encenação representou para o público brasileiro uma defesa de posturas pouco convencionais no que se refere ao comportamento da mulher[4].

Em 29 de fevereiro de 1952, já na segunda metade do século XX, a produção teatral feminina se amplia com a peça de Clô Prado, *Diálogo de Surdos*, encenada no Teatro das Segundas-Feiras do TBC (Teatro Brasileiro de Comédia), a companhia mais importante da época.

Em 1954, cabe a Rachel de Queiroz, uma das romancistas mais conhecidas do país, estrear um texto dramático, *Lampião*, obra encenada pela companhia Nydia Lícia-Sérgio Cardoso. Concentrando-se na famosa história de amor entre Lampião e Maria Bonita, a peça, de temática mais eminentemente épica que dramática, projetava de modo interessante vislumbres da psicologia e dos costumes do povo nordestino. Em 1960, a autora escreveu também *Beata Maria do Egito*, uma recriação da história de santa Maria Egipcíaca. Transposta para o sertão brasileiro, a obra desenvolve o drama de uma beata que tenta chegar a Juazeiro, no Ceará, para encontrar o santo padre Cícero. Detida no caminho por ordem de um comissário de polícia, não hesita em entregar seu corpo ao homem que a capturou para conseguir se libertar e seguir viagem. Apesar de seu notável triunfo como romancista, Rachel de Queiroz não obteve êxito em suas incursões no teatro e não prosseguiu no gênero. Em 1959, a escritora e jornalista Edy Lima, nascida no Rio Grande do Sul, viu uma peça sua ser montada pela companhia Teatro de Arena, sob a direção de Augusto Boal: *A Farsa da Esposa Perfeita*. Outra autora desse mesmo estado, Maria Inez de Barros Almeida, preocupou-se em explorar determina-

---

4. Maria Jacinta Trovão escreveu outras peças entre elas, *Já é Manhã no Mar* e *Um Não Sei Quê Que Não Sei Onde*, limitando depois sua atividade teatral ao trabalho de tradutora, produtora e, mais raramente, à função de diretora de espetáculos. Para Elza Cunha de Vincenzo, *Conflito* "mostra soluções estereotipadas, algo melodramático. Isto, no entanto, talvez não invalide propriamente o mérito da colocação em cena de certos sentimentos femininos e idéias novas para um público, em parte, conservador e possivelmente mal informado. Ainda se estava no início da Segunda Guerra Mundial. Não nos tinha chegado o neo-realismo do cinema italiano, a relativa liberalização dos costumes das sociedades abatidas pela catástrofe, nem, por outro lado, a influência dos diretores europeus que, fugindo de seus países de origem, iriam modificar e sacudir nossa maneira de ver e fazer teatro". op. cit., p. XVIII.

4 MARGEM E CENTRO

dos aspectos da psicologia dos gaúchos em obras escritas também em fins dos anos de 1950, tais como *O Diabo Cospe Vermelho* e *Não Me Venhas com Borzeguins ao Leito*[5]. Sua estréia como autora se dá em 1953, com *Da Mesma Argila*, dirigida por Alfredo Souto de Almeida no pequeno Teatro Duse, de Pascoal Carlos Magno, que se dedicava a lançar gente nova. A montagem de *O Diabo Cospe Vermelho* pelo Teatro do Sul resultou na primeira tentativa de teatro profissional permanente em Porto Alegre. Escreveu também para televisão duas peças que foram classificadas em primeiro e segundo, respectivamente, no Concurso de Peças para Televisão, promovido por Sérgio Britto: *História do Herói*, em 1961, e *Crônica de Uma Rainha*, em 1964, ambas apresentadas nas televisões carioca e paulista, em montagens diferentes.

Também na década de 1950 a companhia Maria della Costa levou aos palcos um texto escrito pela autora Helena da Silveira, intitulado *No Fundo do Poço*[6]. Ao tematizar a difícil convivência entre um jovem e sua família de mulheres, a ação da peça se desenvolve em torno do assassinato das últimas pelo primeiro.

Convém comentar que toda a produção mencionada surgiu de forma esporádica, sem uma continuidade que justificasse uma possível inserção de alguns dos nomes citados no cânone da dramaturgia ou da história do teatro brasileiro do século XX. Embora houvesse companhias dirigidas por atrizes como Dulcina de Morais e Maria della Costa, não havia nelas uma percepção da necessidade de abrir caminho para a consciência feminina no sentido de dar voz a um ponto de vista marginal dentro da cultura androcêntrica. Na entrevista que nos concedeu, Tania Brandão, conhecida pesquisadora e historiadora do teatro brasileiro, afirmou que a mulher produtora no nosso teatro do século XX foi quase sempre tutelada por um marido ou um companheiro. Ainda que tivessem poder de decisão sobre as tendências estéticas de suas companhias, não administravam nem geriam suas produções. Deve-se acrescentar também que, quase sempre, buscavam apoio intelectual em figuras masculinas para escolher os textos com que iriam trabalhar. No caso de Itália Fausta, ela própria formulava os projetos de que participava. Não obstante, Gomes Cardim, seu

---

5. Segundo Elza Cunha de Vincenzo, o tema de *O Diabo Cospe Vermelho* gira em torno do problema da excessiva valorização do conceito de virilidade entre os habitantes do Rio Grande do Sul. *Não Me Venhas com Borzeguins ao Leito* desenvolve sua ação a partir da chegada de uma professora primária, cujas atitudes provocam alvoroço na política de uma pequena cidade. Idem, p. XIX.

6. De acordo com declaração feita a nós em entrevista, Tania Brandão, pesquisadora, historiadora e professora da Universidade Federal do Estado do Rio de Janeiro, julga que, quando a Companhia Maria della Costa encenou esta peça, o fez porque a autora, Helena da Silveira, era irmã de Miroel Silveira, um dos intelectuais que apoiavam, com seus conselhos, a carreira de Maria della Costa e de seu companheiro e empresário, Sandro Polloni.

amante, e o homem que financiava sua vida artística, era uma pessoa culta, que também tinha influência sobre esses aspectos. Dulcina de Morais, uma mulher intelectualmente dinâmica, apesar de responsável pelos caminhos estéticos da companhia que levava seu nome, sempre teve apoio do marido. Maria della Costa foi, entre estas, a que menos participou da formulação de projetos para sua companhia. Sandro Polônio, encarregado dessa função, foi o companheiro que dedicou a vida a lhe proporcionar uma existência aliviada dos problemas cotidianos. Existe, portanto, uma divisão de papéis que mantém, de certa forma, o modelo patriarcal. Desse modo, esses grupos, embora tivessem levado aos palcos textos escritos por mulheres, não o fizeram como resultado de uma preocupação estético-política.

No Brasil, apenas em meados da década de 1960 a questão feminina começou a ser debatida seriamente, adquirindo um status, algo significativo no panorama das ciências sociais. É de 1967 a importante tese de Heleieth Saffiotti, intitulada *A Mulher na Sociedade de Classes: Mito e Realidade*, publicada dois anos depois. Também é nessa década que a mulher brasileira consegue alcançar um papel mais relevante nos diversos campos da vida cultural. Com a difusão dos movimentos feministas (inicialmente considerados pela intelectualidade nacional como produtos de uma ideologia burguesa anglo-saxã, que pretendia desviar o foco de interesse dos problemas econômico-sociais) e a absorção do pensamento das correntes contestatórias dos anos 60, a presença e continuidade da produção feminina no campo das artes acentuaram-se de forma notável. No caso específico do teatro, apenas a partir de 1969 as obras escritas por mulheres vão encontrar maior espaço no mercado.

A geração de autores que surgiu nesse momento (aos nomes de Consuelo de Castro, Leilah Assunção e Isabel Câmara deve-se acrescentar o de José Vicente, autor de *O Assalto*) beneficiou-se de um ambiente em que o sistema de produção cultural (controlado pela intelectualidade de esquerda) abrira-se significativamente para o trabalho dos jovens. Apesar disso, foi prejudicada pelos excessos da repressão política instituída pelo regime ditatorial, que censurou textos e encenações. A imprensa, naquele momento, teve que publicar muitas vezes sonetos de Camões e receitas no lugar do noticiário nacional.

Como afirma Elza de Vincenzo, "dentro de um clima de luta contra o que se chamava claramente de repressão, luta na qual aparentemente se empenhavam todas as forças vivas do país, as mulheres puderam encontrar sua oportunidade, especialmente no teatro"[7]. Essa participação feminina – nascida num contexto estético de grande efervescência em que grupos como o Teatro de Arena e o Teatro Oficina

---

7. Elza Cunha de Vincenzo, op. cit., p. XV.

6 MARGEM E CENTRO

pretendiam criar novas formas de abordar em termos cênicos a problemática político-social, reformulando estratégias de criação dramática e de encenação – representou o estabelecimento de um ponto de vista particular sobre os acontecimentos que preocupavam o país.

Esse ponto de vista mostrava-se bem distinto do enfoque geralmente encontrado nos textos escritos por mulheres das décadas anteriores, principalmente no que se refere à consciência do momento social (divisão das esquerdas, sentimento de impotência e frustração diante da derrota imposta pelos militares), que antes não aparecia de modo contundente. Também o tema da decadência das estruturas patriarcais foi abordado pela primeira vez de maneira direta e taxativa, sem concessões à sensibilidade mais conservadora.

Quando Consuelo de Castro, Leilah Assunção e Isabel Câmara estrearam nos palcos, todo um setor da crítica da época negou-se a perceber em seus trabalhos a proposta de um novo caminho para a dramaturgia de então. Na realidade, todo o grupo de autores de 69, no qual se incluíam estas dramaturgas, tratou de encontrar uma maneira de abordar o político por meio do indivíduo, retornando à problemática do sujeito para inseri-la em uma estrutura mais ampla, a qual por sua vez refletia, a seu modo, uma referência ao contexto social e ideológico do país. Essa opção mostrou-se não apenas o produto de um desencanto com a eficácia do pensamento coletivizante, como também uma estratégia para enfrentar a brutalidade da censura. Já que o comentário referente ao regime político não podia manifestar-se em um discurso claro e explícito, optou-se por um tratamento mais existencial do indivíduo, destacando-se sempre, apesar de tudo, o papel preponderante da sociedade na trajetória dos destinos dos personagens.

Se as primeiras peças de Leilah Assunção, Consuelo de Castro, Isabel Câmara e José Vicente não se inscreviam nos modelos de atuação do teatro político de grupos como o Arena e o Oficina – uma vez que priorizavam o enfrentamento direto de dois personagens, a revelação crua de suas ânsias e desejos mais íntimos –, elas "escreviam" um contexto de perplexidade, de abandono de ilusões que despontava como um retrato dos mais incisivos da época.

Apesar disso, como mencionamos anteriormente, todo um setor da crítica (o mais ligado às posturas da esquerda tradicional) considerou que esses autores produziam um teatro "alienado", já que viam o mundo a partir "de seu próprio umbigo"[8]. O erro dessa consideração foi comprovado pela luta com a censura, travada tanto por Leilah Assunção como por Consuelo de Castro e José Vicente.

Com relação às peças como *Fala Baixo*, *As Moças* e *À Flor da Pele*, além das referências ao momento sociopolítico em geral, existe

---

8. Sábato Magaldi, Prefácio em Leilah Assunção, *Da Fala Ao Grito*, São Paulo: Símbolo, 1977, p.11-19.

A MULHER DRAMATURGA NA CENA BRASILEIRA... 7

também nesses textos uma preocupação mais específica com a problemática da mulher no contexto da época. Essa preocupação, porém, ainda que não se caracterize por ser decididamente feminista, sempre se faz presente de uma forma ou de outra. Para Elza de Vincenzo[9], há uma relação sutil, não-intencional, oblíqua, entre o feminismo e a produção dessas autoras, já que no Brasil do final dos anos de 1960 e início dos de 1970 esse movimento não gozava de muito prestígio entre a intelectualidade de esquerda. Vale notar que, do mesmo modo que a problemática do indivíduo e da família nuclear parecia a esses intelectuais uma preocupação menor naquele momento, os temas do feminismo também eram considerados pouco importantes. Apesar disso, como essas mesmas autoras haviam experimentado em suas trajetórias de artistas e mulheres o cerceamento imposto pelas estruturas patriarcais[10], esta acabou por aparecer em suas obras e, em certos casos, como no de *Fala Baixo*, acabou sendo um dos atrativos dessa dramaturgia que começava a surgir.

Aspectos como a reivindicação de uma sexualidade feminina reconhecida e liberada, o repúdio à estrutura familiar tradicional e seus valores, que apareciam como restrições à realização do indivíduo, são tratados, nesse momento, com uma ênfase particular, que já indica um discurso consciente sobre a problemática de gênero. Em todo caso, no final dos anos de 1960 era difícil, tanto para Leilah Assunção quanto para Consuelo de Castro, separar o que seria mais propriamente protesto contra o regime político e o sistema socioeconômico do que seriam as exigências femininas específicas.

Porém, embora não tenham assumido claramente a relação de determinadas posturas presentes nos textos com os movimentos feministas, o importante é o fato de que as peças contribuíram para que o debate em torno da problemática feminina pudesse ampliar-se.

---

9. Elza Cunha de Vincenzo, op. cit., p.14.

10. Mesmo que nas entrevistas dadas à época, nem Leilah Assunção nem Consuelo de Castro fizessem comentários especiais sobre suas vivências no contexto do patriarcado brasileiro, 31 anos depois, em depoimento dado a nós, a primeira afirmou que sua obra sempre se interessou em refletir sobre a censura imposta pela cultura androcêntrica devido ao sofrimento que a repressão sexual impôs às mulheres de sua família.

LEILAH ASSUNÇÃO: TRINTA ANOS DE TEATRO

Leilah Assunção. Arquivo Cedoc/Funarte.

Quando Leilah Assunção estreou nos palcos com *Fala Baixo*, o reconhecimento da importância de seu texto lhe valeu dois importantes prêmios: o Molière e o da Associação Paulista de Críticos Teatrais como melhor autor do ano. Embora todo um setor da crítica, como comentamos, tivesse feito reparos à obra, seu estrondoso sucesso fez com que a autora logo se tornasse conhecida do público. Sábato Magaldi, um dos decanos da crítica da época, reconheceu no grupo de jovens autores surgidos em 1969 o despontar de uma "nova dramaturgia"[11], que privilegiava a experiência autobiográfica com o objetivo de levar ao palco o mundo interior do indivíduo.

Essa "nova dramaturgia" não se constituiu efetivamente como tal, uma vez que os textos seguintes de Consuelo de Castro, Leilah Assunção e José Vicente se diferenciaram bastante dos primeiros, comprovando que nunca se havia pensado em criar uma "escola" com características específicas. Assim, as semelhanças destacadas por Magaldi entre as quatro peças, apesar de se mostrarem superficiais, já que o crítico não levou em consideração as diferenças existentes

---

11. Sábato Magaldi, A Grande Força do Nosso Teatro, *Jornal da Tarde*, São Paulo, 26.08.1969, Cultura, p.1.

A MULHER DRAMATURGA NA CENA BRASILEIRA... 9

na estrutura formal e na caracterização dos personagens, acabaram por protegê-las sob o escudo de um conceito, o que lhes atribuiu um caráter representativo maior. O fato de que se houvesse considerado tão atenciosamente a estréia de autores jovens beneficiou, sobretudo, Leilah Assunção e Consuelo de Castro (cujas carreiras se tornaram mais estáveis), que logo passaram a ocupar um lugar no cânone da história do teatro brasileiro da segunda metade do século XX.

No caso de Leilah Assunção e *Fala Baixo Senão Eu Grito*, o enfoque dos problemas específicos do tipo de mulher que temia enfrentar seu próprio desejo sexual talvez não tivesse alcançado a mesma receptividade por parte da crítica se o ambiente cultural não estivesse tão dominado pela necessidade de luta contra a repressão política e a opressão em geral, o que permitiu que a problemática do personagem Mariazinha também pudesse ser compreendida de maneira mais ampla, para além dos limites da questão feminina.

Algumas das análises feitas nos jornais da época chegaram a insinuar que *Fala Baixo* propunha uma síntese das preocupações da época[12]. É importante chamar a atenção sobre esse fato, uma vez que mais tarde, na década de 90, quando a autora decide retomar o tema da superação de tabus sexuais empreendida pela mulher, já não será interpretada da mesma forma pela crítica, que continuará a não enxergar na trajetória de alguns personagens femininos uma síntese de determinados problemas universais[13].

O sucesso de *Fala Baixo* abriu caminho para uma nova abordagem da personagem feminina em nossa dramaturgia, iniciando de maneira mais efetiva o diálogo, ainda que problemático, com o pensamento feminista.

Embora Leilah Assunção tenha conseguido levar ao palco textos escritos ao longo de trinta anos, sua produção mais ousada se deu entre 1969 e meados dos anos 70, com *Roda Cor de Roda*, peça que, apesar de sua qualidade, não obteve por parte da crítica jornalística acolhida muito calorosa, embora o sucesso de público, principalmente da encenação paulista, sob a direção de Antônio Abujamra, tivesse sido enorme.

Em termos gerais, durante a década de 80, a autora passou a produzir uma dramaturgia mais ligeira e menos ousada tanto formal quanto tematicamente. O ataque à família burguesa, tão radical em *Fala Baixo*, *Roda Cor de Roda* e *Jorginho Machão*, adquire tons con-

---

12. Ver a crítica de Gilberto Tumscitz, O Grito de uma Jovem, *O Globo*, Rio de Janeiro, 10.01.1970. Este crítico, mais tarde, deixaria as colunas de teatro para se transformar em Gilberto Braga, um dos autores de telenovela de maior sucesso no país.

13. Como mencionamos no capítulo anterior, os críticos do *Jornal do Brasil* e da *Folha de S. Paulo* consideraram a peça de Leilah Assunção, *O Momento de Mariana Martins*, um texto cujo interesse era muito limitado devido ao fato de se centrar em temas típicos das "revistas femininas".

ciliatórios em obras como *Boca Molhada de Paixão Calada*, de 1984, e *Lua Nua*, de 1986. Em entrevistas concedidas aos jornais da época, a autora afirmou que homens e mulheres pareciam ter chegado à maturidade psicológica e social, havendo, portanto, mais equilíbrio entre os dois sexos[14], o que justificaria a conciliação adotada no desfecho das peças.

Acreditamos que tal postura atenuou demasiadamente a tensão ainda existente entre as relações de gênero descritas pelos textos, resultando em algo artificial. Em *Lua Nua*, por exemplo, essa artificialidade mostra-se de modo ainda mais explícito, já que, por exemplo, na trama dessa peça o personagem do marido, depois de brigar com sua esposa durante todo o desenrolar da ação por não querer dividir as tarefas domésticas, ao final aparece como o romântico autor de cartas e bilhetes amorosos anônimos que outrora tinham despertado a fantasia erótica da dona de casa.

Já em *Boca Molhada*, como outras dramaturgas que tiveram êxito na época –Consuelo de Castro, com sua *Strip-tease*, e Maria Adelaide Amaral, com *De Braços Abertos* –, a autora tratou de fazer um balanço de toda a experiência política e social (o texto de Maria Adelaide Amaral enfatiza menos esse aspecto) vivida nas décadas precedentes por meio de uma relação amorosa. É interessante comentar que, a partir do início dos anos 80, com o fim do AI-5, a censura já não era um problema. Apesar disso, todo o teatro escrito nesse momento abordou a história recente do país de forma menos direta. É sintomático que as três dramaturgas mais conhecidas da época construíssem seus textos em torno do casal. De todo modo, essa opção, que também soava como o resgate de um passado comum (os textos escritos em 1969), refletiu um desejo por parte das autoras de abandonar o enfrentamento mais explícito de temas como a tortura e a repressão.

Porém, isso não significa que, dentro de um panorama mais amplo, o teatro brasileiro dos anos 80 não tenha pretendido desenvolver essa temática e não tenha demonstrado interesse em encenar os textos censurados. *Rasga Coração*, de Vianinha, foi um sucesso nos palcos. Não obstante, o fracasso de peças como *Patética*, de João Chaves, que tinha sido premiada pelo SNT (Serviço Nacional de Teatro) em 1977 e censurada no ano seguinte, como afirma Yan Michalski, evidenciou de certo modo um pouco de cansaço por parte do público do "teatro predominantemente ligado a temas políticos"[15].

---

14. Um Teatro Mal-comportado: o Masculino e o Feminino no Brasil segundo Leilah Assunção, *Senhor*, 7.11.1984, p. 37.

15. Michalski também acreditava que o malogro de *Patética* demonstrava o mal irreparável causado pela censura às peças proibidas: "se *Patética* tivesse tido a oportunidade de ser apresentada dentro do contexto histórico que lhe deu origem, seguramente teria provocado um impacto muito diferente daquele que foi suscitado alguns anos

A MULHER DRAMATURGA NA CENA BRASILEIRA... 11

Na década de 1990, Leilah Assunção decidiu voltar a explorar a temática de *Fala Baixo*, ampliando-a ao enfocar tanto o sentimento de frustração experimentado pela mulher que se deixa subjugar por valores morais ultrapassados, caso da peça *Adorável Desgraçada*, como a concretização da autonomia feminina – que não aparecia na peça de 1969 – frente a esses mesmos valores, caso de *O Momento de Mariana Martins*.

Leilah Assunção continua escrevendo para o teatro. Mesmo assim, embora seja um nome conhecido e aceito pelo cânone da história do teatro brasileiro, ainda encontra dificuldades para levar seus trabalhos ao palco. *O Momento de Mariana Martins*, encenada em 1998, não conseguiu patrocínio e foi produzida com recursos próprios.

No mercado brasileiro atual, estar em cartaz com regularidade é um problema para todos, não apenas para as dramaturgas. Como geralmente se depende de investimentos de empresas interessadas no marketing, houve uma perda do formato estético-conceitual, ou seja, grande parte dos diretores e atores que hoje se dedicam ao teatro acabou por abdicar de posturas estéticas características e definidas. Os dramaturgos sofreram as conseqüências dessa mudança, e os que começaram a produzir para esse mercado de forma mais contínua tiveram que se adaptar. No caso de Maria Adelaide Amaral, por exemplo, como veremos em seguida, vários de seus trabalhos nasceram a partir de encomendas de atores, dificultando o desenvolvimento de diretrizes temático-formais mais sólidas.

---

depois". Yan Michalski, *O Teatro Sob Pressão*, Rio de Janeiro: Jorge Zahar Editor, 1989, p. 90.

MARIA ADELAIDE AMARAL E O BRASIL DA ABERTURA

Maria Adelaide Amaral. Arquivo Cedoc/Funarte.

Antes de surgir nos palcos como dramaturga, o nome de Maria Adelaide Amaral já tinha sido notícia nos jornais. Em abril de 1978, uma reportagem sobre sua participação na Feira Brasileira de Opinião (evento mais tarde proibido pela censura), que comentava também o prêmio recebido do SNT pela peça *A Resistência*, lançou a autora nos meios de comunicação como uma nova promessa

A MULHER DRAMATURGA NA CENA BRASILEIRA... 13

para o teatro[16]. Embora *Cemitério Sem Cruzes* (trabalho com que ia participar da Feira) e *A Resistência*, suas primeiras peças, tivessem tido problemas com a censura – *A Resistência* não foi censurada abertamente, mas foi alvo de uma espécie de censura velada por parte do SNT, que, em 1978, demorou a publicar os textos premiados –, Maria Adelaide conseguiu, desde o início, chamar a atenção para o seu nome. Sempre bem relacionada com o meio artístico, já no mesmo ano de 1978 viu outro trabalho seu, *Bodas de Papel*, ser encenado por Cecil Thiré, nome conhecido no meio teatral. O sucesso alcançado por essa obra incentivou Thiré a montar também, em 1979, *A Resistência*, cuja temática, que abordava o problema do desemprego, repercutiu de forma positiva no público devido ao contexto socioeconômico do momento.

A partir dessa estréia bem-sucedida, Maria Adelaide Amaral conseguiu alcançar certo prestígio como dramaturga, sem, porém, chegar a receber da crítica a mesma atenção dada a Leilah Assunção com o triunfo de *Fala Baixo*. Como a atividade teatral começava a se libertar do jugo da censura mais intensa, ainda não havia nessa época correntes estético-conceituais a que a autora pudesse aliar-se, como fez a criadora de *Fala Baixo* em 1969. *Bodas de Papel* e *A Resistência*, embora comentem um mesmo contexto econômico-social, abordando o problema da perda de senso ético por parte da classe média em suas relações de trabalho e, além disso, projetem semelhanças a nível formal na opção pelo realismo, a nitidez do desenrolar da ação e a fluidez do diálogo são realizações distintas que sobreviveram de modo particular à passagem do tempo – *Bodas de Papel* recebeu uma nova montagem em 2000 por ter preservado sua atualidade; *A Resistência*, por sua vez, para poder retornar aos palcos, teria que ser interpretada como um texto de época.

Entre 1979 e 1983, quando foi encenada *Chiquinha Gonzaga*, a autora não produziu trabalhos capazes de obter, junto ao público e à crítica, o mesmo sucesso de *Bodas e Papel* e *A Resistência*. *Ossos d'ofício*, peça estreada em 1981, que abordava também o problema das relações do trabalhador com o sistema de produção capitalista – em termos gerais, a mesma temática de *Cemitério Sem Cruzes* e *A Resistência* –, não chegou a repercutir tão positivamente quanto seus primeiros trabalhos, uma vez que certa rigidez e estereotipia no desenvolvimento da ação e do caráter dos personagens prejudicavam a qualidade do texto.

Com a estréia de *Chiquinha Gonzaga* em 1983, a autora voltou a conquistar o elogio mais contundente da crítica. A peça, construída sobre a biografia da conhecida compositora brasileira, abrangendo o período desde o final do século XIX às primeiras décadas do

---

16. Adelaide: Inédita Até Quando?, *Última Hora*, 20.04.1978, Cultura, p. 3.

século XX, detinha-se pela primeira vez de modo específico, dentro do conjunto da obra de Maria Adelaide Amaral, no universo de uma mulher que enfrentara o sistema patriarcal. A autora, que não demonstrara anteriormente interesse particular em escrever sobre a questão feminina de modo mais concreto – na realidade, a idéia de se dedicar ao tema não partira dela –, começou também, nesse momento, não por uma necessidade especial de expressar determinadas posturas particulares, mas para responder a uma demanda de atores e diretores.

Em todo caso, *Chiquinha Gonzaga* resultou numa experiência positiva em termos dramatúrgicos, o que levou a autora a explorar as possibilidades do teatro épico – algo muito distante do *playwriting* tradicional que se acha em seus textos anteriores –, já que a necessidade de representar a existência de Chiquinha dentro do contexto social e político da época exigiu uma estrutura ambiciosa (intervinham na obra 124 personagens) que não cabia nos limites mais rígidos da dramática pura. Devido à amplitude do panorama traçado, o recurso à tipificação tornou-se inevitável. Porém, o desenho da personalidade da protagonista mostrou-se um trabalho de elaboração minuciosa e rigorosa. Chiquinha Gonzaga valeu a Maria Adelaide Amaral o prêmio Molière de melhor autor do ano de 1983 e um retorno prestigioso às páginas dos jornais.

No ano seguinte, um sucesso ainda maior, *De Braços Abertos*, deu o impulso final à carreira da autora, que, com esse triunfo, passou definitivamente a fazer parte do cânone da dramaturgia brasileira do século XX. *De Braços Abertos*, peça escrita a pedido da atriz Irene Ravache, girava em torno da dificuldade da relação amorosa. Sérgio e Luísa, dois ex-amantes, reencontram-se anos depois de sua separação e acabam recordando os acontecimentos que marcaram suas vidas juntos. Como o texto é construído a partir de *flashbacks*, os personagens expressam seu ponto de vista por meio de solilóquios. Com uma perspectiva claramente feminina, porque reflete a visão do personagem Luísa sobre o caso, o texto, escrito, segundo a autora, para colocar em questão o problema encontrado pela mulher profissionalmente bem-sucedida em suas relações com o sexo oposto, acaba superando esse objetivo inicial, transformando-se em um relato sobre determinado tipo de narcisismo contemporâneo, ligado a um sentimento de ceticismo que impede a identidade com um projeto de futuro positivo, provocando um completo desencanto com relação à possibilidade de estabelecer relações pessoais fora de um contexto de inveja e exploração.

Com *De Braços Abertos*, Maria Adelaide Amaral obteve o maior sucesso de sua carreira, que, em seguida, entraria numa fase de menor ebulição. Na década de 1990, com a peça *Querida Mamãe*, a autora voltou a ganhar os prêmios mais importantes do país,

A MULHER DRAMATURGA NA CENA BRASILEIRA... 15

abordando pela primeira vez o tema da relação entre mãe e filha dentro de um contexto marcado pela impossibilidade de expressão de uma afetividade autêntica que superasse os condicionamentos resultantes dos papéis impostos pelo sistema patriarcal. Depois de *Querida Mamãe*, Maria Adelaide Amaral escreveu ainda *Intensa Magia* (1995), *Para Sempre* (1997), *Inseparáveis* (1997), que chegou a ser montada no Chile, com estréia em setembro de 2000, e, mais recentemente, *Mademoiselle Chanel* (produzida em 2003, mas escrita na década de 90). Nessas quatro peças, embora não seja esta a temática mais visivelmente central, os papéis impostos pelo patriarcado continuam determinando a maneira pela qual os personagens se inter-relacionam. Em *Inseparáveis*, a autora se concentra no universo de duas mulheres de meia idade que optam pelo divórcio (depois de estarem casadas por muitos anos) e decidem começar uma vida nova.

Tendo alcançado seu sucesso máximo num momento em que a dramaturgia brasileira em seu conjunto passava por uma reformulação, voltando-se para temas menos centrados no político-social, a autora demonstrou com *De Braços Abertos* saber adaptar-se a esse novo contexto. De certo modo, o sucesso dessa obra reflete as circunstâncias do mercado no período em que foi escrita (primeira metade da década de 80), ou seja, evidencia o cansaço do público em relação ao tipo de teatro politicamente engajado que dominara os palcos brasileiros na década de 60 e que fora censurado durante a fase de repressão. Em *De Braços Abertos*, as referências a fatos do período da ditadura funcionam como um pano de fundo distante. O desenvolvimento da ação refere-se a esse passado de forma mais ligeira, menos comprometida, não sendo construído em torno dele.

É inegável que parte do sucesso da obra de Maria Adelaide Amaral para o teatro está em sua capacidade de perceber como se estrutura a sensibilidade de sua época e de saber expressá-la. Na entrevista que nos concedeu em junho de 2000, Maria Adelaide afirmou que nunca poderia ter começado sua carreira escrevendo um texto como *Querida Mamãe*, já que a peça não teria refletido os condicionamentos históricos do momento em que a criou e pelos quais sempre se guiou.

O TEATRO DE ÍSIS BAIÃO

Ísis Baião fotografada por Ana Lúcia Araújo.

O conjunto de mulheres dramaturgas que começou a surgir a partir da década de 60 nos palcos brasileiros nunca constituiu um grupo com um interesse unificador em torno do tratamento feminista da condição da mulher. Tanto no caso de Maria Adelaide Amaral quanto no de Ísis Baião, cuja primeira peça, *O Instituto Naque de Quedas e Rolamentos*, estreou um ano depois de *Bodas de Papel*, ou seja, em 1979, quando o processo de abertura política já havia se iniciado, a preocupação em retratar de forma mais detida o universo feminino, a partir ou não de um enfoque feminista – no caso de Maria Adelaide Amaral, esse enfoque nunca se estabelece com clareza –, vem posteriormente, uma vez que, para uma dramaturga iniciante no final dos anos 70 no Brasil, cujo interesse não fosse escrever comédias ligeiras, seria impossível ignorar os problemas político-sociais. Assim, *O Instituto Naque de Quedas e Rolamentos*, com sua crítica à burocracia inerte e ineficaz do país, está perfeitamente integrada a um contexto

A MULHER DRAMATURGA NA CENA BRASILEIRA... 17

que, de certo modo, dirigia as tendências estéticas dos que começavam a escrever para o teatro. Esse panorama, porém, foi mudando a partir do início dos anos 80, quando o formato estético-conceitual anterior se diluiu. Para Yan Michalski, o descobrimento de uma nova linguagem, que representasse a década que então se iniciava, revelou-se difícil e lento[17]. Uma única tendência destacou-se de maneira clara: o chamado "besteirol", em geral peças cômicas em *sketches* produzidas para dois atores (muitas vezes, eles próprios escreviam os textos), orientadas para a comunicação mais imediata com o público.

Também alcançaram muito sucesso peças que abordavam o universo dos problemas do casal, como foi o caso de *De Braços Abertos*, de Maria Adelaide Amaral, e *Mão na Luva*, de Oduvaldo Vianna Filho. Ísis Baião, em contrapartida, não se inseriu desde o início nessa nova tendência – inclusive porque tal tendência só veio a se consolidar de modo efetivo mais tarde –, optando por dar continuidade a seu trabalho dentro do modelo anterior de teatro *engagé*. Assim, em 1981, sob a direção de João das Neves, estreou *As Chupetas do Senhor Refém*, segunda obra de Baião, cujo enredo girava em torno da trajetória de Deusdita, mulher negra e miserável, mãe de um menino que permanece no hospital como refém até completar dezoito anos, pois a mãe não podia pagar o Instituto que lhe havia garantido a assistência médica.

Enquanto Maria Adelaide Amaral começou no teatro já dentro do circuito oficial –Teatro da Aliança Francesa, Rio de Janeiro –, sob a direção de um artista experiente, Cecil Thiré, com um elenco de nomes conhecidos, *O Instituto Naque*, de Ísis Baião, estreou em um teatro "off", também no Rio de Janeiro, a Casa do Estudante Universitário, dirigida por outro principiante, Júlio Wohigemuth. Como Baião não tinha sido premiada nos concursos do SNT, nem tinha uma relação estreita com a classe artística já estabelecida, seu caminho foi o circuito alternativo, formado por gente jovem que tratou de dar à temática política uma concepção estético-formal distanciada do realismo. Também sua segunda peça, embora dirigida por João das Neves, muito conhecido no meio teatral por seu trabalho com o grupo Opinião, foi encenada quase como produção alternativa, já que não recebeu nenhum tipo de patrocínio para ser montada.

No caso de Ísis Baião, até a década de 90, todos os seus textos receberam montagens marcadas pelas dificuldades resultantes do novo contexto econômico, surgido a partir dos anos 80, ou seja, a falta de apoio do Estado à produção, o que acabou por deixar a atividade cênica dependente do patrocínio de empresas ou em mãos de empresários cujo principal interesse era, obviamente, o lucro.

Os textos dessa primeira fase de Baião, provavelmente devido ao trabalho com o grotesco e com a tragicomédia, que os afastava

---

17. Yan Michalski, op. cit., p. 90.

do modelo realista/naturalista dominante em grande parte do teatro de caráter sociopolítico feito no Brasil, não pareciam apostas seguras para os empresários. Desse modo, o patrocínio acabava sendo a única opção viável e, quando também essa opção se via descartada, a única alternativa possível era o investimento do próprio grupo formado por atores, diretor e autora. As montagens de *O Instituto Naque* e de *As Chupetas* foram realizadas graças ao esforço dos grupos que nelas atuaram, formados, em geral, por gente pouco experiente.

A partir de 1982, quando Ísis Baião entrou em contato com o feminismo por meio de sua participação no I Festival Nacional das Mulheres nas Artes, o trabalho da autora voltou-se mais para o universo dos problemas da mulher dentro das estruturas patriarcais ainda vigentes no Brasil. Ainda que, para começar, não se possa sustentar que a partir desse mesmo ano Baião tenha mudado completamente seu foco de interesse, uma vez que a autora em *O Cabaré da Crise: As da Vida Também Votam*, peça produzida em 1982, abordou o tema da opressão feminina dentro do contexto de violência característico de um capitalismo periférico, comentando também o momento político pelo qual passava o país, ou seja, o final do governo militar e o início do novo período democrático, com a chamada Nova República.

Apenas em 1984, com *As Bruxas Estão Soltas*, também montada no Rio de Janeiro, Ísis Baião abandonou de modo evidente a temática sociopolítica para se dedicar exclusivamente à questão feminina. Formada por onze *sketches*, *As Bruxas* analisa problemas como o sentimento de culpa enfrentado pelo sexo feminino ao desfrutar a liberdade pela qual havia lutado, o medo do homem diante da mulher não passiva, o difícil caminho até a conquista de uma sexualidade autônoma, a desconstrução de mitos religiosos fabricados para servir às leis do patriarcado, enfim, temas que, em meados dos anos de 1980 no Brasil, ainda suscitavam controvérsia no panorama cultura.

Dez anos se passariam até Ísis Baião ver encenada outra de suas peças: *Essas Mulheres ou She by Three of Them*, texto que também girava em torno da trajetória de uma mulher em seu processo de conscientização rumo à autonomia frente aos valores patriarcais. Dividida em três movimentos, a obra favorece uma estrutura episódica, rejeitando a linearidade do realismo tradicional. A presença de She, o único personagem que tem voz e corpo no palco, domina toda a ação e o discurso apresentado ao público, numa referência implícita ao autoritarismo patriarcal. *Essas Mulheres* acabou sendo a única peça montada da carreira da autora que obteve patrocínio de uma empresa; porém, sua estréia se deu em um teatro recém-inaugurado (situado, além disso, em um bairro com pouca tradição teatral até então) e não chegou a marcar de modo especial a temporada carioca de 1994.

Ísis Baião ainda não conseguiu ver encenados dois de seus melhores textos: *Casa de Penhores* e *O Clube do Leque*. O primeiro

A MULHER DRAMATURGA NA CENA BRASILEIRA...   19

recebeu, inclusive, o prêmio Onassis (menção honrosa), concedido na Grécia pela fundação desse nome, honraria à qual concorreram obras teatrais do mundo inteiro (no total, 1.470 peças). Escrita em 1982, *Casa de Penhores* tematiza a decadência de uma família de classe média em função da crise econômica do país.

Ísis Baião é, entre o grupo de dramaturgas brasileiras analisadas, a que obteve da crítica jornalista uma recepção menos calorosa e imparcial. Consideramos que, além da antipatia que possam ter provocado os erros cometidos no universo mais específico das encenações, o que mais contribuiu para que recebesse tal desdém crítico foi seu trabalho com o grotesco, ao lado da forma pela qual desenvolveu temas como a decadência das instituições públicas e a luta da mulher por sua autonomia, que atacavam mais do que frontalmente os parâmetros do "bom gosto" conservador, ainda predominante (não assumidamente) entre a crítica jornalística dos principais jornais do Rio de Janeiro e São Paulo.

A autora é também, dentre as três dramaturgas cujas obras analisamos, a menos conhecida junto ao público e à crítica acadêmica. O fato de não ter conseguido ver encenados vários de seus textos (quatro no total) dificultou a divulgação de seu trabalho. Entre os compêndios de história do teatro brasileiro do século XX, seu nome aparece apenas em *Pequena História do Teatro Brasileiro*, de Mário Cacciaglia[18], que menciona o sentido especial do humor em sua obra e o interesse mostrado pela temática social.

O estudo abrangente e pioneiro dedicado a identificar e reconhecer o trabalho das dramaturgas brasileiras do século XX, escrito por Elza Cunha de Vincenzo, *Um Teatro da Mulher*, não menciona a obra de Ísis Baião. Uma das explicações mais óbvias para essa atitude é o fato de Vincenzo ter investigado o teatro escrito por mulheres apenas como fenômeno eminentemente paulista, ignorando o que acontecia no Rio de Janeiro. Como os textos de Baião nunca foram representados em São Paulo, principal mercado de teatro do país, ela acabou sendo esquecida em meio ao conjunto de dramaturgas contemporâneas cujas trajetórias foram historiografadas por ela.

Ísis Baião, embora não tenha conseguido um sucesso arrebatador de público, sempre obteve uma acolhida calorosa do público, que, em muitos casos, chegou a participar, em certos momentos, dos espetáculos devido à interação proposta tanto pelos textos quanto pelas montagens. Apesar de as estréias não terem sido numerosas, essa autora sempre gozou de estreita comunicação com seu público, o que justificaria a legitimidade teatral de sua obra, embora sem chegar a proporcionar lucros para seus produtores. Se Baião enfrenta dificuldades para ver suas peças encenadas, tampouco Leilah Assunção e Maria Adelaide Amaral conseguem estar em cartaz com a mesma freqüência

18. São Paulo: Edusp, 1976, p. 175.

que outros dramaturgos. Os obstáculos impostos pelo mercado são muitos e merecem análise mais detida.

O CÂNONE DO MERCADO E O CÂNONE DA HISTÓRIA

Segundo dados apresentados por Yan Michalski[19], o fim do patrocínio do Estado à atividade teatral (com o início da abertura, o governo já não se sentia obrigado a apaziguar o inconformismo da classe artística por meio da doação de recursos financeiros) provocou a transformação da censura política em censura econômica – dado marcante das temporadas dos anos de 1980 e 1990 –, uma vez que, como as empresas (a título de patrocínio) e os empresários eram os únicos com possibilidade de investir, foi criada uma espécie de cânone do mercado que privilegiava trabalhos menos densos. Por outro lado, o teatro mais experimental não chegou a ser receptáculo da dramaturgia que surgia, pois demonstrou pouco interesse por encenar textos dramáticos fechados, preferindo fazer experiências de linguagem por meio de adaptações ou de criações resultantes do trabalho em conjunto de atores e diretores a partir dos ensaios. Além da preferência por peças de menor densidade, houve também uma predileção entre os produtores por textos que tivessem obtido sucesso em cidades como Nova York e Londres, já que, uma vez divulgado esse fato, a tendência seria repetir o mesmo tipo de triunfo.

As obras de Leilah Assunção, Maria Adelaide Amaral e Ísis Baião não se enquadram perfeitamente nem nos parâmetros do teatro comercial mais característico – embora Assunção e Amaral possam ser consideradas autoras pertencentes ao "centro" – nem no esquema utilizado pelos grupos mais experimentais. Assim, muitas vezes têm problemas para dar visibilidade a seus trabalhos. No caso de Maria Adelaide Amaral, como muitos de seus textos são escritos por encomenda de atores e diretores, transpor a barreira da produção torna-se um ato menos complicado. Além disso, suas peças, por serem em geral mais lineares, parecem um risco menor para o produtor[20].

No caso de Leilah Assunção e Ísis Baião, cujos trabalhos voltam-se mais para as questões tópicas e políticas – considerando-se que problematizar o tema da mulher no sistema patriarcal, a partir do ponto de vista de sua opressão, é um posicionamento político – que as autoras têm interesse particular em abordar, o caminho até a produção

19. Yan Michalski, op. cit., p.87.

20. Os personagens de Maria Adelaide Amaral demonstram sua preferência pelo realismo psicológico. Luísa e Sérgio em *De Braços Abertos*, por exemplo, têm uma psicologia muito particular, não servem propriamente como representações de gênero no sentido da palavra inglesa *gender* (ainda que, a princípio, tenham sido construídos em parte com essa finalidade). A autora parece preferir o trabalho com psicologias individuais. O símbolo e a alegoria não se destacam em sua obra.

pode vir a ser mais tortuoso. Para Baião, que não dispõe de recursos para produzir suas próprias peças – trabalha com a estética menos digerível das três autoras, não é um nome presente nos meios de comunicação de massa, e ainda recorre a temas relacionados às questões feministas –, as dificuldades são ainda maiores.

Devido ao custo elevado de uma produção teatral no Brasil (inclusive textos com dois personagens podem resultar em montagens caras), produtores e empresários temem o risco e, por conseguinte, ao fazerem seus investimentos, buscam o que lhes parece mais seguro. Sem patrocínio, para que um espetáculo proporcione lucro é necessário que permaneça em cartaz com casa cheia por um período de seis a oito meses, em teatros cuja capacidade gire em torno de quatrocentos lugares. Para alcançar esse sucesso, é preciso quase sempre contar com o chamado "público de teatro tradicional", ou seja, pessoas mais velhas, pertencentes à classe média alta, de gosto bem mais conservador, já que o número de jovens que freqüenta o teatro com assiduidade é reduzido.

Yan Michalski assim descreve o panorama do mercado teatral da década de 1980:

> Depois de girar em torno, durante grande parte do período da ditadura, de 75% do total dos espetáculos, a dramaturgia nacional se viu reduzida a responder por menos de 50% das encenações do repertório anual do Rio de Janeiro e de São Paulo. Nesse contexto, qualquer proposta dramatúrgica que seja representativa de um espírito mais experimental ou inquieto, seja de origem nacional ou de estrangeira, simplesmente não consegue alcançar seu lugar ao sol, a não ser quando é defendida por um intérprete de carisma indubitável, como ocorreu no caso do fenômeno *Petra Von Kant*[21].

Desde que o conhecido crítico fez essa afirmação em 1989, pouco mudou. Por outro lado, existe um número cada vez maior de grupos alternativos que, embora não permaneçam juntos durante muitas temporadas, buscam formas de fazer teatro que não necessitem investimentos tão altos. Muitos dos trabalhos produzidos dentro desse esquema baseiam-se em textos que vão se construindo durante os ensaios, em que a figura do autor tradicional de um texto fechado previamente deixa de existir.

Na temporada teatral do Rio de Janeiro de março de 2001, por exemplo, mais de vinte espetáculos dos trinta e sete em cartaz haviam sido escritos por autores nacionais. Não obstante, menos da metade dessas vinte peças tinha sido realizada a partir de textos escritos segundo o parâmetro mais tradicional de autor único que escreve obra fechada, cuja existência é anterior ao processo de ensaios. Muitas adaptações da literatura, algumas criações coletivas e outros textos escritos pelos próprios atores para suas performances marcaram o espaço dedicado à expressão autoral nativa.

---

21. Yan Michalski, op. cit., p. 89.

Na entrevista que nos concedeu em junho de 2000, um dos raríssimos produtores que ainda investem seu próprio capital no teatro, Ecila Mutzenbecher, afirmou que é muito pequeno o número de bons autores nacionais. Para ela, que trabalha exclusivamente com textos brasileiros quando a peça já vem com um patrocinador (ou seja, quando seus custos são subvencionados), a dramaturgia produzida hoje no Brasil, em geral, não atrai o público. No caso da escrita por mulheres, segundo Mutzenbecher, além das autoras, em sua maioria, não serem tão conhecidas quanto seus pares do sexo masculino, não conseguem apresentar em termos comerciais um produto comparável ao dos homens. E afirma também que "as mulheres precisam apresentar um produto melhor, uma vez que, para superar a barreira imposta durante tanto tempo ao sexo feminino, seria necessário apresentar algo de qualidade muito superior". Como se poderá comprovar por meio das análises das obras, a afirmação de que os textos escritos por mulheres possuem qualidade inferior ao dos homens é questionável. O que realmente ocorre em alguns casos é o fato de esses textos demonstrarem um comprometimento menor com determinados valores dominantes, o que certamente os torna menos comerciais.

Também em junho de 2000, Paulo Giardini, na época diretor de um centro de produção no Rio de Janeiro e São Paulo, a Casa da Gávea, em entrevista que nos concedeu, considerou que sua organização estimulava a dramaturgia nacional, uma vez que, além de promover leituras de textos inéditos, montava com alguma freqüência peças de autores nacionais. Em contrapartida, pelos números que nos apresentou, ficou claro que, na lista elaborada de dramaturgos brasileiros, só apareciam os nomes mais célebres, como Maria Adelaide Amaral, Mauro Rasi e Marcelo Rubens Paiva[22]. O texto de Ísis Baião que recebera o prêmio Onassis, por exemplo, *Casa de Penhores*, tinha sido objeto de uma leitura pública naquele estabelecimento, porém não havia sido considerado para futuro projeto de montagem. Na realidade, as leituras públicas têm um papel importante por divulgar entre representantes da classe novos trabalhos, mas não conseguem romper de maneira muito efetiva o isolamento da maior parte dos autores que ainda não conseguiram alcançar um lugar estabelecido no mercado[23].

---

22. Essa postura tem se transformado nos últimos cinco anos. Em 2004, a Casa da Gávea produziu *Por Que Você Não Disse Que Me Amava?*, de Vera Karam, com direção de Paulo Betti. Vera Karam era um nome muito pouco conhecido no Rio de Janeiro e, portanto, pouco atraente para investidores; contudo, apesar disso, a peça foi montada, com Rafael Ponzi e Cristina Pereira no elenco.

23. Rafael Ponzi, atual administrador da Casa da Gávea, em entrevista a nós concedida em fevereiro de 2005, considerou que, entre os anos 2000 e 2004, houve um considerável aumento da procura pelo ciclo de leituras promovido por essa instituição

A MULHER DRAMATURGA NA CENA BRASILEIRA...   23

Em artigo de 1983, "Ciclo de Autores 'Malditos' Questiona a maldição", Michalski narra a realização de um ciclo sobre "autores malditos" nacionais, ou seja, aqueles cujos trabalhos não conseguiam chegar ao público. Durante o ciclo foram lidas onze peças. Entre os onze autores da lista, três eram mulheres: Ísis Baião, Maria Helena Kühner (também conhecida por seus ensaios) e Ana Maria Taborda. O ciclo, dirigido, sobretudo, para classe artística, permitiu que se debatesse de forma responsável o problema da "invisibilidade" desses criadores[24]. Porém, a partir da perspectiva contemporânea, é possível afirmar que nenhum dos nomes que formavam o grupo "maldito" conseguiu sair propriamente dessa condição, ou seja, embora as leituras contribuíssem para divulgar seus trabalhos, para que esses textos fossem produzidos com maior freqüência, seria necessário utilizar outras estratégias, como, por exemplo, a criação de uma cooperativa de autores cuja meta fosse a realização de montagens. O grupo Nova Dramaturgia Carioca, que iniciou suas atividades em 2001, vem conseguindo estabelecer-se no panorama teatral do Rio de Janeiro a partir de uma atuação nesse sentido.

Em seu importante ensaio sobre o teatro brasileiro durante o período da repressão, Yan Michalski sequer menciona o nome de Ísis Baião entre os novos criadores que surgiram no final dos anos de 1970 e desenvolveram seus trabalhos ao longo da década de 80. Quando alude ao grupo de dramaturgos que encontra problemas para subir ao palco, refere-se a Wilson Sayão e Ricardo Meireles[25]. Sayão é quase sempre mencionado dentro da categoria dos autores que não conseguiram encontrar um espaço no mercado, embora tenham recebido prêmios por seus textos.

Mesmo sendo pouco adequado relacionar de modo inequívoco o esquecimento de Michalski a certa misoginia, podemos afirmar que, em geral, a crítica jornalística reagiu de forma muito conservadora com relação ao tratamento proposto por Baião à problemática feminina. Como mostraremos adiante, o crítico do *Jornal do Brasil*, Macksen Luiz, por exemplo, em sua resenha sobre a montagem de *As Bruxas Estão Soltas*, declarou, em forma de ataque, que a peça não ia além do plano de discussão proposto pelas revistas femininas. Tal afirmação demonstra a dificuldade por parte de um determinado segmento da crítica jornalística em aceitar textos e montagens que assumam um caráter político (feminista) claro. Acreditamos que essa postura acaba influenciando a crítica ensaística e, portanto, o cânone da história.

e que, portanto, apesar das dificuldades de penetração no mercado, parte dos jovens autores ainda considera a leitura um estágio importante, preferindo também criar dramaturgia de acordo com os parâmetros mais tradicionais, ou seja, evitando construir o texto a partir do contato com um grupo.

24. Yan Michalski, Ciclo de Autores Malditos Questiona a Maldição, *Jornal do Brasil*, 6.7.1983, Caderno B, p. 3

25. Yan Michalski, O Teatro Sob Pressão, op. cit., p. 92.

O trabalho de Baião vem sendo, hoje, mais valorizado pela crítica acadêmica norte-americana, justamente a que se interessa em pesquisar enfoques a partir do ponto de vista do feminismo. Os estudos de Fred Clark, por exemplo, proporcionaram maior visibilidade à trajetória da autora (inclusive no Brasil); porém, ainda não conseguiram estimular junto à crítica acadêmica nacional um interesse mais significativo por sua obra.

É importante assinalar que não existe uma unidade determinante que permita reunir os trabalhos de autoras como Leilah Assunção, Maria Adelaide Amaral e Ísis Baião sob um objetivo comum. Enquanto a segunda não se interessa especialmente por explorar a questão da mulher dentro do patriarcado (*Bodas de Papel*, apesar de mostrar o mapa dessas relações, não tem sua principal meta no desenvolvimento dessa temática), uma vez que seus textos mostram uma clara diversidade de interesses, a primeira e a terceira o fazem a partir de perspectivas distintas, principalmente no que se refere ao trabalho com o humor, que, no caso de Baião, vem relacionado ao grotesco. Por outro lado, em termos formais, tanto Leilah Assunção quanto Ísis Baião trabalham com monólogos e utilizam recursos épicos em alguns de seus textos, evitando a construção realista tradicional[26]. Em termos temáticos, também se nota claramente nas obras de ambas o desejo de analisar as relações entre os gêneros a partir da questão do poder implícito e histórico do homem sobre a mulher, construído por meio do patriarcado. Do mesmo modo, a subjetividade feminina, que antes era outorgada à mulher como natureza, aparece nas obras dessas duas autoras como uma construção de caráter puramente sociocultural, que deve ser superada em prol de uma identidade autônoma, resultado da autoconsciência adquirida nas últimas quatro décadas.

Sábato Magaldi, crítico que acompanhou o desenvolvimento das manifestações teatrais mais decisivas no Brasil do século XX, em seu *Panorama do Teatro Brasileiro*, em que estabelece a trajetória desse teatro a partir do ponto de vista básico da dramaturgia, dedica alguns comentários à obra de Leilah Assunção (principalmente a *Fala Baixo e Roda Cor de Roda*) e à de Maria Adelaide Amaral, afirmando que *De Braços Abertos* é a realização mais bem-sucedida do repertório brasileiro das temporadas recentes[27].

Reconhecemos que é impossível, dentro da proposta de uma visão genérica como a do *Panorama*, analisar de forma mais detida as contribuições individuais de cada dramaturgo citado em uma lista de

---

26. Não acreditamos que as duas autoras evitem o realismo por considerá-lo uma expressão do patriarcado, como supõem muitas feministas. Pensamos que Leilah Assunção e, principalmente, Ísis Baião querem romper as fronteiras do realismo, porque seu contato com o teatro se deu por meio de textos e encenações que se afastavam das características desse movimento.

27. Sábato Magaldi, De Braços Abertos: Uma Obra Prima, *Jornal da Tarde*, São Paulo, 20.10.1984, Cultura, p. 3.

A MULHER DRAMATURGA NA CENA BRASILEIRA... 25

38 nomes; por outro lado, consideramos de certa maneira injusto afirmar simplesmente a escassez de textos de "real mérito" na produção dos autores listados ("Felizmente, há multiplicidade de tendências, signo de um teatro maduro, ainda que sejam escassos os textos de real mérito"[28]), em especial quando os critérios que definem o conceito de "mérito" não estão definidos. A leitura de *Panorama do Teatro Brasileiro* manifesta claramente a preferência do crítico, no que se refere à análise das temporadas dos anos 80 e 90, pelas peças que obtêm significativo sucesso de bilheteria e que, além disso, conseguem atrair a atenção dos meios de comunicação. Portanto, voltamos ao mesmo ponto: como deve proceder o historiador que forma o cânone? Quais são os parâmetros que justificam plenamente a inserção de determinados nomes e o "esquecimento" de outros? Achamos que é necessário superar a tendência de considerar importantes apenas as obras que conseguem uma grande visibilidade junto ao público e aos meios de comunicação, uma vez que produzir uma história crítica do teatro não deve levar apenas à realização de uma crônica de seus sucessos mais notórios. As obras escolhidas para o presente trabalho serão analisadas visando a esse objetivo.

---

28. Sábato Magaldi, *Panorama do Teatro Brasileiro*, São Paulo: Global, 1996, p. 313.

2. O Teatro de Leilah Assunção

FALA BAIXO SENÃO EU GRITO

> *Não é esquisito não caber mais dentro das coisas?*
>
> MARIAZINHA,
> em *Fala Baixo Senão Eu Grito*,
> de Leilah Assunção

Fala Baixo Senão Eu Grito, terceiro trabalho de Leilah Assunção para o teatro e o primeiro a ser encenado, conquistou um enorme sucesso de público. Sua qualidade também foi reconhecida pela crítica, que acabou concedendo à jovem autora dois prêmios importantes: o Molière e o da Associação Paulista dos Críticos Teatrais (melhor autor de 1969). A peça, montada pela primeira vez em São Paulo, com Marília Pêra e Paulo Vilaça no elenco, sob a direção de Clóvis Bueno, teve uma sorte invejável nos palcos do Brasil e do exterior (esteve em cartaz em Bruxelas, com boa resposta do público e da crítica, Paris e Buenos Aires), sendo montada em diversas ocasiões ao longo de todo o período da ditadura militar, até as décadas de 80 e 90. *Fala Baixo*, embora tivesse sido a estréia de Leilah Assunção na cena paulista, não era seu primeiro texto teatral. Já entre 1963 e 1964, escrevera *Vejo um Vulto na Janela, Me Acudam Que Eu Sou Donzela* e, em 1968, *Use Pó de Arroz Bijou*. Ambas foram proibidas pela Censura Federal. *Vejo um Vulto* foi liberada em 1979,

28 MARGEM E CENTRO

porém *Use Pó de Arroz Bijou* ainda permanece inédita, pois, ao ter sofrido cortes em oitenta de suas noventa páginas, perdeu todas as suas características.

O caminho trilhado pela escritora desde *Vejo um Vulto na Janela* até *Fala Baixo* foi de grande aprendizado, já que as duas obras, apresentando semelhanças de tema e espaço, distanciam-se de modo significativo, principalmente no que se refere ao sentido de teatralidade[1], muito mais apurado em *Fala Baixo*. *Vejo um Vulto na Janela*, vista hoje, parece mais uma espécie de ensaio sobre uma temática que seria melhor desenvolvida posteriormente com *Fala Baixo*. Em ambos os textos, num espaço fechado (o do internato feminino), as mulheres se protegem e se escondem da vida, ao mesmo tempo em que são levadas, por certos acontecimentos, a enfrentar situações que vão desafiar para sempre sua visão de mundo e sua postura diante de uma sociedade em transformação. Nesse contexto, a liberdade sexual é um dos primeiros problemas debatidos e o sexo oposto (no caso das peças comentadas, o homem), visto com desconfiança, apresenta-se como um agente desestabilizador.

Em *Vejo um Vulto*, Leilah Assunção trabalha com uma galeria de tipos humanos bastante característica dos anos 60, expondo-os de maneira bem humorística, sem se preocupar em situá-los dentro de um esquema dramático tradicional, ou seja, em uma estrutura que privilegia a ação única que, em gradação ascendente, desenvolve-se até um clímax. Os personagens multiplicam-se e as ações não se articulam de modo unificado. O trunfo de *Fala Baixo* em relação a *Vejo um Vulto* está na concentração. Por outro lado, essa concentração abre-se a digressões – as fantasias de Mariazinha, que, como veremos adiante, passam a habitar o universo da cena como um jogo de teatro dentro do teatro – que demonstram de modo bastante claro uma necessidade de rebeldia por parte da autora frente às formas canônicas do drama.

Tanto em *Vejo um Vulto* quanto em *Fala Baixo*, Leilah utilizou parte de sua experiência pessoal – jovem da classe média criada dentro dos valores tradicionais da família, mas que participou e conviveu com todos os movimentos e idéias libertárias que irão efervescer o final dos anos 60 – para dar vida a personagens e situações; assim, é o universo da mulher "em seus primeiros movimentos de conscientização política e liberação sexual"[2] que servirá de base para as suas criações iniciais. Leilah Assunção começou partindo, sobretudo, do

---

1. Quando utilizamos esse conceito em relação à *Fala Baixo*, estamos nos referindo ao fato de que esse texto privilegia o papel do movimento cênico em si, da relação dos atores com os objetos cênicos, produtores primordiais de signos.

2. Elza Cunha de Vincenzo, *Um Teatro da Mulher*, São Paulo: Edusp/Perspectiva, 1992, p 84.

Fala Baixo Senão Eu Grito, com Marília Pêra e Paulo Vilaça. Direção de Clóvis Bueno. Arquivo Cedoc/Funarte.

que tinha vivido para criar suas peças[3], portanto, nada mais lógico que houvesse semelhanças entre os textos e que, inclusive, um tivesse um tratamento menos elaborado do mesmo material que o outro desenvolveria com mais propriedade. O mais importante a destacar, em todo caso, é o fato de que, para além das coincidências de conteúdo, uma forma particular de escrever para teatro também começava a se delinear em *Vejo um Vulto* por meio, por exemplo, da importância atribuída ao papel dos objetos no universo material dos personagens, do diálogo vivo, coloquial, e da preferência pelo humor no enfoque das situações[4]. Porém, se essas características já anunciavam um estilo de escrever para o teatro, não davam conta de como seria tratada a estruturação dramática das obras posteriores, bastante diferente se comparada à de *Vejo um Vulto*, em que o número de personagens parece excessivo, porque o eixo central da peça é diluído diante da importância praticamente equânime conferida a cada um dos conflitos particulares (que não chegam a se transformar em tramas paralelas) na estrutura do texto, ou seja, as distintas posições das mulheres retratadas adquirem uma relevância semelhante na sintaxe do palco. Isso indica que o primeiro impulso teatral de Leilah Assunção nasceu mais de uma necessidade épica do que propriamente dramática. Esse traço épico, por meio do qual os personagens comentam seu passado e avaliam sua trajetória, aparece quase sempre sob a forma lírica, o que ocorre em certos momentos de *Vejo um Vulto*.

No texto de *Fala Baixo*, ressaltando sua diferença, Leilah Assunção abandona o caminho iniciado em *Vejo um Vulto* e realiza a teatralização desse lirismo, transformando em cena sonhos e fantasias dos personagens, projetando-os, a despeito de sua subjetividade, por meio de imagens concretas e físicas, dando-lhes, finalmente, uma roupagem dramática que a princípio não possuíam. Nessa obra, a autora parece regozijar-se com a possibilidade de utilizar o palco como o público o vê, ou seja, como um espaço onde se "faz de conta", explorando-o em todos os seus limites. A própria teatralização das fantasias dos personagens não consegue esconder uma divertida paixão metalingüística que, em mãos de bons diretores, constitui outro grande trunfo da peça.

3. Luiz Carlos Maciel, escritor e diretor de teatro, em uma entrevista a nós concedida em 1996 fez a seguinte afirmação sobre o problema do confessionalismo nas primeiras peças de Leilah Assunção: "porque a personagem [Mariazinha, de *Fala Baixo*] baseava-se em suas amigas e nela própria. A origem de Leilah é igual à da personagem. Ela naturalmente destacou o caráter reprimido e histérico da personagem[...]. A peça dela que eu dirigi, *Boca Molhada de Paixão Calada*, é a história de um casal, que é algo de sua própria experiência também".

4. Essas características já haviam sido assinaladas por grande parte dos críticos da época, como Sábato Magaldi e Yan Michalski. Eles, porém, não se interessaram em analisar a questão da convivência de diferentes gêneros literários no teatro de Leilah Assunção.

O TEATRO DE LEILAH ASSUNÇÃO

Homem: – Vamos passear, vamos passear...
Mariazinha: – Sem rumo por aí... sem rumo...?
Homem: – Sem rumo.
Mariazinha: – Voando... voando... Nós estamos nas nuvens... voando... voando...
Homem: – Andando... andando...
Mariazinha: – Vamos passear...
Homem: – Leves... leves...
Mariazinha: – A gente nem pisa no chão...
Homem: – Não... não sente nada...
Mariazinha: – Eu dou cada passo grande... de três metros... Olha... olha só... (*começam a mover-se em câmera lenta*)

As fantasias dos personagens, como se pode perceber pelo que acabamos de transcrever, são vividas como devaneios de liberdade e comentam, de forma cômica, o contexto de repressão em que a peça foi escrita. Pode-se dizer que Leilah Assunção soube aproveitar com muita inteligência as aparentemente pequenas possibilidades do enredo: Mariazinha, uma "solteirona" virgem, não muito jovem, vive sozinha num pensionato, onde conserva em seus aposentos os móveis que herdara da família. Tem um trabalho insignificante que lhe garante uma existência medíocre em todos os sentidos. Certa noite, um ladrão entra em seu quarto e os dois "vivem" as fantasias de Mariazinha como um jogo de *make believe*. Quando chega o amanhecer, o ladrão a convida a fugir. Ela não aceita e grita para que chamem a polícia. A partir desse choque de personalidades e visões de mundo, leva-se a cabo um desmascaramento que expõe à luz do dia toda a repressão e autoritarismo do sistema patriarcal, principalmente no que se refere à sexualidade feminina.

No Brasil, no final dos anos 60, as solteironas infantilizadas como Mariazinha já eram consideradas anacrônicas[5]. Leilah Assunção aproveita-se disso para ironizar a personagem, que tem a sensação de "não caber mais dentro das coisas", de ser uma "estranha" fechada no mundinho do seu quarto, onde os móveis herdados de seus pais adquirem vida e a fazem recordar (na medida em que são objetos de uma transferência) a importância da fidelidade à família e, por conseguinte, todos os preconceitos morais por ela gerados.

O tipo de mulher representado por Mariazinha, a marginal que não consegue se reconhecer assim, desajustada dentro de um sistema do qual pensa fazer parte, já havia aparecido na literatura brasileira, principalmente na obra de Clarice Lispector. Em *A Cidade Sitiada*, temos Lucrécia, que se encontra "apanhada por alguma roda do sistema perfeito"[6] porém, "talvez mal apanhada, com a cabeça para baixo e

---

5. Luiz Carlos Maciel escreveu sobre esse aspecto em sua crítica: "Sua única desvantagem é que não consegue superar um certo desinteresse intrínseco ao tema. *Fala Baixo* me deu um pouquinho de sono. Eu não entendia por que quando alguém do meu lado disse: 'é uma coisa tão antiga o caso dessa Mariazinha'".

6. Clarice Lispector, *A Cidade Sitiada*, Rio de Janeiro: José Álvaro, 1964, p. 139.

32   MARGEM E CENTRO

uma perna saltando para fora" [7]. Como a Alice de Carroll, que ao entrar na casa do espelho cresce tanto que se vê obrigada a pôr um braço para fora da janela e um pé dentro da chaminé, Lucrécia e Mariazinha são mulheres em desconcerto com o mundo que as rodeia.

Outro personagem conhecido da literatura brasileira com quem Mariazinha apresenta similaridades é Macabéa – também criação de Clarice Lispector –, em especial pelo fato de que ambas personificam *clowns*. Macabéa, por exemplo, é descrita como alguém que utiliza uma grande quantidade de pó-de-arroz com o qual dissimula os defeitos de seu rosto; seu espelho ordinário lhe mostrava um nariz enorme, como de cartolina; os lábios finos pintados além do contorno para imitar Marilyn Monroe; as unhas sujas – tudo contribui para que vejamos um quadro do patético[8]. Mariazinha, por sua vez, também parece fazer parte de um circo: "seria um tipo vulgar, insignificante, se não fossem os laçarotes que enfeitam os seus cachinhos e os que escapam de sua blusa"[9]. Assim como Macabéa, Mariazinha é tragicômica, uma mulher travestida de "mulherzinha", *clown* de si mesma (pois foi construída a partir dessa ótica), que, por isso, não consegue realizar o encontro sexual. Segundo Fellini, a graça do *clown* está justamente em não conseguir se realizar sexualmente[10], já que ao estar em "desconcerto" não é capaz de se realizar. Em relação à Macabéa, o narrador de *A Hora da Estrela* nos diz que seu sexo era "como um nascido girassol num túmulo". No caso de Mariazinha, a presença do Homem colocará em xeque todo o circo onde diariamente sua vida é encenada, dando-lhe a oportunidade de ver crescer o "girassol" em outro lugar.

O Homem, uma figura indefinida que entra por acaso nos aposentos de Mariazinha, representa, para alguns críticos, a corporificação, a proteção das fantasias da "solteirona", uma criação de seus impulsos em luta contra um "ego reprimido"[11]; para outros, um personagem que definitivamente existe e funciona como "ser revelador" que despertará um processo de liberação das potencialidades da mulher solitária[12]. Esse debate, porém, não parece muito importante, já que o interesse da autora, nesse caso, é criar um choque, um conflito e, para isso, precisa de um personagem antitético que sirva de oposição à Mariazinha. A autora parece preferir a ambigüidade, uma vez que o personagem, além de não ter nome (é apenas Homem, com "h" maiúsculo), representa mais propriamente uma

7. Idem, ibidem.

8. Clarice Lispector, *A Hora da Estrela*, Rio de Janeiro: José Olympio, 1977, p. 20.

9. Leilah Assunção, *Fala Baixo Senão Eu Grito*, em *Da Fala ao Grito*, São Paulo: Símbolo, 1977, p.25.

10. *Fellini por Fellini*, ed. Christian Strich e Anna Keel, Porto Alegre: LPM, 1983, p. 145-154.

11. Luiz Carlos Maciel, *Última Hora*, 20.01.1970, p. 3.

12. Clóvis Levi, *O Dia*, 20.01.1970, p. 2.

O TEATRO DE LEILAH ASSUNÇÃO 33

função, não possuindo nem as sutilezas psicológicas de Mariazinha nem sequer uma história própria.

Para Elza de Vincenzo, o Homem é a "outra cara do mundo"[13]. Essa outra cara do mundo funcionará como uma espécie de "anjo exterminador", cujo objetivo é abalar e exterminar, se possível, todo o universo de ilusões (a infância feliz, a família amiga e protetora etc.) que é o refúgio de Mariazinha. Essa tarefa, porém, não se consuma no espaço do texto. No final, ela repele o convite do Homem e parece decidir continuar atada a todas as fantasias e convenções que moldavam seu comportamento[14].

No final da peça, como escreve o crítico Sábato Magaldi, "resta uma nudez desesperada, de quem já não deseja ligar-se a mitos vazios, mas que não encontrou ainda com o que se vestir. *Fala Baixo* surpreende exatamente o momento da redução a ruínas, descrevendo-a com uma meticulosidade entre sádica e afetuosa"[15]. A nudez de que fala Magaldi era o sentimento de grande parte das mulheres brasileiras da década de 60, que só recentemente descobriram a necessidade de depreciar os papéis que o sistema patriarcal lhes concedia, porém que ainda se acovardavam frente à hipótese de cair num vazio, de não conseguir realizar nada compensador que justificasse o esforço da luta.

No Brasil de 1969, o repúdio à submissão da mulher soava como um eco do repúdio à falta de liberdade política imposta pela ditadura. A questão feminina, pela primeira vez, deixava de ser unicamente feminina para transformar-se em algo mais universal: o desmascaramento do poder autoritário. O riso, que Leilah Assunção provocava com seu texto, expunha todo o ridículo a que a severa austeridade podia levar, questionando, sem medo, os valores do sistema. A própria ditadura percebeu isso e, em 1970, no Rio de Janeiro, proibiu a peça durante a temporada[16]. Quem poderia imaginar que uma solteirona infantilizada pudesse tornar-se tão perigosa? Para a censura, o perigo vinha justamente do fato de que a figura de Mariazinha era a prova da estupidez de todo um sistema de valores defendido pelo autoritarismo da ditadura militar. O problema da subversão só existia, porque Mariazinha era tentada a viver sua sexualidade fora das fronteiras impostas pelos papéis sociais do patriarcado, ou seja, fora do esquema

---

13. Idem, p. 86.

14. Leilah Assunção considera que deixou o desfecho em aberto. A recusa não significa a impossibilidade de uma mudança futura. "O final de minhas peças é sempre aberto. As pessoas não compreendem... que se tivesse posto a Mariazinha fugindo com o Homem, a peça teria ficado dez anos em cartaz" (entrevista concedida ao Folhetim do jornal *Folha de S.Paulo*, em 15.7.1979).

15. *A Condição*, Programa da montagem dirigida por Clóvis Bueno em 1969.

16. Leilah Assunção declarou, em entrevista ao jornal *Folha de S.Paulo* citada anteriormente, que a proibição viera diretamente de Brasília, por meio de um telegrama do então presidente Médici.

MARGEM E CENTRO

do casamento e da maternidade. O fantasma dos valores da família burguesa, como afirma Elza de Vincenzo[17], é o terceiro personagem atuante na peça, presente materialmente nos móveis e ideologicamente nos diálogos:

> Mariazinha *(abre o criado-mudo)* – Fui eu que cresci, ou foi o mundo que diminuiu? Que foi? Que foi? Que foi? que foi, que foi, que foi... *(canta)* que foi... *(tenta enfiar a cabeça dentro do criado-mudo)*. Quando eu era pequenina eu cabia aí dentro... Boa noite, querido, bom dia, querido, muito trabalho? Cansado? *(sempre conversando com os móveis)* Onde é que você me leva hoje? Posso ir? Posso ir? Posso? Posso? *(abre o guarda-roupa e admira-se no espelho)* Sou pequenininha, de perna grossa, vestido curto *(triste)* papai não gosta...*(para o relógio grande, assentindo com a cabeça)*. Certo, certo, está na hora de dormir, tem razão. O sono é muito importante... *(admirando o relógio)*. Ah, não canso de me orgulhar, nunca! Quem é que tem uma herança dessas? Quem? Ninguém! Ninguém não! É o único do mundo!... [18]

Os móveis de seu tempo de menina – como o armário azul e a mesinha de cabeceira, em que já não cabe o relógio, associado à figura do pai – são a presença viva de uma vida familiar e de seus códigos de comportamento. Quando se vê no espelho, a primeira canção que lhe vem à cabeça é "sou pequenininha de perna grossa, vestido curto, papai não gosta"; além disso, ao ver o relógio, lembra-se da ordem "hora de dormir", pronunciada provavelmente pelo pai. Tudo isso se liga a uma espécie de círculo do qual não consegue sair, onde é vigiada de modo constante. Seu desconcerto cômico está aí: já não é uma menina, porém, está ligada aos laços familiares como se o fosse. Esses laços de sangue, por outro lado, não foram capazes de lhe garantir nem a independência econômica nem o amor. Mariazinha é uma mulher absolutamente sozinha, que vive as conseqüências da desagregação da família patriarcal burguesa.

Não se pode dizer que a dramaturgia brasileira anterior a 1969 não tenha tratado esse tipo de temática: a obra de Nelson Rodrigues também demonstrara uma preocupação bastante clara com os problemas da repressão da sexualidade feminina e a desintegração do núcleo familiar[19]. Porém, *Fala Baixo* o faz a partir de um único ponto de vista: o da mulher que é alvo das práticas de poder. Na peça de Leilah, o público é levado a penetrar na própria intimidade de Mariazinha, seus desejos, sonhos, fantasias, por meio da teatralização da subjetividade do personagem. Tal procedimento faz com que o universo feminino tratado ganhe uma amplitude maior e uma concentração incomparáveis na dramaturgia anterior. Além do mais, o fato de o texto ser escrito por uma mulher permitia que o público relacionasse a experiência

---

17. Elza Cunha de Vincenzo, op. cit., p. 90.

18. Leilah Assunção, *Fala Baixo Senão Eu Grito*, op. cit., p. 27.

19. Isso é percebido, sobretudo, em peças como *A Mulher Sem Pecado, Vestido de Noiva, Álbum de Família, Dorotéia* e *Toda Nudez Será Castigada.*

O TEATRO DE LEILAH ASSUNÇÃO   35

da autora à da personagem – era como se Leilah Assunção estivesse falando pela boca de Mariazinha. Pela primeira vez uma dramaturga descrevia todo o processo de conscientização do corpo que ocorria entre as mulheres jovens do final dos anos sessenta, apontando para a necessidade de domínio do próprio desejo.

Outra característica importante de *Fala Baixo*, que aparece também em obras de outras dramaturgas do grupo de 69, é o diálogo despojado de "literatura", produto de uma necessidade de romper os tabus que restringiam a maneira com que se expressavam as mulheres. Mariazinha, por exemplo, utiliza a palavra "trepar", coisa que, até então, era impensável como parte do diálogo de um personagem feminino. Como afirma Elza de Vincenzo, esse tipo de vocabulário "expressava uma consciência, uma intenção, uma tomada de posição da mulher, disposta a romper barreiras"[20]. Mariazinha só se vê livre quando consegue articular por si mesma os termos "proibidos" e encarar sua repressão. Inicialmente, é o Homem quem a estimula (em uma cena bastante cômica, ele pretende lhe ensinar a dizer um palavrão, e ela, quando o aprende, o repete como se estivesse respirando pela primeira vez); mais tarde, porém, decide utilizar o "novo vocabulário" segundo sua própria vontade. Talvez, nesse momento, possamos compreender o desfecho da peça não apenas como uma vitória das forças repressoras, mas como um instante crucial em que a mulher se sente bastante forte para abdicar do "professor" e buscar sua liberdade sozinha.

A Crítica e o Público

Quando *Fala Baixo* estreou em 1969 – ao lado das peças de Consuelo de Castro, José Vicente e Isabel Câmara, todos eles jovens que começavam suas carreiras naquele momento –, a juventude era considerada um valor em si para a comunidade interpretativa dos intelectuais menos conservadores. Esses intelectuais, cuja trajetória se caracterizara por uma recusa dos valores do regime instaurado em 1964, eram os que gozavam de mais prestígio nos ambientes acadêmicos e junto aos meios de comunicação da época que, mesmo vigiados, mantinham-nos em sua pauta. Para eles, a interpretação da juventude como um valor em si resultava do impacto positivo que acontecimentos como a chamada "revolução sexual", o "maio de 1968" em Paris, as manifestações estudantis da Universidade de Berkeley, Califórnia, a "Primavera de Praga" e a "revolução cultural" chinesa tinham tido sobre a cultura do Ocidente. A juventude parecia trazer consigo uma postura libertária que, no campo das artes, era vista com muitos bons olhos. Bourdieu, em *As Regras da Arte*, mais precisamente no capítu-

---

20. Elza Cunha de Vincenzo, op. cit., p. 91.

lo "O Mercado dos Bens Simbólicos", refere-se a esse tema e analisa como o rótulo "juventude" alcançou, no século xx, um alto valor no campo literário:

Está claro que primado que o campo da produção confere à juventude remete, mais uma vez, à denegação do poder e da "economia" que está em seu fundamento: se, por atributos de vestuário e sua *hexis* corporal especialmente, os escritores e os artistas tendem sempre a agrupar-se do lado da "juventude", é que, tanto nas representações quanto na realidade a oposição entre as idades é homólogo à oposição entre a "seriedade" burguesa e a recusa "intelectual" do espírito de seriedade e, mais precisamente, a distância do dinheiro e dos poderes que mantêm uma relação de causalidade circular com a condição de dominante-dominado, definitiva ou provisoriamente afastado do dinheiro ou do poder[21].

Essa distância do poder de que fala Bourdieu confere à juventude um caráter marginal que, no final dos anos 60, no campo das artes era muito importante para a idéia de vanguarda. Desse modo, é necessário destacar que grande parte da divulgação que os autores de 69 conseguiram obter lhes foi assegurada por esse motivo. No caso mais específico de *Fala Baixo*, Leilah Assunção soube aproveitar-se dos fatores extraliterários que a favoreciam e conseguiu lançar-se no meio teatral com maior facilidade. O crítico Wilson Cunha, cujo trabalho na época tinha uma visibilidade menor do que o de nomes como Sábato Magaldi e Yan Michalski, escreveu sobre o tema:

Como *O Assalto* (e também, de certa forma, Plínio Marcos), Leilah Assunção sofre o problema da "imaturidade" – e não sei por que não se pode ser exigente com os jovens, sejam dramaturgos ou cineastas, escritores ou pintores. *Fala Baixo* sofre o problema básico do esquematismo, tenta alcançar uma força que não tem, repete-se à exaustão. Poderia ser uma peça de um ato, rápido e incisivo, em que as situações (e reações) não precisassem levar tanto tempo para acontecer (de novo)[22].

Como se pode perceber, um crítico que não fazia parte da comunidade interpretativa de maior prestígio na época demonstrava plena consciência de que havia parâmetros de juízo orientando os ângulos de visão sobre as obras analisadas. *Fala Baixo*, desse modo, pôde integrase a um conjunto de peças que, mesmo antes de sua estréia, já contavam com a simpatia de grande parte da crítica responsável não só pela canonização dos autores, como também pela formação de um horizonte de expectativas junto ao público. Não desejamos afirmar de modo algum que *Fala Baixo* não teria alcançado o sucesso em outras circunstâncias, pois as estréias posteriores tanto no Brasil quanto no estrangeiro provariam o contrário; por outro lado, é inegável o fato de que inicialmente existira um contexto positivo que facilitou o triunfo da peça.

21. Pierre Bourdieu, *As Regras da Arte*, São Paulo: Companhia das Letras, 1996, p. 179.
22. Wilson Cunha, *Tribuna da Imprensa*, 16.1.1970, p. 2.

O TEATRO DE LEILAH ASSUNÇÃO 37

Outro ponto que já comentamos e que julgamos ser necessário destacar mais uma vez é o problema da relação entre feminismo e política. A ênfase de *Fala Baixo* na necessidade da mulher libertar-se das restrições do patriarcado, que refletia claramente uma consciência, uma tomada de posição por parte da mulher diante das mudanças instituídas pelo desenvolvimento do pensamento feminista e pelos movimentos libertários da década de 60, foi claramente percebida pela crítica. Não obstante, esse aspecto, na verdade o mais preponderante no texto, não foi o alvo primordial de interesse da maior parte dos críticos, que foram mais atraídos pela possibilidade de a peça poder ser interpretada como um protesto contra a repressão política estabelecida pelo regime autoritário. Além disso, o fato de o texto ter sido censurado – como outras peças dos autores que surgiram em 1969 –, reforçou de maneira mais evidente ainda essa característica. Para alguns críticos, a problemática individual do personagem Mariazinha carecia em certo sentido de interesse:

> Sua única desvantagem é que não consegue superar um certo desinteresse intrínseco ao tema. *Fala Baixo* me deu um pouquinho de sono. Eu não entendia por que quando algum ao meu lado disse: "é uma coisa tão antiga o caso dessa Mariazinha..."[23].

O fato dos problemas de uma solteirona reprimida serem ou não uma questão "antiga" não invalida seu uso como temática nem tampouco seu interesse. Porém, essas afirmações demonstram como é pequeno o entusiasmo referente aos temas relacionados com a repressão feminina e o discurso feminista.

Por outro lado, para uma leitura contemporânea de *Fala Baixo* o aspecto de protesto contra a ditadura perdeu completamente sua força. Uma leitora ou espectadora contemporânea poderia ver Mariazinha como um "passado superado", porém nunca como um símbolo da necessidade de luta contra a repressão política. As mudanças que a marcha da história impôs à compreensão e à preferência das diversas comunidades interpretativas no que se refere à peça de Assunção comprovam que os sentidos de uma obra não estão de forma alguma completamente inscritos nela mesma.

RODA COR DE RODA

Roda Cor de Roda (1975) foi a segunda peça de Leilah Assunção que obteve grande sucesso de público. Seu tema representa o desenvolvimento de um texto anterior, *Amanhã, Amélia, De Manhã*, cuja montagem (de abril de 1973, no Teatro Ginástico, Rio de Janeiro) havia sido prejudicada pela ação da censura. Em 1975, a autora declarava:

---

23. Luiz Carlos Maciel, *Última Hora*, 20.01.1970, Cultura, p. 3.

38 MARGEM E CENTRO

A peça não foi liberada inteira e ficou um caco. Mas como a produção não era minha, eu não tinha como proibir a estréia. O produtor tinha colocado muito dinheiro nela e eu fui obrigada a deixar montar. A peça ficou um horror... Aí eu decidi continuar a personagem numa outra peça – *Roda Cor de Roda* – porque eu morro se não levo uma personagem até o fim[24].

O personagem de que fala Leilah Assunção é Amélia, uma mulher inspirada na "Amélia" do cancioneiro popular brasileiro, ou seja, a esposa que sofre todas as dificuldades como vítima do patriarcado, porém, sem reagir ao sistema, ou questioná-lo, julgando-o perfeito. Para os autores da canção (obviamente, do sexo masculino), aquela era "a mulher de verdade"[25].

Leilah Assunção, em sua *Amanhã, Amélia, de Manhã*, retoma essa imagem da mitologia do povo para desconstruí-la, mostrando quão insatisfatório era o papel da mulher no esquema da família tradicional. A peça, claro, foi considerada uma obra feminista pelos meios de comunicação[26]. Segundo uma reportagem do *Jornal da Tarde*, Leilah tinha relacionado a liberação da mulher à necessidade de liberação do ser humano.

O estudo da libertação feminina e, por meio dela, do próprio ser humano, é o denominador comum que Leilah Assunção vê entre suas três obras apresentadas simultaneamente ao povo brasileiro: *Amanhã, Amélia, de Manhã*, em cartaz no Teatro Ginástico do Rio, a peça *Fala Baixo Senão Eu Grito*, reencenada no Teatro Aliança Francesa de São Paulo, e a telenovela *Venha Ver o Sol na Estrada*, oferecida às 20:45hs no Canal 7 [...]. São inúmeros, no seu dizer, os condicionamentos impostos à mulher [...]. A vida do homem está traçada em função da produção, e se atrofiam nele as qualidades que são comumente consideradas femininas: sensibilidade, sexto sentido, criatividade [...]. A mulher foi, segundo Leilah, relegada a segundo plano, com a função

24. "A Mulher no Teatro: Leilah Assunção", *Nova Mulher*, São Paulo, 12.09.1975, p. 4.

25. O título da canção, um samba composto em 1942, é "Ai, que saudades da Amélia!" e tem os seguintes versos: "Nunca vi fazer tanta exigência/ Nem fazer o que você me faz/ Você não sabe o que é consciência/ Não vê que eu sou um pobre rapaz/ Você só pensa em luxo e riqueza/ Tudo o que você vê você quer/ Ai meu Deus que saudade da Amélia/ Aquilo sim é que era mulher// Às vezes passava fome ao meu lado/ E achava bonito não ter o que comer/ E quando me via contrariado/ Dizia: meu filho, o que se há de fazer?// Amélia não tinha a menor vaidade/ Amélia é que era mulher de verdade" (*Enciclopédia da Música Brasileira*, São Paulo: Art-Publifolha, 1988). Como podemos perceber, Amélia e seu "rapaz" são exemplos do típico casamento patriarcal, no qual a mulher aceita tudo e nunca vai contra seu marido, cujas decisões são sempre consideradas como resultado de um "destino" ("o que se pode fazer?", pergunta). Porém, a canção mostra também algo muito interessante: Amélia, embora tivesse sido a "mulher de verdade", tinha sido abandonada por seu "rapaz", provavelmente porque este, como ela, não tinha uma vida sexual satisfatória (Amélia trata o "rapaz" como "meu filho"), donde se conclui que, embora haja arrependimento por parte do "eu" poético, nem sequer os homens podiam suportar o modelo que eles mesmos tinham criado.

26. Uma crítica publicada por Tumscitz no *Jornal do Brasil*, no dia seguinte ao da estréia de *Amanhã, Amélia, De Manhã*, em 25 de abril de 1973, intitula-se significativamente: "Amélia é o porta-voz da Leilah feminista".

O TEATRO DE LEILAH ASSUNÇÃO 39

de cuidar bem da máquina que produz e da tarefa de perpetuar os filhos. O homem funda a empresa que é a família, contrata a empregada que é a esposa e assim por diante. No momento em que a mulher toma consciência do problema e tenta se afirmar como gente é que principia a alterar-se a estrutura social[27].

Esse artigo, embora um pouco carregado de esquematismo, demonstra uma preocupação básica do programa feminista: a mudança da macroestrutura por meio da reformulação dos papéis em âmbitos mais nucleares como a família. Em 1975, porém, por ocasião da estréia de *Roda Cor de Roda*, Leilah Assunção declarava ao mesmo jornal que discordava do posicionamento feminista que pretendiam lhe impor:

> Nem eu nem minha peça somos feministas, no sentido que alguns movimentos chamados de liberação da mulher dão à palavra. Não acho que reivindicar oportunidades iguais às dos homens, dentro do sistema em que vivemos, seja feminismo. Ou, pelo menos, não é o feminismo que eu quero. No máximo, isso seria uma luta para que as mulheres conseguissem ser chefes de seção, coisas assim. Para mim - e é isso que eu espero que o público de *Roda Cor de Roda* perceba -, a reivindicação feminina tem de ser muito mais ampla e dirigir-se contra o que realmente provoca marginalizações e discriminações: a profunda injustiça das estruturas sociais a que estamos submetidos[28].

Leilah Assunção parecia mostrar, então, uma visão redutora das pretensões feministas (em todo caso, não se pode dizer que a profunda injustiça das estruturas sociais não seja uma preocupação do movimento), não desejando que se associasse sua obra aos objetivos de uma corrente cujo pragmatismo podia levar a um empobrecimento de exigências mais amplas e importantes. Essa recusa, porém, não aparece em sua peça. Ao contrário, qualquer tipo de leitura que se fizesse hoje de *Roda Cor de Roda* não poderia ignorar o mais fundamental do texto, que é o repúdio à família patriarcal.

Na realidade, o problema da aceitação do feminismo no Brasil, como escreve Elza de Vincenzo, está bastante ligado ao fato de que nos anos de 1960 e 1970 houve uma propaganda clara ou sub-reptícia que pretendia denegrir o sentido das reivindicações feministas. As mulheres que se aproximavam do movimento eram vistas como inimigas dos homens, lésbicas ou idiotas que queimavam os sutiãs[29]. Outro ponto importante que vale a pena destacar é o fato de que toda a intelectualidade de esquerda, à qual estavam ligados os profissionais de teatro, via o feminismo como uma ideologia importada do mundo anglo-saxão, ou seja, como um pensamento burguês, uma forma a mais de pulverizar o objetivo primordial: o fim da opressão imposta pelo sistema capitalista. Ao mesmo tempo, como aponta Branca Al-

27. As Quatro Amélias de Leilah. Qual Delas é a Mulher de Verdade?, *Jornal da Tarde*, 08.05.1973, p. 1.

28. Uma Peça a Favor das Mulheres? Não, da Justiça, *Jornal da Tarde*, 28.08.1975, p. 1.

29. Elza Cunha de Vincenzo, op. cit., p. 101.

ves em seu livro *Ideologia e Feminismo*, o movimento feminista se caracterizava por uma particularidade: utilizava como elemento de conscientização o veículo psicológico, relegado a um papel inferior pelas reivindicações de classe.

Não convém esquecer que uma das exigências primordiais do feminismo anglo-saxão era o direito da mulher ao trabalho. No Brasil e na América do Sul em geral, o trabalho feminino era uma realidade entre as classes menos favorecidas. Com salários baixos – normalmente inferiores aos dos homens – e gastos com a manutenção da família, as mulheres não viam no trabalho uma forma de liberação. Além disso, como os obstáculos a serem superados, para que o trabalho pudesse transformar-se de fato numa forma de liberação, pareciam muito grandes, o feminismo teve que restringir, a partir de determinado momento, o campo de suas exigências, passando a optar por reivindicações mais parciais relativas à legislação. Daí Leilah Assunção empobrecer o feminismo ao dizer que "isso seria uma luta para que as mulheres conseguissem ser chefes de seção, coisas assim". De todo modo, como já mencionamos, nas peças de Leilah Assunção especialmente em *Roda Cor de Roda*, a exigência mais ampla de pôr fim à opressão produzida pelo sistema passa, de maneira obrigatória, pela urgência da liberação feminina e a reavaliação dos papéis do homem e da mulher na estrutura familiar.

Para o crítico Sábato Magaldi,

> a contribuição específica de Leilah surgiu numa área que vem produzindo algumas das maiores mudanças do nosso tempo: a do papel da mulher confrontado ao do homem. Sem desfraldar a bandeira feminista, que poderia reduzir o seu teatro pelo ímpeto panfletário, Leilah investiga em profundidade a condição feminina. E, a partir da mulher, ela analisa a sociedade e a própria condição humana[30].

Embora não desfralde a bandeira do feminismo num sentido pedagógico, a associação é compreensível, uma vez que não se pode negar que o enfoque de Leilah Assunção, principalmente em *Roda Cor de Roda*, seja a problemática da construção social das diferenças de gênero e sua manutenção em um mundo onde cada vez mais a solidez das condutas chamadas "naturais" é posta em questão.

Roda Cor de Roda, na esteira do sucesso de 1975, foi publicada em livro (*Da Fala ao Grito*), junto com *Fala Baixo Senão Eu Grito* e *Jorginho, o Machão* (peça que a autora escreveu depois de *Fala Baixo*), formando o que a crítica considerou sua "trilogia da família". *Roda Cor de Roda*, embora extraia do contexto do núcleo familiar as motivações para o que é desenvolvido em cena, concentra-se mais no problema do triângulo amoroso dentro do casamento. A obra, um ato único dividido em cinco movimentos, apresenta-nos inicialmente à

---

30. Sábato Magaldi, Prefácio em Leilah Assunção, op. cit., p. 12.

Amélia, esposa fiel, dona de casa e mãe de três filhos, esperando seu marido, Orlando, que por dois dias não tinha voltado para casa por estar com a amante, Marieta. Quando Orlando chega, Amélia finge não saber de nada e tenta seduzir seu marido com um vestido cor-de-rosa. Sem se dar conta do jogo de sua mulher, Orlando a ignora, dizendo-lhe que tem que sair para o trabalho. Quando o faz, entra Marieta e se apresenta à Amélia como a amante. Orlando volta e os três se vêem juntos. A partir desse momento, Amélia se rebela e os papéis vão trocando de mãos. No segundo movimento, Amélia, que antes era uma "mulher honesta", transforma-se em prostituta, com o nome de guerra de "Batalha". Orlando a persegue desconsolado, ameaçando-a com o Código Civil. Marieta, de amante, passa a mãe dos filhos de Amélia, sendo agora ela quem espera infindavelmente Orlando, cujo único interesse é viver uma relação sadomasoquista com sua ex-mulher. No terceiro movimento, Amélia continua sendo prostituta, atuando agora, porém, como uma "mulher de negócios". Orlando aparece, então, transformado na esposa de Amélia, repetindo as mesmas palavras dela no início da peça. Marieta continua como mãe, cuidando dos filhos de Orlando, porém declara-se apaixonada por Amélia e as duas iniciam uma relação lésbica. No quarto movimento, Marieta é a esposa de Amélia, e Orlando, aparentemente, está internado num hospício. No final, descobre-se que Orlando é amante de Amélia. No quinto movimento, Marieta se rebela e não aceita mais os papéis pré-determinados. É quando Amélia e Orlando a ameaçam e a colocam num círculo do qual tem dificuldade para sair. As frases ditas nos outros movimentos se repetem. Marieta consegue escapar, rompendo o jogo dos diálogos circulares por meio da inserção da palavra "roda" sempre que se diz "vestido cor-de...".

Como podemos ver, Leilah Assunção trabalha com a tradição da comédia, utilizando desde recursos encontrados em Aristófanes – o casal representa um comentário do público por meio do privado, os personagens não têm psicologia individual, demonstram problemas da organização da sociedade – até soluções que se aproximam do teatro do absurdo, como no final, quando Amélia e Orlando giram ao redor de si mesmos, emaranhados nos símbolos dos papéis que desempenham, como o tricô, a comida (o "purê de batata", a pasta de executivo etc.) Outra característica da tradição cômica muito bem aproveitada em *Roda Cor de Roda* é a utilização de cortes que permitem o distanciamento crítico. O ritmo de um movimento a outro, que faz "girar" o enredo, não é psicologicamente explicado em cena, é pura convenção que assinala o caráter rígido e teatral dos papéis sociais criticados. Por trás das máscaras de marido, esposa e amante tudo é vazio, existindo apenas uma mecânica de ações que funciona como uma fábrica de infelicidade.

MARGEM E CENTRO

Ao analisar a obra de uma romancista contemporânea, Sônia Coutinho, a pesquisadora Elódia Xavier afirma que seus personagens femininos vivem uma cisão: estão divididos entre viver seu "destino de mulher" e realizar sua "vocação de ser humano"[31]. Em *Roda Cor de Roda*, todos os personagens, inclusive Orlando, são impedidos de realizar sua "vocação de ser humano", uma vez que seus destinos estão ligados às exigências da instituição – a família patriarcal –, cerceadora de todo tipo de liberdade. Amélia (quando age como esposa) não pode cantar suas canções prediletas, questionar seu marido ou expressar qualquer desejo de realização fora do universo doméstico. Orlando, por sua vez, como marido, tampouco consegue realizar-se sexualmente no lar, já que seria impensável pedir à mãe de seus filhos que fizesse certas coisas na cama. Marieta, a amante, tem que se esconder, nunca pode estar com Orlando nos fins de semana e é considerada "uma prostituta, mulher de vida fácil". Como podemos perceber, a estrutura transforma todos em vítimas, sem exceção. Por outro lado, o sistema está mais aberto para possibilitar a satisfação masculina – espera-se que a mulher perdoe as infidelidades do marido; ao marido, porém, não cabe perdoar. Esse fato deve-se à clara hierarquia sobre a qual se organiza o núcleo familiar. Sérvulo Figueira, ao analisar o moderno e o arcaico na família brasileira, escreve:

> A família hierárquica é mapeada – o que não quer dizer que não contenha vários conflitos reais e potenciais em sua estrutura. Neste modelo de família, homem e mulher se percebem como intrinsicamente diferentes, e esta diferença se cristaliza em sinais visíveis como o tipo de roupa, linguagem, comportamento e inclusive o sentimento considerado próprio para cada sexo. O poder do homem se apresenta como superior ao de sua esposa. Esta superioridade se fundamenta na relação privilegiada com o trabalho fora de casa e no fato de que a expectativa de monogamia só é sistematicamente mantida para o homem com respeito à mulher, e não ao contrário[32].

Como aponta Figueira, portanto, é o poder econômico que determina a superioridade de um papel sobre outro. Em contrapartida, esse poder econômico também faz parte de uma engrenagem escravizante. Em *Roda Cor de Roda*, como esposos, Orlando e Amélia sempre se queixam do pouco tempo que lhes resta devido às exigências do trabalho:

> Orlando: Mas não era isso o que você queria? Eu não te entendo, Batalha. Marieta é uma ótima esposa. Eu sou um amante completo!
> Amélia: E a palhaça aqui sustentando todo mundo! O Júnior já está pedindo um carro. Estou esgotada! Cansada! Corro de um lado para o outro, não paro de trabalhar, não tenho tempo para nada.

---

31. Elódia. Xavier, *Declínio do Patriarcado: a Família no Imaginário Feminino*, Rio de Janeiro: Rosa dos Tempos, 1988, p. 63.

32. Sérvulo Figueira, *O Moderno e o Arcaico na Família Brasileira de Classe Média*, Rio de Janeiro: Zahar, 1987, p. 15.

O TEATRO DE LEILAH ASSUNÇÃO

A troca de papéis permite à mulher perceber que, se ela é oprimida no microcosmo, o homem também o é no macrocosmo, estando submetido a cumprir exigências que são alheias a seus desejos e necessidades. É nesse ponto que *Roda Cor de Roda* deixa de abordar uma questão especificamente feminina para pintar um quadro mais amplo das relações de gênero dentro do sistema capitalista.

Se, como assinala Irigaray, na hierarquia patriarcal a mulher não tem espaço próprio que sirva como base de sua identidade, restando-lhe apenas a opção de recorrer às definições masculinas para reconstruir seu espaço[33], o homem também tem que agir segundo padrões preestabelecidos, e embora esses padrões sejam produto de uma ordem construída por eles mesmos, nem sempre são satisfatórios. Ao contrário do que afirma Elza de Vincenzo a respeito da importância da inversão no texto, que remeteria à visão alternativa do mundo (estudada por Bakhtin em seu trabalho sobre o cômico na Idade Média) e seria a responsável pelo forte impacto provocado pelo espetáculo no público[34], achamos que, para além disso, os motivos geradores de choque no nível da recepção da peça estão mais relacionados ao fato de que, em *Roda Cor de Roda*, as oposições binárias são desconstruídas, inclusive a que caracteriza as tecnologias de gênero como um jogo em que a mulher é sempre oprimida e o homem, sempre opressor. Quando Amélia assume o papel de marido, age como o típico macho latino-americano. Percebemos, então, que não basta que o poder mude de mãos, mas que é preciso pôr fim às relações de submissão, enraizadas em estruturas muito maiores, das quais a família é um pequeno espelho.

Durante toda a história do teatro, em especial no que se refere ao gênero cômico, o tema da infelicidade conjugal foi uma constante. Personagens masculinos e femininos, insatisfeitos com o destino que lhes reservou o casamento, foram responsáveis, desde a Antigüidade, por alguns dos grandes momentos da comédia. O texto de Leilah Assunção insere-se nessa tradição, porém para modificá-la, uma vez que, além de não propor um final feliz, não se satisfaz apenas com o riso provocado pela discrepância de expectativas por parte do homem e da mulher, formulando uma exigência séria: a necessidade de repudiar e reinventar as estruturas que pre-determinam comportamentos e atitudes. Se o final de *Roda Cor de Roda* não é otimista (nem poderia sê-lo), pelo menos demonstra que a recusa a voltar a essa "roda" que não pára de girar não apenas é possível, como urgente.

33. Luce Irigaray, *Speculum de l'autre femme*, Paris: Minuit, 1974, p. 15.
34. Elza Cunha de Vincenzo, op. cit., p. 107.

A Crítica e o Público

Roda Cor de Roda foi um dos grandes sucessos de público de Leilah Assunção. A montagem realizada em São Paulo, sob a direção de Antônio Abujamra, ficou durante um ano em cartaz e proporcionou os prêmios Molière, APCA e Governador do Estado à atriz Irene Ravache, que fez o papel de Amélia. O diretor, Abujamra, também foi premiado com o Molière, e a peça recebeu o prêmio SNT (Serviço Nacional de Teatro). Embora a crítica tivesse reagido contra o texto, *Roda Cor de Roda* obteve um triunfo bastante significativo junto ao público. Na segunda metade da década de 70, o país começava a se modernizar em vários aspectos sociais e a luta por uma legislação que refletisse essas mudanças também teve início (a lei do divórcio surgiu nesse momento), apesar do conservadorismo do regime militar[35]. Os debates acerca do papel da mulher na família patriarcal passaram a ocupar um lugar destacado nos jornais (1975 foi o Ano Internacional da Mulher), como demonstra o número de entrevistas concedidas por Leilah Assunção por ocasião da estréia de *Roda Cor de Roda* (algumas já citadas anteriormente). Embora sem muita liberdade – a censura aos meios de comunicação e à produção cultural continuava em ação –, é inegável que certos debates encontraram algum espaço nas páginas dos jornais e, também, na televisão. É da segunda metade da década de 70 o programa *Malu Mulher*, série de grande êxito junto ao público e à crítica, cujo personagem protagonista, Malu, socióloga, se separa de seu marido e passa a enfrentar todos os problemas da mulher separada em meio a uma sociedade conservadora[36].

No caso de *Roda Cor de Roda*, como o texto havia sido montado sem sofrer cortes por parte da censura que o descaracterizassem por completo e, além disso, propunha um debate sobre a instituição familiar por meio do riso e da inversão, um tipo de crítica que sempre parece menos agressiva ao público, sua recepção pôde se realizar de forma mais positiva, principalmente em São Paulo, onde a encenação revelou-se de boa qualidade. Porém, a crítica jornalística em geral, uma comunidade interpretativa que, como já discutimos, mostrou-se quase sempre bastante conservadora com relação às temáticas que se aproximavam das posturas feministas, não reagiu do mesmo modo. Embora críticos como Sábato Magaldi e Yan Michalski, os de maior prestígio na época, não tenham sido totalmente contrários ao texto, não resta dúvida de que a forma corrosiva escolhida por Assunção para tratar as relações familiares mostrou-se incômoda. Magaldi, por exemplo, afirma:

---

35. Nessa época, o governo do general Geisel representou uma pequena abertura em comparação com o de seu antecessor, o general Médici.
36. Ruth Cardoso, ex-primeira-dama do país, participou como consultora do programa. Nessa época, Ruth Cardoso era uma das professoras mais conhecidas na área dos estudos sociais da Universidade de São Paulo.

O TEATRO DE LEILAH ASSUNÇÃO   45

Embora o veículo de Leilah seja a comédia, que não se poupa, mesmo os diálogos desabridos, ela com freqüência fala pela boca dos personagens, no desejo compreensível de não ser mal interpretada. A preocupação provoca um defeito dramático: pela dificuldade de filtrar a matéria em diálogo, Leilah recorre a numerosos monólogos. Às vezes, os monólogos pulam do desenvolvimento teatral da narrativa, ficando como um apêndice isolado dos episódios. Leilah precisa escrever personagens independentes, como a Mariazinha de *Fala Baixo*, e não projeções de sua chama reivindicadora[37].

Na realidade, os monólogos, que segundo o crítico formam um apêndice isolado e refletem as projeções de sua "chama reivindicadora", estão presentes nos momentos de solidão ou desespero dos personagens, integrados ao contexto do desenvolvimento da ação, não à parte dela[38], uma vez que enfatizam a insatisfação dos personagens com seus papéis dentro do círculo da família, preparando o público para a próxima troca de papéis, ou seja, anunciam transformações posteriores no encaminhamento dos fatos.

Amélia: Nós, as mulheres casadas, temos que compreender essas pulações de cerca (*começa a recitar algo decorado*). O homem é polígamo por natureza, tem necessidade. É só esperar que passa. Já a mulher é monógama, eu espero monogamente, portanto. Espero monogamente esse homem maravilhoso, que, como pai e cidadão, é um homem exemplar. Todo mundo diz que Orlando é um cidadão exemplar. E essa Marieta inclusive foi simpática no telefone. Eu é que exagerei um pouco. Afinal, tem tanta amante que pede até casaco de pele! A Marieta...coitada..., bem, ela é "a outra". Só essa humilhação já basta! Os filhos dele são meus...o sobrenome dele é meu... "Orlando Teixeira Leite e senhora". Os convites chegam assim. E a senhora sou eu! E quem vai do lado dele em festa da firma, casamento, batizado e velório, "sou euuuuuu"!

(*A campainha toca. Amélia abre a porta.*)

Marieta: Dona Amélia Teixeira Leite?
Amélia: Sim...
Marieta: A senhora tinha razão. O botão estava debaixo do travesseiro.

Como se pode perceber, os monólogos funcionam para o espectador como um indício de que a "roda" vai girar. Nesse caso, a chegada de Marieta e o fim da farsa de Orlando constituem o primeiro giro. Do mesmo modo, se esses monólogos – no caso da citação anterior, por sua ironia – são discursos contra a estrutura patriarcal, que seriam para Magaldi uma projeção das posturas da autora, por outro lado, revelam sentimentos importantes para a compreensão da maneira como Amélia, Orlando e Marieta se posicionam frente à organização familiar burguesa. Consideramos que, só se pode atribuir a antipatia de

---

37. Sábato Magaldi, No Teorema de Leilah, a Soma dos Quadrados Contra a Hipotenusa, *Jornal da Tarde*, São Paulo, 17.10.1975, p. 2.
38. Isso pode ser comprovado por meio dos monólogos de Amélia, Orlando e Marieta, quando se encontram no papel de dona-de-casa (páginas 200, 201, 234, 235, 250, 260 da edição citada da peça).

46 MARGEM E CENTRO

Magaldi por esse tipo de recurso a um certo mal-estar diante do que ele parece interpretar como um discurso feminista direto.

O crítico Armindo Blanco posiciona-se de maneira mais claramente contrária ao que considera o "mundinho medíocre" da autora:

> Creio que a autora de *Fala Baixo* está chegando ao exato momento em que deve rever a sua temática e a técnica de abordagem ... Que mulher é esta cuja revolta não tem sentido e se processa com as mesmas armas do suposto opressor, dentro de um círculo de giz cujo movimento interno equipara a chamada guerra dos sexos ao mercenarismo dos prostíbulos? A realidade é mais complexa – e rica – do que parece imaginar Leilah Assunção... esposa horrível, marido idem e amante que sonha tornar-se esposa igualmente "horrível": mundinho medíocre o de Leilah. O ser humano tem outra dimensão, ainda que, nas poltronas, distintas senhoras, ao lado de seus maridos, exibam indisfarçável brilho no olhar diante das liberdades que se permite a Amélia/prostituta[39].

A desvalorização da temática escolhida pela autora, como se pode ver, coloca-se no centro da resenha. Parece claro que o fato de uma dona-de-casa tornar-se prostituta é tratado pelo crítico a partir de um ponto de vista moralista, que se nega a perceber o sentido profundo do jogo de troca de papéis proposta por Assunção. Até mesmo a exigência de realismo ("Que mulher é esta cuja revolta não tem sentido e se processa com as mesmas armas do suposto opressor?") revela-se totalmente disparatada, já que a peça não é construída dentro dos cânones dessa estética. É muito revelador o comentário final a respeito do "indisfarçável brilho no olhar" do público feminino diante da liberdade de Amélia prostituta, que parece incomodar-lhe devido ao fato de que comprova uma identificação com atitudes tão pouco "respeitosas". Essa postura reflete claramente a incapacidade do crítico de tratar o problema proposto pela obra fora das limitações de um enfoque conservador, o que mostra como os valores de determinados grupos que tinham acesso aos meios de comunicação da época ainda estavam marcados por uma visão de mundo que rechaçava qualquer questionamento referente à decadência da estrutura familiar patriarcal.

Outros críticos, como Flávio Marinho, assinalaram que a mescla de realismo e anti-realismo no texto estava mal trabalhada e que por esse motivo a peça resultava frouxa:

> Infelizmente, porém, em termos de uma verdadeira ação dramática, *Roda Cor de Roda* termina nesta primeira parte do ato inicial. O que acontece, a seguir, não passa de uma tentativa pretensiosa e frustrada da autora de lançar a situação vivida pelas três personagens num contexto mais amplo. O resultado é uma soma de desinteressantes variações sobre o tema inicial, sem a fluidez deste. Além disso, a autora não foi muito feliz ao mudar, radicalmente, de linguagem. Pois, se na parte inicial ela aborda, beirando o realismo-naturalismo, problemas bastante concretos, o que se vê a seguir é alguém

---

39. Armindo Blanco, Amélia Morreu, Viva Adélia, *A Notícia*, 30.05.1978, p. 2.

O TEATRO DE LEILAH ASSUNÇÃO 47

sem o domínio de signos não-realistas, metendo os pés pelas mãos, mas buscando brilharecos de diálogo para encobrir o vazio do enfoque[40].

Com efeito, o passo para o "não realismo", tão criticado, é necessário para que a tese principal da autora – segundo a qual marido, esposa e amante, embora trocando de papéis, estarão sempre insatisfeitos e infelizes, já que não conseguem romper uma estrutura apodrecida – possa ser explorada por completo em todas as suas possibilidades, algo que as limitações de um estilo próximo do naturalismo impediriam. Como já comentamos nos capítulos introdutórios, o horizonte de expectativas da crítica jornalística brasileira em geral, principalmente durante os anos 70, no que se refere à dramaturgia escrita no país, estava relacionado ainda à prática de um *playwriting* menos ousado, que se mantivesse mais ou menos dentro das fronteiras do realismo. Porém, não se pode esquecer que, no caso de *Roda Cor de Roda*, a temática que gera a utilização de uma estética não realista refere-se à impossibilidade de que uma estrutura como a do grupo familiar do patriarcado tradicional funcione de modo satisfatório, ou seja, onde a crítica da autora ao sistema se afirma de maneira mais direta. Desse modo, surge a questão: até que ponto a observação de Marinho sobre as opções estéticas de Assunção não encobre seu mal-estar perante o tema em si?

Mariangela Alves de Lima, em sua resenha sobre *Roda Cor de Roda* para o jornal *O Estado de São Paulo*, não faz restrições à presença de níveis de linguagem diferentes no texto.

> Na primeira composição, marido e mulher, a peça mostra um opressor e um oprimido. Após a crise provocada pelo adultério há uma sucessiva experimentação. Todos trocam de papel, mas ninguém consegue alterar a hierarquia de poderes. Há sempre alguém funcionando como sujeito, utilizando o outro como objeto de uso pessoal. Se as situações mudam com rapidez cada vez maior, a capacidade das personagens de vestir uma das duas carapuças é igualmente rápida.
>
> Em conjunto, essas combinações abrangem uma área bem extensa de possibilidades. Mas o texto resolve muito bem essa amplitude enraizando cada tentativa de mudança no mesmo sistema de valores. Fica evidente que as trocas são um recurso formal. Prevalecem os problemas fundamentais. Nada pode mudar se o modelo que preside as transformações contém apenas a proposta da exploração. A peça sugere que seria necessário trocar o sistema de valores para criar a possibilidade de novos papéis[41].

É notável que a crítica escrita por uma mulher (hoje, decana da crítica paulista) compreenda e aceite tão perfeitamente as opções de Leilah Assunção, sem sequer mencionar os problemas levantados por Marinho. Mais uma vez perguntamos: não estariam os críticos rechaçando formas para encobrir seu desagrado diante do conteúdo?

40. Flávio Marinho, Roda Pela Metade, *Última Hora*, 31.05.1978, p. 3.
41. Mariangela Alves de Lima, Roda Cor de Roda, *O Estado de S. Paulo*, 18.10.1975, p. 3.

48 MARGEM E CENTRO

BOCA MOLHADA DE PAIXÃO CALADA

Boca Molhada de Paixão Calada foi escrita em 1981 e encenada em outubro de 1984 (sua estréia se deu no dia 3 desse mês), sob a direção de Miriam Muniz, com Kate Hansen e Emílio di Biasi nos únicos papéis. Antes dessa data, em 1980, Leilah Assunção escrevera somente uma outra peça, com fins comerciais, *Seda Pura e Alfinetadas*, para o conhecido figurinista de moda brasileiro, Clodovil Hernández. *Boca Molhada* é também uma peça sobre o casamento; porém, não segue as pegadas de *Roda Cor de Roda*, uma vez que não pretende discutir o problema da construção do gênero no núcleo familiar. Optando por um caminho em que a psicologia individual do personagem tem mais importância, Leilah Assunção nos apresenta em *Boca Molhada* a um casal, Mila e Antônio, cuja idade gira em torno dos quarenta ou quarenta e cinco anos. No momento em que se inicia a peça, os dois, em virtude de uma crise em sua relação, decidem resgatar o encanto e o erotismo perdidos por meio de recordações, delírios e fantasias eróticas, revivendo situações de seu passado como os protestos estudantis, as viagens, o uso de drogas, a adesão ao hipismo etc.

Como afirma Elza Cunha de Vincenzo, há uma certa semelhança entre as composições de *Fala Baixo* e de *Boca Molhada*, visto que, ao transformar fantasias em cena, rompe-se a unidade de tempo: presente e passado se conectam sem cortes ou divisões, ou seja, não há alterações físicas no cenário que expliquem as mudanças de temporalidade. O "espaço da ficção se transforma e se multiplica"[42], à medida que os distintos momentos da trajetória do casamento vão se teatralizando segundo uma ordem cronológica particular. Por meio do resgate dessas vivências, analisa-se o comportamento de parte da geração influenciada pelas correntes de pensamento de esquerda, que enfrentou e conviveu com as forças autoritárias entre 1969 e 1979 (quando foi revogado o AI-5)[43].

Em uma entrevista a Edélcio Mostaço para o jornal *Folha de S.Paulo* em 01 outubro de 1984, a autora descreveu seu texto com as seguintes palavras:

A peça não segue uma carpintaria clássica, de tese, antítese e síntese – isto que está muito em evidência na televisão –, explora uma outra forma de construção. São dois personagens que se procuram e que tentam chegar, numa série sucessiva de assaltos, ao "encontro total," que a mulher, Mila, chamará também de "encontro maior"[44].

---

42. Elza Cunha de Vincenzo, op. cit., p. 139
43. *Boca Molhada de Paixão Calada* foi montada na Universidade de Austin, Texas, e faz parte do currículo dessa instituição na categoria de peças políticas. Essa obra também foi publicada nos Estados Unidos no volume *Three Contemporary Brazilian Plays* (Host Publications).
44. *Folha de São Paulo*, 01.10.1984, Ilustrada, p. 2

Boca Molhada de Paixão Calada, *com Kate Hansen e Emílio di Biasi. Direção de Míriam Muniz. Arquivo Cedoc/Funarte.*

MARGEM E CENTRO

O formato de peças com dois personagens que se "assaltam" com o objetivo de iluminar o combate de um mundo interior marcado pelas contradições – daí os problemas do indivíduo aparecerem como conseqüência clara de uma estrutura autoritária de poder – foi o preferido por todo o novo grupo de dramaturgos surgido em 1969, do qual Leilah Assunção fez parte com *Fala Baixo*.

Para evitar a brutalidade da censura, as produções artísticas do final dos anos 60 viram-se obrigadas a criar novas formas de ação cultural e de resistência política que resultaram, em muitos casos, num retorno à problemática do sujeito, sempre constituído a partir de certas determinações do contexto sociopolítico. Em *Boca Molhada* também, a discussão a respeito do coletivo é parte constitutiva do choque entre os personagens. Porém, nesse texto, Leilah Assunção intensificou ainda mais do que em *Fala Baixo* o recurso ao teatro dentro do teatro. Tal opção, em contrapartida, não demonstrou, por parte da autora, um desejo de retomar o debate estético sobre os limites da representação. O que se buscou foi enfatizar os danos do jogo "de faz de conta" presente no cotidiano do casal. Apenas quando os personagens decidem representar verdadeiramente, ou seja, quando escolhem criar um teatro dentro do teatro diário onde interpretam seus papéis de marido e esposa, conseguem alcançar um encontro com suas verdades ocultas, e é esse encontro que permitirá o renascimento de um novo vínculo entre eles. A grande emoção perdida é então resgatada, e o desenlace da peça propõe a superação do vazio e do distanciamento em que estava imerso o casamento.

Por ocasião da estréia de *Boca Molhada de Paixão Calada*, em São Paulo, em outubro de 1984, sob a direção de Miriam Muniz, toda a crítica saudou o interesse e a qualidade da encenação. Alberto Guzik destacou a importância de relacionar a história privada à história do país:

> O público se entrega ao encanto emanado de uma produção harmoniosa, em que várias vozes se conjugam na obtenção do bom resultado [...]. Do entrelaçamento da história sexual dos personagens com a história do país brota um texto vigoroso, maduro [...]. Pelo humor, pelo riso crítico, expõem um ao outro seus rostos sem máscaras [...]. Outros personagens da autora, como Mariazinha Mendonça de Morais, monoliticamente presos a preconceitos, são substituídos agora por figuras adultas, capazes de dialogar, de rever posições, de ousar tomar decisões. Há neles uma capacidade de aceitar a verdade sobre si mesmos e sobre o mundo que parece sintetizar a possibilidade de encontro de uma visão serena[45].

Essa busca de um cruzamento entre as histórias pessoais e a história da nação apareceu com certa freqüência na produção cultural dos países que acabavam de sair de um período intenso de repressão

---

45. Alberto Guzik, Boca Molhada de Paixão Calada, *Jornal da Tarde*, São Paulo, 12.10.1984, Cultura. p. 2.

O TEATRO DE LEILAH ASSUNÇÃO

política[46]. No que se refere ao Brasil, a revogação do AI-5, em janeiro de 1979, permitiu uma maior liberdade por parte de dramaturgos e diretores teatrais, que puderam montar textos mais atrevidos, mesmo aqueles que haviam sido proibidos pela censura. *Boca Molhada de Paixão Calada* é produto desse momento de maior liberdade pelo qual passava o país e que permitiu não só que os autores pudessem expressar de modo mais aberto suas opiniões, mas também fazer uso de uma linguagem crua, que em outro contexto seria considerada pornográfica. Os diálogos entre os personagens Mila e Antônio, por exemplo, estão repletos de expressões acerca dos órgãos sexuais masculinos e femininos que dificilmente teriam sido aprovadas antes da revogação do AI-5[47] (nada poderá tirar de Leilah Assunção o papel de grande libertadora da palavra feminina no teatro brasileiro). Porém, não é na linguagem que a contribuição de *Boca Molhada de Paixão Calada* ao panorama da transição política do país se faz mais visível, mas no que representa como análise de um passado recente, como discussão acerca das limitações de uma geração que teve que abdicar de muitos de seus ideais para simplesmente continuar sobrevivendo dentro do sistema autoritário.

A ação da peça se desdobra num único espaço, na sala de estar do apartamento em que vivem Mila e Antônio, transformado, inicialmente, numa espécie de *garçonnière* onde os personagens fingem que não se conhecem e representam suas fantasias sexuais.

> Mila: (*mostrando o jornal*) Por favor, o apartamento que está para alugar...
> Antônio: Ah, é aqui sim. Queira entrar.

Com o desenrolar da representação, percebe-se que fingem ser um ex-casal, voltando a encontrar-se depois de alguns anos. Pouco a pouco, as fantasias sexuais retomam o passado dos personagens, mostrando suas frustrações e sonhos não realizados:

> Antônio: E você acha que a lembrança daqueles dias pode ser sensual? Tudo proibido, escondido: política, sexo, droga, amor...
> Mila: Não exagera...
> Antônio: Humor, erotismo, as emoções todas clandestinas, a Censura, a Ditadura...
> Mila: Não exagera...
> Antônio: ...as paixões, caladas, o Borges, a tortura...
> Mila: Na virada da década, Antônio...! Nós dois...! Aventureiros auto-exilados rumo...
> Antônio: Ao que restou do sonho? É isso'? Rumo aos trapos do que sobrou do sonho deles?

---

46. Na Argentina, o romance *El informe bajo llave*, de Marta Lynch, também é um exemplo dessa procura de dar conta do público por meio do privado.

47. O jornal *Folha da Tarde* publicou em 10 de outubro de 1984 uma pequena entrevista com Leilah Assunção na qual ela conta a reação de um espectador que, no meio do espetáculo, começou a gritar que achava determinada cena de erotismo um absurdo, principalmente porque era uma "mulher que a escrevera".

MARGEM E CENTRO

Mila e Antônio vão se revelando pouco a pouco: revivem o auto-exílio na Europa, a viagem à Índia, as relações extraconjugais, a volta ao Brasil, o nascimento do primeiro filho, as dificuldades financeiras, até o momento em que Mila revela que foi amante de um homem ligado ao regime autoritário. Por meio dessa relação, ela pôde ajudar alguns amigos a conseguir trabalho para o seu marido.

> Antônio: Quê?
> Mila: É...Bem...Você quis escutar. É isso aí, Antônio. Quando você estava internado, transei com o Borges. É isso.
> Antônio: O Borges. Você transou com um cara da repressão?
> Mila: É. Transei, pronto. Comi. Passei na cara! Foi por pouco tempo, mas deu para usar ele bastante...

Essa confissão inicia um questionamento sobre os caminhos escolhidos. Os personagens se dão conta de que, de certo modo, haviam se integrado ao "inimigo", utilizando seus mesmos mecanismos:

> Mila: Você e o Borges não estão agora os dois no mesmíssimo partido? PMDB! Eu tinha até esquecido...
> Antônio: É a tática, a estratégia, é o momento político que pede uma Frente Ampla Democrática! [...] É um sacrifício necessário.
> Mila: Sempre que a concessão é de vocês, muda de nome, se chama "Sacrifício"...! Jogar com dois baralhos se chama "Acordo", ser um verdadeiro *gángster* se chama "Ser um político experimentado e hábil"! *Os dois agora no mesmíssimo partido, isso é política.* [...] O poder. Depois somos nós, as mulheres, que só pensamos nisso!

O diálogo ilustra muito bem o momento político em que a peça foi escrita. O final do último governo militar no Brasil (início dos anos 80), que permitiu a transição para a democracia, foi marcado por acordos políticos entre tradicionais inimigos, ou seja, entre militantes do partido que apoiava o presidente, general João Figueiredo, o PDS (Partido Democrático Social), e o partido que congregou as forças de oposição durante o período autoritário, o MDB (Movimento Democrático Brasileiro), já então transformado em PMDB (Partido do Movimento Democrático Brasileiro). Antônio é um retrato dessa fase de transição do país, quando o fervor idealista das "esquerdas" teve que ceder a uma aliança com as forças conservadoras para que um representante do poder civil pudesse voltar a assumir a presidência. Leilah Assunção mostra como essas concessões atuaram sobre as consciências individuais:

> Antônio: Não posso discutir abstrações agora, Mila, quando, só para não perder o meu emprego na Secretaria, sim, só para não perder o meu emprego na Secretaria, estou me preparando para defender a concessão de nossa praça aí em frente, de nossa praça dos tempos de estudantes, das únicas árvores em que brincam os nossos filhos, para que os estrangeiros construam um Hotel Bordel [...] Faz

O TEATRO DE LEILAH ASSUNÇÃO

pouco tempo eu lutava para que não acabassem com ela. Hoje, sou eu mesmo
que acabo com ela.

Mila: Você é dos que sofrem. A diferença é essa. Se quer consolo, semana que
vem vamos dar um curso na clínica para o pessoal de uma empresa multinacional. Vamos ensinar, para ser bem clara, o explorado a se aceitar como tal,
assim sem muita dor, e ao explorador a explorar cada vez mais, sem o menor
sentimento retrógado de culpa da repressiva civilização cristã.

Antônio e Mila percebem, nesse momento, que já são incapazes
de se reconhecer. Já não são os jovens idealistas do passado, tampouco conseguem aceitar as concessões que tiveram que fazer e as
mudanças que impuseram às suas vidas. O sentimento de impotência
que os domina transforma-se em ódio mútuo:

Antônio: Quero te cuspir!! Eu te odeio, Mila Teixeira, te odeio!!!
Mila: Eu tenho verdadeiro horror de você, Antônio de Almeida, vou te vomitar, horror!!!

Nessa explosão, no entanto, revela-se um instante de paz em que
os personagens se perdoam mutuamente e acabam por dar um novo
sentido positivo às suas trajetórias:

Antônio: É, afinal, a gente tinha um ideal sim. Tentamos outros caminhos, tentamos melhorar as coisas...
Mila: E você acha que nós conseguimos?
Antônio: Acho. Para vocês mulheres. Pra nossa filha tudo vai ser um pouco mais
fácil do que foi para você, Mila.
Mila: Pro nosso filho também, Antônio. Ele é um homem que vai poder chorar.
Antônio: É, nós conquistamos algumas liberdades [...] Já reparou, Mila, que estamos aqui falando do que fizemos ou não como se tivéssemos cem anos de
idade?? Não seria melhor olharmos em volta? Tem muito é por fazer...

Quando são assumidos os valores positivos, o sentimento de ódio
e impotência é substituído, finalmente, pela grande emoção que os
personagens buscavam desde o início da peça. O "encontro maior"
desejado transforma-se em realidade, e a possibilidade de superação
aparece como algo mais que uma utopia.

Ainda que tal desenlace pareça artificial, na estrutura da peça não
é esteticamente decepcionante, visto que não contradiz a psicologia
individual de Mila e Antônio, personagens cujas trajetórias se caracterizam por afirmar a sobrevivência frente a qualquer outro tipo de
valor. O otimismo que resulta de uma opção pela vida, por um futuro
que pode ser transformado, não tem um efeito vazio de "final feliz",
ao contrário, está inscrito desde o início num contexto de busca (do
erotismo, da grande emoção) que, por si só, contém um sentido de re-
novação. Em uma entrevista à revista *Senhor*, a autora afirmou: "Essa
peça não é sobre a mulher, e sim registra uma perplexidade e uma
necessidade de entrega e de união do masculino e do feminino"[48].

48. Um Teatro Mal Comportado, *Senhor*, 07.11.1984, p. 37.

54   MARGEM E CENTRO

Essa necessidade de conciliação entre homem e mulher, representante a nível privado da conciliação política entre as forças contrárias da direita e da esquerda, tão típica do período histórico em que a peça foi escrita, embora tenha sido bem-sucedida no palco, continuará um problema, inclusive no teatro posterior de Leilah Assunção. A obra *Lua Nua*, de 1986, acaba também por colocar a dificuldade de um encontro real entre homens e mulheres dentro do casamento. No caso de *Boca Molhada de Paixão Calada*, a despeito da simpatia da autora pelas fraquezas de seus personagens, acaba pintando um retrato tão bem definido de certas covardias de uma geração que não podemos deixar de perguntar se o encontro conseguido por eles será realmente capaz de lhes fazer superar as contradições em que estão imersos.

A Crítica e o Público

Boca Molhada de Paixão Calada revelou-se um dos grandes sucessos de crítica de Leilah Assunção. O fato de que a peça fizesse referência direta ao momento histórico do país e retratasse um casal cujos valores e idealismos foram mudando pouco a pouco com o passar do tempo, sem dúvida, contribuiu para que sua recepção junto a esse grupo fosse positiva. Também o público a acolheu favoravelmente, porém sem demonstrar tanto arroubo. Na realidade, a geração que vivera a experiência da contracultura, e se via partilhando o mesmo tipo de ansiedade e sensação de fracasso mostrado em cena era, em grande parte, formado por artistas e (ex)intelectuais de esquerda, que trabalhavam em muitos casos para os meios de comunicação junto à comunidade dos críticos ou mesmo dela participando. A identificação com o tipo de problemática explorada no palco era percebida pelo tom de certas resenhas, como a de Edélcio Mostaço:

Um homem e uma mulher de quarenta anos, tendo em mira o encontro maior entre ambos, resolvem abrir uma discussão franca sobre o passado. É este o ponto de partida de *Boca Molhada*, texto de Leilah Assunção, *intenso diálogo sobre as várias crises que têm acometido uma expressiva parcela da geração que despontou socialmente na época dos Beatles e hoje ocupa significativos cargos na vida pública e privada* [...]. Em cena está um casal que, mais preocupado com suas realizações interiores [...] não possui barreiras nem medo de enfrentar o outro, os outros, o sistema, a vida. Camila e Antônio representam, nesta perspectiva, heróis de um certo tempo. Sem a dimensão anacrônica de Abelardo e Heloísa, sem o romantismo de Tristão e Isolda, formam um casal de amantes dos dias de hoje [...]. O texto beneficia-se da plena liberdade de expressão. Nada aparece em meias palavras. A intimidade de um casal, em sua viagem existencial que tem o sexo e o prazer como motores maiores de ação, surge no palco com honesta entrega. E cativa a platéia ainda que, para alguns, possa soar até mesmo como escandaloso ou *kitsch* [...]. Peça de casal, filiando-se à longa tradição do gênero, Boca Molhada *expõe um expressivo número de artistas pertencentes a uma geração teatral a um verdadeiro psicodrama sociocultural*[49].

49. Edélcio Mostaço, Diálogo Honesto Sobre o Passado, *Folha de São Paulo*, 12.10.1984, Ilustrada, p. 3.

O autor da resenha chega a manifestar claramente que a peça expõe um "expressivo número de artistas, pertencentes a uma geração teatral, a um verdadeiro psicodrama-sociocultural". A identificação entre um determinado público e a temática da obra é, portanto, ressaltada de modo evidente. Porém, o que Mostaço menciona no início e não chega a desenvolver é a afirmação de que a peça consiste "num intenso diálogo sobre as várias crises que têm acometido uma expressiva parcela da geração que despontou socialmente na época dos Beatles e hoje ocupa significativos cargos na vida pública e privada", ou seja, que não se trata apenas de uma referência à trajetória dos artistas, mas à de todo um grupo que conseguiu alcançar, nos anos de 1960, certa relevância social por sua atuação nos núcleos da intelectualidade de esquerda e nos movimentos estudantis. E no início dos anos 80 era essa geração – agora bastante espalhada entre a área editorial e os meios de comunicação – que voltava a se destacar com a abertura política.

Boca Molhada de Paixão Calada foi produzida com recursos da própria autora, que em entrevista ao jornal *Folha Metropolitana* afirmou:

> Para alguns produtores é muito mais prático montar um texto importado, que já teve suas virtudes e glórias, que propriamente investir no que não se conhece. É desagradável esta colocação, mas se trata de uma realidade. Tem todo um jogo de interesses que impede muitos escritores, citando os iniciantes, de engrenar. Daí talvez a falta de novos autores, ou melhor, escritores com uma preparação condizente[50].

Assunção, ao mencionar o "jogo de interesses", refere-se ao contexto que comentamos em outro capítulo e que começou a se instaurar nos anos 80. O temor por parte dos produtores de produzir uma obra de um autor nacional tornava (e torna) muito difícil uma maior participação do dramaturgo brasileiro no mercado, portanto o sucesso de público era e continua sendo fundamental para que o autor possa seguir produzindo. No caso de *Boca Molhada*, esse sucesso se concretizou, porém não no mesmo nível que outra peça escrita por uma autora, *De Braços Abertos*, de Maria Adelaide Amaral, que ficou em cartaz na mesma época. Na realidade, *Boca Molhada* ainda se mantinha dentro dos parâmetros da textualidade herdada do final dos anos 1960, do chamado "grupo de 69", que explorou uma forma de abordar o político por meio dos dramas individuais, e essa faceta mais claramente politizada da obra, que estava de acordo com os valores da comunidade interpretativa da crítica jornalística, de certo modo, reduziu o alcance da peça, uma vez que a maior parte dos espectadores nesse momento já demonstravam preferir textos nos quais a referência política estivesse bem mais diluída, como era o caso de *De Braços Abertos*.

---

50. Leilah Assunção, A Dama dos Dramas Televisivos, *Folha Metropolitana*, São Paulo, 14.10.1984, p. 1.

56 MARGEM E CENTRO

Como *Boca Molhada* propunha uma completa liberdade no uso da palavra por parte do personagem feminino – que utilizava à vontade palavrões e termos antes apenas permitidos no teatro na boca de personagens masculinos –, chegou a provocar certo repúdio por parte do público mais conservador (em especial o composto por homens). O protesto de um espectador, comentado anteriormente em nota de pé de página, que se indignou e resolveu abandonar o teatro levando sua esposa à força, pois esta não queria deixar a platéia[51], demonstra como em 1984, embora a abertura estivesse em plena vigência, era difícil para alguns conviver com o direito à livre expressão nos palcos.

O MOMENTO DE MARIANA MARTINS

O Momento de Mariana Martins foi escrita em 1968 e produzida em 1999 como uma comemoração da própria autora a seus 30 anos de carreira, estreando no Teatro do Leblon, Rio de Janeiro, no dia 24 de junho, sob a direção de Luiz Arthur Nunes. Na década de 1990, antes dessa data, Leilah Assunção só escrevera outra peça: um monólogo que recebeu montagens distintas, uma no Rio de Janeiro, intitulada *Quem Matou a Baronesa?*, de 1992, dirigida por José Possi Neto, com Marília Pêra no papel de Guta, e outra em São Paulo, intitulada *Adorável Desgraçada*, de 1994, com Cláudia Mello, sob a direção de Fauzi Arap. Como a montagem carioca obtivera uma recepção muito ruim por parte da crítica e do público, Leilah Assunção decidiu escrever uma segunda versão do texto, que obteve, dois anos depois, um grande sucesso em São Paulo.

Adorável Desgraçada, transitando entre a comédia e o drama, conta a história de Guta, uma mulher de quarenta a cinqüenta anos frustrada em suas aspirações em conseqüência do pouco êxito alcançado tanto na vida profissional quanto na privada. Sendo uma mulher solitária, sem perspectivas, que sempre seguira as regras de comportamento impostas pelo sistema conservador, vive à espera de notícias de sua amiga de infância, Maribel (personagem que o tempo todo é nomeado como um "tu"), que escolhera seguir o caminho oposto, ou seja, o caminho da ruptura, do desprezo aos valores morais da classe média paulista. Maribel, embora tenha sempre estado "contra" (e justamente por isso) é, em contrapartida, a que triunfa na vida, termi-

---

51. O espectador, gritando, chegou a afirmar de modo explícito que era um absurdo o emprego de certo vocabulário por parte de uma mulher escritora. Isso ocorreu quando se desenrolava a cena que mostrava Mila dizendo a Antônio, seu marido, que precisara ir ao Himalaia para descobrir que os homens não diferem apenas pela fisionomia, mas pelo sexo também. Esse episódio está relatado no artigo de Tânia Regina Pinto, "Nesta Peça, Recupere Suas Emoções" para o jornal *Folha da Tarde* (São Paulo, 10.10.1984, p. 3)

O TEATRO DE LEILAH ASSUNÇÃO

nando por se casar com um conde e barão italiano riquíssimo[52]. Guta, por sua vez, nunca tivera sequer um parceiro estável. Como uma espécie de Mariazinha mais contemporânea (mais uma vez se projeta o personagem de *Fala Baixo*), vive sozinha com suas recordações num pequeno apartamento, esperando algum tipo de correspondência de sua amiga. Para Guta, a notícia terá que ser ruim, para que se cumpra a "justiça divina". Quando finalmente recebe uma carta da Itália, as notícias não podem ser melhores: Maribel está chegando ao Brasil, pertence ao *jet-set* internacional e leva a vida que Guta sempre sonhara. Esta, então, possuída pelo rancor e pela inveja, assassina a amiga com uma tesoura.

Esse texto, que valeu a Leilah Assunção o prêmio da Associação Paulista de Críticos de Arte de 1994, contém parte da problemática de *Fala Baixo*, principalmente no sentido de que apresenta uma mulher que, por reproduzir o modelo feminino imposto pelos parâmetros conservadores da família tradicional, acaba perdendo todas as oportunidades de realizar seus próprios desejos e aspirações. Guta, desse modo, amplia, por outra vertente, a trajetória de Mariazinha. É essa trajetória que continuará perseguindo Leilah Assunção na década de 90, culminando na peça *O Momento de Mariana Martins*, que, segundo a autora, foi escrita justamente para "fechar o ciclo de Mariazinha"[53], isto é, para mostrar o desenvolvimento da consciência na mulher, a partir do momento em que esta deixa de obedecer aos pais, adquirindo autonomia.

Pouco antes da estréia de *O Momento de Mariana Martins*, Leilah Assunção, em entrevistas aos jornais, divulgou a idéia de que a peça tratava de um personagem "que se saíra bem". Ao jornal *Folha de S. Paulo*, declarou em 31 de maio de 1999:

> Eu criei uma mulher que se saiu bem. Ela se sente realizada, tem amor e não está submetida a um tutor. Encontra um companheiro e só faz o que quer [...]. Mariazinha era uma mulher solitária e ligada a um mundo de crenças e regras. Mariana é uma mulher independente e madura[54].

A história dessa mulher independente e madura, de quarenta e cinco anos de idade, começa num momento de crise, quando o personagem é traído, ao mesmo tempo, por sua equipe de trabalho e seu marido (este lhe pede a separação por ter se apaixonado por duas gêmeas). Levada pela desesperança, Mariana inicia uma tentativa de suicídio. Enquanto decide se toma ou não os comprimidos que lhe tirariam a vida, recorda-se dos principais acontecimentos de sua

---

52. Não nos parece que Leilah Assunção julgue que uma trajetória feminina de êxito seja aquela que culmina com o surgimento da forma mais moderna de príncipe encantado, ou seja, o marido rico. Achamos que a autora escolhe esse destino para o personagem de Maribel, porque seria ele que mais inveja provocaria em Guta, a qual, na realidade, sempre sonhara com esse príncipe.

53. Declaração a nós concedida em entrevista particular em junho de 2000.

54. Ilustrada, p. 3.

existência. O *flashback* se dá por meio de cenas que mostram as lembranças e, também, pequenas narrações de outro personagem, Letícia, a melhor amiga de Mariana. Assim, o público recebe informações diversas sobre a trajetória da protagonista, como, por exemplo, o fato de que esta sofrera uma educação repressora por parte de sua mãe, que seu pai era aquele que a compreendia e tentava ajudá-la, que ela cedia à autoridade de seu primeiro namorado etc.

> Mãe: Não insista, Letícia. Nem mais uma palavra. E também não é só pelo problema do mar. Não fica bem que a filha da família mais importante da cidade viaje assim, sozinha, para Santos ou para onde quer que seja[55].

Esse diálogo faz parte de uma cena que mostra as circunstâncias que marcaram o crescimento de Mariana. A mãe, como se pode notar, representa as forças da repressão. O pai, em contrapartida, tem uma conotação positiva:

> Pai: Um dia você vai conhecer o mar, filha, um dia você vai conhecer. O mar... você vai chegar até a lua e ouvir o canto da deusa Selene. Ela existe sim. Confia em mim. É só ter confiança, coragem, fechar os olhos e se deixar levar. Confia em mim... Um dia você vai...

Essa imagem mítica da deusa Selene acompanhará Mariana por toda sua vida, relacionando-se sempre com a necessidade de continuar sonhando, de acreditar na capacidade de superação.

Por meio das memórias de Mariana, o público vai se inteirando de que ela, quando jovem, conseguira sair da cidadezinha em que vivia, que se mudara para São Paulo, que encontrara outro namorado e, finalmente, que concluíra seus estudos universitários, formando-se como publicitária.

Todas essas conquistas são deixadas de lado quando a protagonista se casa, porque o marido prefere vê-la cuidando dos filhos.

> Mariana: Já não agüento mais trocar fraldas e limpar cocô! Não tenho tempo nem para tomar banho! Por que ninguém me disse isso antes?

Mais tarde, quando seu marido passa a ter problemas econômicos, ela volta a trabalhar, porém sentindo-se insegura, incapaz:

> Mariana: Não! Não vou! Ninguém vai me tirar daqui! Eu não sei trabalhar! Eu não sei trabalhar! Sempre enganei todo mundo, eu sou uma mentira! Tudo o que fiz bem quando trabalhava foi um acidente, fiz sem querer, na verdade não sei fazer nada! Eu sou um verdadeiro embuste. Se eu volto, vão me tirar a máscara, vão descobrir que eu sou uma burra, incompetente, que a única coisa que sei fazer é cuidar da casa e dos filhos, e é possível que realmente só sirva para isso.

55. Queremos agradecer à autora por nos ter cedido o manuscrito da peça, a partir do qual citamos.

O TEATRO DE LEILAH ASSUNÇÃO

Mariana, entretanto, supera sua insegurança e triunfa. Apaixona-se por um colega de trabalho – porém, renuncia a ele para preservar seu casamento – e consegue, pouco a pouco, tornar-se mais independente. As cenas reveladas por toda essa parte do passado da protagonista são interrompidas pelas narrações de Letícia e da própria Mariana, até o ponto em que a ação retorna ao presente e a idéia do suicídio é abandonada. A partir desse momento, ela se recupera emocionalmente, iniciando uma relação amorosa com o melhor amigo de seu filho, Felipe, que é muito mais jovem. Com ele, atinge o orgasmo e vê-se feliz, realizada. É nesse ponto de sua trajetória que recebe a notícia de que Felipe morreu em conseqüência de um assalto. A partir de então, tem um encontro com a figura mítica de sua infância, a deusa Selene, uma imagem feminina e acolhedora. Depois desse encontro, o público é informado, por meio do relato de Letícia, que Mariana decidira retomar os valores positivos e seguir o curso de sua vida:

> Esse foi o momento maior na história de Mariana Martins. Depois desse momento consigo mesma, a vida se tornou mais simples, clara e saborosa para ela. Retomou o seu trabalho com entusiasmo, começou finalmente a fazer as suas viagens, agora com a segurança e a paz de quem tinha muito, muito mais aonde ir. Por isso, a cada lua nova, ela apaga as luzes para dançar, iluminada, nos doces braços da deusa Selene.

Como afirmou Leilah Assunção em entrevista a nós concedida, por meio da experiência mítica/mística, ela queria ressaltar a capacidade de superação da mulher: Mariana supera seus problemas e se torna o símbolo da mulher moderna na medida em que encontra um sentido próprio para sua existência e para si mesma, ou seja, sua vida já não depende do amor de um homem ou do fato de ter filhos. O desfecho do "ciclo Mariazinha" se dá a partir do momento em que o personagem se liberta e consegue viver de acordo com seus códigos, chegando à autonomia.

O Momento de Mariana Martins não obteve uma recepção muito boa por parte do público. Macksen Luiz, crítico do *Jornal do Brasil*, embora reconhecendo que Mariana Martins saíra da mesma fôrma que as outras mulheres da dramaturgia de Leilah Assunção, com sua formação repressiva, as dúvidas amorosas, a busca da afirmação profissional, elementos ficcionais que remetem a muitas outras peças da autora, considerou que o personagem acabava por se diluir numa fórmula de comédia de costumes femininos, achando a solução final "postiça". Sobre a presença da narração, escreveu:

> As interrupções cortam a fluência narrativa, e como a peça está construída em cenas seriadas, que se desdobram no tempo, a direção afrouxa o ritmo, acentuando o desequilíbrio de planos, que nunca atingem a intensidade do "close". Ainda que o diretor aponte para um certo padrão que escapa à convenção (no leve tom crítico que se percebe no desenho da montagem), o espetáculo se volta irremediavelmente para os trilhos da previsibilidade[56].

56. Macksen Luiz, No universo de Leilah Assunção, *Jornal do Brasil*, 16.07.1999, Caderno B, p. 2.

60 MARGEM E CENTRO

O crítico carioca, ao mencionar o problema da falta de intensidade na construção íntima do personagem, toca um ponto importante: como fazer para que um personagem emblemático adquira uma interioridade convincente? Além disso, Leilah Assunção, embora insira sua Mariana no grande mural das conquistas da mulher no século XX (onde a psicologia sempre tem um papel menor), não abdica de colocá-la em um contexto pragmático ilusionista (do qual se espera uma perspectiva psicológica), no qual os fatos cotidianos têm uma presença muito forte. Esse problema não é muito bem resolvido na peça. A protagonista perde, em parte, suas nuances, e o público chega a vê-la de maneira unívoca. Os monólogos em *O Momento de Mariana Martins* são puramente ilustrativos dos acontecimentos, não se colocando como expressão de um nível mais profundo e íntimo da vida psíquica dos personagens. Mariana e Letícia, as narradoras, não são marginais no contexto da peça e, portanto, não se encontram na típica situação monológica, o que pode ter confundido a recepção por parte do público.

Tanto no Rio de Janeiro quanto em São Paulo, a crítica praticamente ignorou o fato de que o personagem de Mariana Martins havia sido construído para fechar o ciclo iniciado com Mariazinha. Na realidade, se Macksen Luiz chegou a comentar que *O Momento* apresentava elementos fictícios que remetiam a outras peças da autora, não pareceu ver que se tratava do fecho de uma trajetória, evitando considerar essa circunstância como um ponto positivo ou especial do texto. O fato de que Mariana Martins saíra "da mesma fôrma que as outras mulheres da dramaturgia de Leilah Assunção" consiste, para Macksen Luiz, num acontecimento banal, sem nenhum significado maior no contexto da obra da dramaturga, ou seja, o sentido da escolha do tema passa despercebido ou é deixado de lado intencionalmente.

Também o crítico Nélson de Sá, em São Paulo, fez reparos ao texto e à montagem, assinalando que o espetáculo deveria ter se assumido como puramente comercial, sem maiores pretensões artísticas:

Falta a *O Momento de Mariana Martins* assumir-se como o espetáculo comercial que é. O bom elenco, de sua parte, não parece temer as caricaturas quando elas se impõem [...] Estão muito à vontade em cena atores tão diferentes quanto a comediante Stela Freitas [...] e o galã Oscar Magrini [...] A protagonista Cláudia Alencar [...] leva seu personagem muito a sério. Acredita lacrimosamente nos seus dramas e, nesse momento, o espectador comum precisa ter muita paciência para acompanhar[57].

Na realidade, embora não achemos que a montagem pudesse ter sido mais bem-sucedida se tivesse sido realizada com objetivos exclusivamente comerciais, pensamos que no texto de *O Momento de Mariana Martins* a exploração excessiva do aspecto cômico dos

57. Nelson de Sá, Espetáculo Se Leva Muito a Sério, *Folha de São Paulo*, 06.11.1999, Ilustrada, p. 3.

O TEATRO DE LEILAH ASSUNÇÃO 61

fatos cria uma espécie de linguagem paralela à seriedade do tema central[58], o que confunde, em parte, a apreensão puramente positiva da protagonista pelo público, tão buscada pela autora. Do mesmo modo, a presença constante de comicidade nos diálogos e situações faz com que o desfecho dramático da peça pareça mais artificial do que de fato é[59].

Nélson de Sá, como já comentamos na introdução a este trabalho, considerou que *O Momento de Mariana Martins* como dramaturgia não estava longe do terreno das revistas femininas, quanto ao tema, à situação e aos conflitos. Como em uma publicação do gênero, escreveu, seu público pode ser descrito como um nicho de mercado, com interesse e repercussão limitados. Se a temática que explora a história da trajetória feminina no século xx pode ser considerada de interesse limitado, é porque se percebe claramente que o discurso do crítico está marcado por parâmetros de uma comunidade interpretativa que julga marginal a expressão do feminino. Porém, como também mencionamos, é o público composto por mulheres que freqüenta os teatros com maior assiduidade. Achamos que, além de demonstrar uma postura misógina evidente e bastante criticável, de Sá, de maneira involuntária, acabou suscitando questões que se referem ao próprio interesse que o tema da autonomia feminina tem no Brasil contemporâneo.

Mariana Martins e a Mulher do Século xx

Ao analisar mais especificamente a trajetória da protagonista dentro do marco da representação do caminho da mulher no século xx, como quis fazer Leilah Assunção[60], damo-nos conta de que a autora seguiu uma linha também presente na chamada novelística feminina, em que as protagonistas participam tanto do discurso humanista-liberal da liberdade, autodefinição e racionalidade, quanto do que se cos-

---

58. Mariana Martins, afinal, não é uma Mariazinha, uma vez que se trata de uma mulher que "se saiu bem", nas palavras da própria Leilah Assunção. Então, se se "saiu bem", por que tudo o que acontece com ela mesma pode ter tanta graça? É compreensível que um personagem como o de Mariazinha seja cômico, porém, alguém como Mariana não tem por que parecer tão cômica.

59. Os espectadores não estão preparados para uma carga dramática de semelhante intensidade, por isso têm a impressão de que os últimos acontecimentos da obra são artificiais. Para Leilah Assunção – em entrevista ao *O Estado de S. Paulo* em 29 de junho de 1999 – o encontro com a deusa Selene representa uma "busca interior, solitária, que só pode ser conseguida individualmente".

60. Na entrevista que nos concedeu em junho de 2000, Leilah Assunção declarou: "Eu quis estrear *O Momento* em 1999 para completar o ciclo. Tinha tanto interesse em estrear a peça no século xx porque achava que era uma obra do século passado, não do século xxi, que eu mesma produzi, sabendo que era um risco, que não era uma peça comercial, que era cara. Não consegui patrocínio".

tuma classificar como discurso especificamente feminino, aquele que gira em torno da incerteza, da intuição, na busca de uma identidade autônoma[61]. No caso de *O Momento*, essas oposições se neutralizam em prol da construção de uma figura que já não é resultado de uma incompatibilidade de universos que se opõem, mas produto da superação dessas divisões e binarismos. Para Gerhild Reisner, citando a romancista Helena Parente Cunha:

> Ao final dos anos 80 e 90, Cunha percebe uma tendência cada vez mais forte de transformar as imagens tradicionais da mulher e buscar novos caminhos na literatura brasileira. Parece que a mulher dividida das décadas anteriores conseguiu reunir suas personalidades fragmentadas e obteve a capacidade de desenvolver uma identidade própria, sem mutilações e sentimento de culpa[62].

Para chegar a pintar o retrato dessa nova mulher que se liberta dos clichês, desvalorizando as formas tradicionais impostas à sua expressão pela ordem falocrática, as autoras, em geral, utilizam uma perspectiva temporal circular, que dê conta, ao mesmo tempo, do passado, do presente e do futuro de suas protagonistas. Esse artifício, usado por Leilah Assunção para articular uma justificação positiva para a existência do personagem Mariana, não adquire, porém, um caráter de projeção do "eu", de visão subjetiva sobre os fatos, como é mais freqüente nos textos narrativos escritos por mulheres. Helena Parente Cunha explica sua preferência pelo tempo não linear:

> Se quero saber quem sou, tenho que retroceder até o que fui. No desenvolvimento temático das narrativas femininas, os personagens, com freqüência, recorrem à memória com a finalidade de encontrar prováveis respostas para as indagações sobre as suas verdades ... Em função desse retorno ao já experimentado, o tratamento dado ao tempo dá como resultado uma ruptura da linearidade do Chronos em favor de uma circularidade ou de um ir e vir do passado ao presente e do presente ao passado, além das inserções de futuro, às vezes utópico. É como se não houvesse distância entre o ontem e o hoje, tal a intensidade dos sentimentos do que passou[63].

A descrição de Cunha também pode ilustrar parte do processo utilizado por Leilah Assunção em *O Momento de Mariana Martins*, quando Mariana faz um balanço de toda a sua existência e opta pela vida. A memória permite uma reconstrução positiva, uma tomada de consciência de que a história da mulher é uma história de superações que permitiu uma forma de existir mais autêntica. Mariana, ao recordar sua trajetória, constata que é uma sobrevivente:

61. Gerhild Reisner, A Transformação dos Mitos Sobre o Feminino na Literatura Brasileira Contemporânea, *Revista do Núcleo Interdisciplinar de Estudos da Mulher na Literatura*. Online. Núcleo Interdisciplinar de Estudos da Mulher. Fundação Casa de Rui Barbosa, 10.10.2000, p. 1.
62. Idem, ibidem.
63. Idem, p. 3.

O TEATRO DE LEILAH ASSUNÇÃO 63

Mariana: Meti a cabeça, o corpo todo na água, até o fundo e toquei as algas! Eu, que quando era criança tinha medo de molhar a cabeça na piscina do clube! Alguma coisa me diz que esse mergulho talvez tenha começado antes, ali mesmo quando cuidava do meu neto, ou muito antes, na primeira doença da Celinha... E o medo dos aviões começou a melhorar [...] as coisas parecem ter um sentido, parecem seguir um curso...Eu não quero mais morrer. Pronto. É isso. São Paulo, 1999, eu, Mariana Martins, decidi que não vou morrer. Nem de pílulas, nem de cortar os pulsos, nem de me atirar no rio Sena. Se eu não morri até agora é porque não vou morrer nunca mais.

Reconhecer a dor e sobreviver adquire um sentido de esperança. *O Momento de Mariana Martins* foi uma peça escrita primordialmente para um público específico: as mulheres de quarenta a cinqüenta anos que tinham experimentado os mesmos problemas da protagonista e que podiam, com ela, celebrar uma espécie de vitória. A experiência da espectadora, nesse contexto, torna-se parte de um processo relacional no qual se constrói uma subjetividade. Para ela, o contato com essa forma de representação da cultura lhe permite ver inscritas suas experiências de maneira positiva e, portanto, lhe possibilita consolidar uma imagem de afirmação. Essa imagem de afirmação, como retrato da mulher brasileira, torna-se utópica, uma vez que apenas entre a classe média intelectualizada e ilustrada existe o que se poderia chamar a "mulher autônoma".

O nível implícito dessa espécie de pacto entre a autora e a espectadora realiza-se mais eficazmente dentro de um contexto que privilegia a ação e a centralidade do personagem feminino, ou seja, em um universo em que não se questiona a capacidade da linguagem de representar de modo pleno o real empírico, em que se solicita uma recepção quase pragmática por parte de um público específico. No caso de *O Momento de Mariana Martins*, as espectadoras "privilegiadas" não transformaram a peça em um sucesso. O espetáculo não obteve a mesma atenção que haviam alcançado as encenações de obras como *Fala Baixo Senão Eu Grito*, *Roda Cor de Roda* ou *Lua Nua*. Isso significa que essas espectadoras não constituíam um número suficiente para produzir o triunfo do espetáculo? Na realidade, os problemas de construção do texto aliados ao fato de que a classe média intelectualizada não se identificara com o personagem, já que a excessiva exploração do cômico banalizou de certo modo as conquistas de Mariana Martins, impediram uma recepção mais positiva do espetáculo. Além do mais, no caso da montagem carioca, o público que ia ao Teatro do Leblon era composto, em grande parte, por pessoas mais idosas, senhoras entre sessenta e setenta e cinco anos, pertencentes às camadas econômicas mais elevadas da sociedade. Muitas delas, provavelmente, embora pudessem ser independentes em termos financeiros, não conseguiram alcançar a autonomia do personagem Mariana.

Outro ponto que se pode levantar é o fato de que a mulher autônoma de Leilah Assunção, hoje em dia no Brasil, não está "na moda", ou seja, em geral já não é um modelo a que se aspira (talvez apenas continue como tal junto às mulheres intelectualizadas da classe média). Todos os instrumentos dos meios de comunicação de massa propagam ideais femininos opostos, como o da mulher construída por operações de cirurgia plástica que, por meio da exibição de seu corpo/artefato, supera as limitações impostas por suas origens humildes e sua natural impotência, transformando-se num sucesso comercial[64], ou seja, um novo tipo de mulher-objeto, que faz dessa condição uma carreira profissional lucrativa. A peça de Leilah Assunção não está, obviamente, dirigida a esse tipo de público ou àquelas que aspiram a alcançar essa condição.

O Momento de Mariana Martins foi escrita, como já dissemos, para fechar um ciclo que deveria ser considerado superado e iniciador de outra fase, na qual finalmente se poderia propor uma identidade feminina mais livre do peso das relações de gênero. Porém, continua em aberto a indagação: até que ponto essa autonomia representa de fato a mulher brasileira contemporânea?

---

64. O artigo de Arnaldo Jabor intitulado Entrevista Inteligente com uma Loura Burra, que conclui com a frase "A libertação da mulher no Brasil de hoje é uma vingança conservadora" (*O Globo*, Rio de Janeiro, 29.08.2000, Segundo Caderno, p. 3), aborda esse tema.

3. Maria Adelaide Amaral: Do Brasil da Abertura Política aos Anos de 1990

BODAS DE PAPEL

Bodas de Papel foi o primeiro texto de Maria Adelaide Amaral a ser encenado. Escrita em 1976 (um ano depois de *A Resistência*) e montada em 1978[1] no Teatro da Aliança Francesa, Rio de Janeiro, a peça, que estranhamente não recebera nenhum tipo de prêmio no concurso de dramaturgia do SNT de 1977, permitiu à autora apresentar ao público, de forma polêmica, um universo bem conhecido por ela, o dos executivos das grandes empresas. Utilizamos o termo "polêmica", porque público e crítica, embora reconhecendo os méritos do texto e da encenação, questionaram o tratamento dado às relações entre maridos e esposas, considerando-o um retrato exagerado do machismo.

Bodas de Papel se desenvolve em torno da festa de aniversário de dois anos de casamento de um casal de classe média alta, Tetê e Turco; ele, um executivo de uma empresa multinacional; ela, sua ex-secretária. Os convidados são seus padrinhos de casamento: um médico, Carlão, e sua mulher, Magui; outro executivo desempregado, Jorge, irmão de Magui, e sua esposa, Clô, "aristocrata" decadente cujos hábitos de consumo o marido tem dificuldade para manter; para completar o quadro, o convidado de honra, Arruda, diretor de

---

1. A peça também foi objeto de uma montagem recente no Rio de Janeiro (2000), sob a direção de Carlo Milani. Porém, essa última montagem optou por enfatizar os aspectos cômicos do texto, prejudicando a carga de dramaticidade inerente à ação.

um banco importante, que alcançara esse cargo depois de "dar um golpe do baú", casando-se com a filha do banqueiro.

Embora a comemoração tenha sido planejada por Tetê com o objetivo real de festejar suas bodas de papel, Turco tem outras intenções: deseja aproveitar a oportunidade para pedir um empréstimo a Arruda para abrir uma empresa de assistência médica com Carlão, um obstetra bem-sucedido. Tetê, que também desejava mostrar aos amigos o apartamento que ganhara do marido, a nova decoração, enfim, tudo o que pudesse indicar o alto padrão de vida do casal, vê-se numa situação difícil, já que a festa parece ter sido planejada por Turco como uma reunião de negócios. Além disso, o equilíbrio precário do encontro social tende a se tornar ainda mais instável, já que Jorge fora despedido pelo pai da esposa de Arruda e poderia querer se vingar. Desde os primeiros diálogos vai se armando o conflito entre os dois convidados. É quando a autora destaca o papel secundário de Tetê na vida de seu marido:

> Tetê: Então é assim, não é, Turco? Dois anos de casamento! E o que é que você me dá? Gritos e berros! (*Chora*) Eu estou aqui feliz, te esperando, e você me trata como se eu fosse um cavalo... nem uma rosa, nada! Nada! Dois anos de casados e você não está nem ligando!

Turco tem um único objetivo: pressionar Arruda para que lhe dê o empréstimo. E para consegui-lo, está disposto a passar por cima de todos, inclusive de sua mulher, a quem trata grosseiramente. Em certa ocasião chega a afirmar: "Você está proibida de pensar! A única pessoa que pode pensar nessa casa sou eu, entende?"

A ação prossegue com a chegada dos convidados, concentrando-se nas disputas dentro do universo masculino. Arruda nega-se a conceder o empréstimo. Turco e Carlão, então, deixam a adulação e passam a atacar o banqueiro diretamente. É quando as verdades que estavam escondidas afloram em sua nitidez, e o contexto agradável da cena comemorativa torna-se uma arena onde todos se acusam e se humilham. As mulheres têm um papel pouco significativo nesse jogo. Para Elza de Vincenzo, consistem num elemento decorativo:

> As mulheres, de acordo com a significação de seus papéis na vida destes homens, têm uma posição completamente secundária: devem dar apoio material à reunião (Tetê a organiza, as outras acompanham seus maridos), constituindo quase um elemento de decoração do ambiente de que os homens precisam e, muitas vezes, são mencionadas como a causa de suas dificuldades ou motivos de suas preocupações, mas, na verdade, não são ouvidas e, em geral, tornam-se irritantes todas as vezes que tentam interferir na conversa, assunto sério dos negócios masculinos. Facilmente são chamadas de "burras" ou "gordas" nos conflitos laterais com os maridos. Basta uma tentativa de intervenção para que Tetê seja impositivamente calada por Turco com um "O que você entende disso? Vai fazer um café". Este diálogo corrente condensa todo o universo cuidadosamente bipartido em que vivem estes homens e mulheres[2].

2. Elza Cunha de Vincenzo, *Um Teatro da Mulher*, São Paulo: Perspectiva, 1992, p. 192.

MARIA ADELAIDE AMARAL: DO BRASIL DA ABERTURA POLÍTICA...   67

Essa bipartição está presente no universo da peça e é aceita pelos personagens femininos. Tetê, Clô e Magui, embora enfrentem seus maridos em determinadas ocasiões, toleram o papel secundário que lhes outorga o matrimônio em troca de prestígio e segurança econômica. Como afirma Mariangela Alvez de Lima em sua crítica sobre a montagem de *Bodas de Papel* para o jornal *O Estado de S. Paulo* de 20 de julho de 1978: nas vidas dos personagens tratados não há lugar para o afeto ou a cortesia. Homens e mulheres estão juntos porque fazem parte de um jogo de interesses em que o mais importante é galgar o máximo possível os degraus da riqueza e do poder[3]. A amizade, portanto, não existe em essência; é produto dessa rede de relações superficiais em que todos os contatos humanos se estabelecem dentro de uma lógica real ou simbólica de troca. Os homens, por exemplo, apesar de se conhecerem há muito tempo, são "companheiros" porque querem fazer negócios juntos, e os que não conseguem participar desses negócios, como é o caso de Jorge, são desprezados. As mulheres, por sua vez, também reproduzem esse mesmo esquema. Entre Tetê, Magui e Clô o diálogo gira sempre em torno de bens de consumo, empregadas e dinheiro. Não existe, como afirma Elza de Vincenzo[4], uma afetividade independente dos papéis que ocupam como profissionais em ascensão que têm negócios juntos:

> Magui: Estou sem saber o que fazer... Contrato de agência ou não contrato? É fogo decidir... empregada de agência não vale nada... quando vale fica dois meses e tchau mesmo...tudo um bando de vigaristas...a gente não pode confiar em mais ninguém! O governo devia intervir! Afinal, tem polícia para quê? Não é para acabar com essa sem-vergonhice? [...] Tetê, você está uma graça! Aposto que o vestido foi o Turco que deu para você... Faz mais de dez anos que o Carlão não compra nem um trapo para mim... No começo é tudo azul... Depois vira uma caca.

Embora insatisfeitas, as mulheres não reagem para promover uma transformação em suas vidas; ao contrário, se deixam engolir pelo sistema, reproduzindo-o inclusive nos aspectos mais desagradáveis. O amor, nesse contexto, deixa de ter importância ou é deliberadamente confundido com segurança, acesso a bens de consumo e status social.

Para Maria Adelaide Amaral, a passividade é a principal característica da mulher de classe média que, presa ao casamento pelo tipo de herança cultural recebida (em geral, das próprias mães), faz todo

---

3. Maria Adelaide Amaral, em uma entrevista concedida ao *Jornal da Tarde* de 1984 afirmou que conhecia muito bem o universo dos personagens de *Bodas de Papel* devido ao fato de seu marido, Murilo Amaral, ser um executivo de uma grande empresa. Para ela, a luta da classe média alta para dar um passo adiante em termos econômicos se parecia com uma "corrida de ratos".

4. Elza Cunha de Vincenzo, op. cit., p. 193.

68   MARGEM E CENTRO

tipo de concessões para mantê-lo. Afirma a autora: "Na peça, como na realidade, [as mulheres] são espectadoras e adornos para os homens, principalmente nas cenas comemorativas das empresas... e assumem, muitas vezes, um compromisso tácito com eles de servi-los em troca de uma satisfação material"[5].

Assim como a mulher faz todo tipo de concessões para manter o casamento, também o homem está sempre aceitando qualquer exigência, ou para subir na escala social ou, simplesmente, para preservar o emprego. No universo de *Bodas de Papel*, o personagem Jorge é o único que funciona como exceção a essa regra:

> Jorge: Eu sou um homem honrado...
> Turco: (*Fecha a mão e olha para ela*) Olha onde está a tua honestidade! Aqui! Quem tem cu tem medo, Jorge! E você se borrou todo porque achou que o negócio não ia dar certo! Só que deu muito certo! Estamos montados no tutu, eu e o Carlão! Estamos prontos para partir para a nossa empresa! Temos imóveis, capital, terras, Jorge! E você, o que é que tem?
> Jorge: [...] A cara limpa, a consciência em paz.
> Turco: Eu não sei qual é a vantagem...
> Clô: Nem eu...

Clô, a esposa de Jorge, não só estimula seu marido a se integrar na corrupção que começava então a dominar todas as esferas do país, como lamenta que ele tenha optado pela honestidade. Os valores femininos são uma cópia daqueles do universo masculino. Maria Adelaide Amaral afirmou que seu principal objetivo com *Bodas de Papel* era dizer algo referente ao período conhecido como "milagre econômico", mostrando o oportunismo e a avidez de lucros que haviam dominado a classe média do final dos anos 70[6]. Achamos que, ao desenhar esse retrato, a autora evitou tratar a mulher apenas como uma vítima do contexto social, indicando sua participação em todo o processo de perda de valores pelo qual passava o país. Para Elza de Vincenzo, porém, *Bodas de Papel* "serve como denúncia de um mundo onde impera a mais primária e selvagem dominação masculina, sem o disfarce dos habituais pretextos de amor e ciúme. A mulher, que aí aparece, inclusive como um ser quase ridículo, sem discernimento, num plano mais profundo, pode ser vista, realmente, como vítima de um sistema de relações que se estabelecem entre os dois sexos"[7].

5. *Folha de São Paulo*, 26.07.1978, Ilustrada, p. 1.
6. Declaração de Maria Adelaide Amaral a Sérgio Gomes da *Folha de S.Paulo*: "As reuniões em que meu marido e eu éramos obrigados a participar, por força dos compromissos profissionais que ele tinha como executivo de uma empresa multinacional, me permitiu conhecer bem o afã do lucro, a falta de solidariedade, a ilusão de poder daqueles que, embora funcionários, imaginam-se sócios das empresas para que trabalham... É uma espécie de trabalho jornalístico sobre o vácuo, a hipocrisia, a futilidade da burguesia contemporânea".
7. Elza Cunha de Vincenzo, op. cit., p. 194.

MARIA ADELAIDE AMARAL: DO BRASIL DA ABERTURA POLÍTICA... 69

Se, como vimos, as mulheres reproduzem os valores do sistema em que atuam, como podem ser tão-somente suas vítimas? É inegável que pagam um preço mais alto, em termos humanos, do que os homens – afinal de contas, são humilhadas e tratadas como estúpidas em suas próprias casas – para poderem ter acesso à segurança econômica. Em contrapartida, se certo tipo de status social não fosse algo tão importante para elas, não precisariam aceitar as humilhações que lhes são impostas pelos maridos, ou seja, existe uma espécie de cumplicidade entre os dois sexos, um acordo que instaura a relação de poder em troca do sucesso financeiro.

Os principais críticos da época destacaram a ênfase dada pela autora a esse jogo de poder e status dentro do casamento. Sábato Magaldi escreveu um artigo intitulado "O Fiel Retrato do Microcosmo Machista", no qual salientou o fato de os papéis masculinos terem sido mais bem elaborados que os femininos, justamente devido ao contexto em que se desenrolava a ação: "Parece estranho que os papéis masculinos se mostrem melhor elaborados que os femininos. Nesse microcosmo machista, ao contrário, é justo que os homens tomem a dianteira, enquanto as mulheres se reduzem à função de objetos" [8]. O crítico viu também, na qualidade dos papéis masculinos, outro mérito da autora: "A capacidade de pôr em primeiro plano os personagens masculinos, tratando-se de uma autora, representa um mérito a mais de Maria Adelaide"[9], que, assim, teria superado sua condição "feminina" para obter uma compreensão mais profunda das motivações do sexo oposto. Esse comentário deixa transparecer o velho preconceito segundo o qual as escritoras só se preocupam com o universo íntimo das mulheres. *Bodas de Papel*, embora ofereça mais espaço de atuação para personagens como Jorge, Turco e Carlão, na realidade, em vez de ser um texto sobre os homens, é uma peça que, acima de tudo, explora muito acertadamente as facetas do comportamento feminino em determinado estrato social. Clô, Magui e Tetê – que representam três tipos distintos, o de alta, média e baixa educação –, apesar de estarem ligadas a seus maridos pelo mesmo desejo de manter um status que não poderiam preservar se estivessem separadas, reagem de maneira própria e individual ao contexto em que se movem, contribuindo, por sua vez, para a complexidade da ação. Clô, por exemplo, por se originar de uma família que no passado tivera dinheiro e posição, não recebe o mesmo tratamento que as outras esposas. Além disso, como seu marido não consegue cumprir o papel de provedor que se espera, ela ganha mais liberdade e chega a dizer coisas como: "Jorge, você é menos do que nada, é um zero à esquerda", desafiando o cír-

---

8. Sábato Magaldi, O Fiel Retrato do Microcosmo Machista. Com Tudo para Agradar, *Jornal da Tarde*, São Paulo, 21.07.1978, p. 2.

9. Idem, ibidem.

culo de poder instituído pela violência somente em direção à mulher. Tetê e Magui, devido às suas origens humildes, são as que mais sofrem com a arrogância de seus companheiros. Tetê, assim mesmo, por não ter filhos e ser a segunda mulher, é a que se encontra em posição mais precária dentro desse universo e, portanto, a que mais sofre as agressões do marido.

> Tetê: Ninguém vai fazer um brinde à minha saúde? Faz dois anos que subi ao altar para me tornar a senhora João Hadi!
> Arruda: Isso merece um brinde!
> Turco: Se bem que altar é mais força de expressão... aquilo mais parecia uma passarela de carnaval onde tinha um bispo fantasiado de verde e amarelo que era a cara do Clóvis Bornay...
> Magui: Foi um sermão maravilhoso. Até parecia que a gente estava na igreja...
> Turco: Foi uma palhaçada, isso sim...

A violência exercida sobre a mulher em *Bodas de Papel* é o retrato da violência cotidiana, produto das relações de poder dentro do patriarcado latino-americano. Porém, como vimos, o texto mostra muito claramente que essa violência é consentida e aceita em troca do acesso ao mundo do alto consumo. No início da peça, quando Tetê mostra a Jorge e Clô o novo apartamento, comenta que está em seu nome:

> Tetê: Faz tanto tempo que a gente não se vê que eu tinha esquecido de que é a primeira vez que vocês vêm aqui. Então? Que tal?
> Clô: Uma beleza...
> Tetê: Johnny botou no meu nome, não é um amor?

Como afirma Mariangela Alvez de Lima em sua crítica à montagem do texto em 1978, *Bodas de Papel* é uma fábula sobre aqueles que aceitam as regras do jogo[10], e, nesse caso, as mulheres fazem parte desse grupo, ainda que paguem o preço mais alto por estarem ali.

O crítico do *Jornal do Brasil*, Yan Michalski, viu na peça de Maria Adelaide Amaral uma obra quase feminista, sobre as mulheres: "Me pergunto se, mais que uma peça sobre executivos, *Bodas de Papel* não é uma peça sobre mulheres"[11]. Esse comentário parece ainda mais interessante quando se compara ao de Sábato Magaldi, que elogiava a capacidade da autora de abordar de maneira profunda o universo masculino. Na realidade, o texto não privilegia um universo em detrimento do outro: mostra simplesmente os laços que os unem. E se essa imagem resulta demasiado "feia" é porque o modelo pintado carece de beleza. Para Yan Michalski, porém, o fato de ser uma autora, e não um autor, que trata o tema fez com que o machismo adquirisse con-

---

10. Mariangela Alves de Lima, Nessas Bodas, O Papel Dos Que Aceitam As Regras do Jogo, *O Estado de S. Paulo*, Cultura, p. 1.

11. Yan Michalski, Fábula Moral Sobre Dinheiro e Machismo, *Jornal do Brasil*, 26.09.1980, Caderno B, p. 1.

MARIA ADELAIDE AMARAL: DO BRASIL DA ABERTURA POLÍTICA...   71

tornos muito primários: "Creio que o generoso feminismo de Maria Adelaide a fez perder um pouco o senso de medida ... as brutalidades e o primarismo com que a autora pinta esse machismo, especialmente levando-se em conta o ambiente social em que se manifesta" [12].

Nada no texto sugere uma postura feminista. Clô, Tetê e Magui, em nenhum momento, questionam o direito de seus maridos ao monopólio do poder. Apenas Clô desafia mais abertamente Jorge, pois este perdeu a capacidade de ser provedor, algo que, no meio social em que vivem, enfraquece a autoridade do homem, igualando-se a uma espécie de impotência. Se Jorge estivesse produzindo o capital que sempre produziu, não seria desafiado em seu domínio. Além disso, para que a postura dos personagens femininos indicasse algum tipo de compromisso por parte da autora com a causa feminista, seria preciso um conflito que problematizasse a legitimidade mesma do sistema patriarcal, coisa que não existe no texto, uma vez que não interessa a nenhum dos personagens femininos.

Pode ser muito revelador o modo com que reagiram a *Bodas de Papel* os espectadores do final dos anos 70 e início dos 80. O *Jornal do Brasil* publicou na época comentários e reações dos espectadores sobre o espetáculo. De modo geral, identificaram-se com o que se encenava, confirmando a autenticidade do enfoque de Maria Adelaide Amaral.

> "O Brasil de hoje é um país de ilusão e de mentiras" – observa um deles. Outro se refere à linguagem de alguns personagens que "usam e abusam dos palavrões": "quando estamos sozinhos no escritório é exatamente aquilo... A linguagem utilizada nos escritórios é bastante grosseira, enquanto que na convivência social, pode-se conversar em termos crus, mas jamais se expressar daquela maneira". As mulheres dos executivos fazem restrições: "Creio que, dificilmente, as agressões se dariam em um nível como o mostrado pela peça" – diz uma delas. Por serem pouco freqüentes e vistas como um compromisso social, as relações nessas reuniões são bastante superficiais. No entanto, se sente uma potencialidade para que aconteça o que ocorre na peça... A situação da peça não me parece absurda, pois se essas reuniões fossem mais freqüentes, poderia ocorrer o estouro[13].

O público percebeu a fidedignidade do retrato feito pela autora e, principalmente, reconheceu que, sob o véu superficial de cortesia existente no microcosmo mostrado, girava um conjunto de interesses e sentimentos não muito agradáveis de serem vistos. Como também ocorreu com o teatro de Leilah Assunção, houve um repúdio à linguagem crua, agressiva, que, por outro lado, expressava de modo bastante singular o caráter dos personagens.

Maria Adelaide Amaral tem nos autores norte-americanos do século XX uma fonte de inspiração, como declarou ao *Jornal da Tarde* em 1º de dezembro de 1984: "Adoro a boa dramaturgia americana. As

12. Idem, ibidem.
13. A Triste Festa dos Executivos, *Jornal do Brasil*, 26.09.1980, Cederno B, p. 2.

MARGEM E CENTRO

peças de Eugene O'Neil, Arthur Miller e Edward Albee"[14]. Em *Bodas de Papel* sua intenção foi, em parte, resgatar a agressividade do diálogo, característica do estilo de Edward Albee[15]. Na peça brasileira, porém, essa agressividade não é utilizada com o mesmo sentido que aparece em Albee, em que a ação verbal surge como única possibilidade de estabelecimento de uma comunicação verdadeira. Não existe em *Bodas de Papel* a busca de um diálogo em que a crueldade apareça como forma de liberação. Na realidade, o diálogo do texto de Maria Adelaide Amaral está mais relacionado com a herança da dramaturgia de Plínio Marcos, que influenciou a todos os autores surgidos no Brasil a partir de 1969. Embora os personagens marginais de Plínio Marcos não tenham aparentemente nada a ver com a classe média alta de *Bodas de Papel*, há uma semelhança entre eles na medida que são produtos de uma postura específica por parte de seus criadores: do desejo de reduzir a quase zero o papel da própria visão particular, do filtro intelectual, na apresentação dos conflitos. Foi Plínio Marcos quem buscou retomar um estilo que estabelecesse uma relação direta entre os pólos da linguagem dramática e do real empírico, como faz Maria Adelaide em sua primeira peça encenada. Uma das restrições da crítica a *Bodas de Papel* reside justamente em seu "naturalismo", ressaltado na montagem de Cecil Thiré em 1978. Para Sábato Magaldi, "seria mais perceptível a dimensão superior da peça se o diretor tivesse se prendido menos ao estilo naturalista"[16]. O comentarista da revista *Visão*, Carlos de Gody, chegou a sugerir que a linearidade do texto deveria ter sido suprimida na montagem: "Não havendo o texto evitado a linearidade da ação, pecou o diretor por não suprimi-la e, desse modo, perdeu a oportunidade de recriar cenicamente a peça em termos dinâmicos"[17]. O comentário não podia ser mais disparatado, já que o dinamismo de uma ação dramática não depende do fato de esta ser fragmentada ou não. Na realidade, o que os críticos parecem demonstrar com essas afirmações é um certo desprezo pela forma realista/naturalista, que começava a perder seu prestígio nos palcos brasileiros no início dos anos 80. Entretanto, como vimos, no caso de Leilah Assunção, com sua *Roda Cor de Roda*, um dos pontos que menos agradaram aos críticos foi justamente a escolha por parte da autora em trabalhar com uma linguagem não realista. Julgamos que os problemas de uma montagem pouco imaginativa devam ter contribuído

14. Maria Adelaide Amaral: Iluminada, Abraçando o Sucesso com Volúpia, *Jornal da Tarde*, Cultura, São Paulo, 01.12.1984, p. 1.

15. Na mesma entrevista, Maria Adelaide Amaral afirma sobre *Bodas de Papel*: "A peça conta a história de uma cena durante a qual será discutido um negócio pouco honesto e no qual surge uma testemunha incômoda e indesejável. Essa presença desencadeia diálogos agressivos, ao estilo dos de Albee".

16. Sábato Magaldi, O Fiel Retrato do Microcosmo Machista, *Jornal da Tarde*, São Paulo, 21.07.1978, p. 2.

17. Carlos de Gody, Diálogo Vivo, *Visão*, São Paulo, 07.08.1978, p. 27.

MARIA ADELAIDE AMARAL: DO BRASIL DA ABERTURA POLÍTICA... 73

para que o estilo do texto parecesse ainda mais antiquado. Porém, um problema continua em aberto: se as críticas à estética de *Roda Cor de Roda* repudiavam justamente o uso de uma linguagem não realista, por que o uso do realismo na peça de Maria Adelaide Amaral é visto como algo negativo? Não estariam essas posturas encobrindo a antipatia pelo tratamento das relações de poder na família patriarcal? Não devemos nos esquecer que o chamado "naturalismo", no caso de *A Resistência*, peça da dramaturga que analisaremos a seguir, não resultou para a comunidade crítica em um "defeito", visto que foi premiada pelo concurso do SNT, enquanto *Bodas de Papel* não conseguiu receber sequer uma menção honrosa. Maria Adelaide Amaral estava ciente de que sua obra não era (nem pretendia) ser revolucionária:

> Meu teatro não tem qualquer tipo de pretensão formal, nem procuro revolucionar a dramaturgia brasileira e não me perturbam aqueles que dizem que faço um teatro velho. Estou mais preocupada em retratar a minha realidade, dentro daquilo que uma vez disse Arthur Miller – o dramaturgo escreve com os ouvidos. É isso que faço. Exatamente isso[18].

A autora de *Bodas de Papel*, ao contrário de Leilah Assunção, não começou a escrever para o teatro a partir de uma convivência com artistas e gente do meio. Trabalhou como redatora de enciclopédias para uma grande editora e foi ex-estudante de ciências sociais, portanto, nunca esteve ligada aos grupos teatrais que priorizavam a problemática do desenvolvimento da forma teatral em seus trabalhos[19]. Além disso, Maria Adelaide não escolheu o teatro como meio de expressão por um interesse particular, como admitiu ao *Jornal da Tarde:*

> Eu senti uma necessidade, uma coisa muito maior que eu e descobri que o que me interessava era escrever. Em qualquer ocasião: nas poucas horas livres – trabalho durante o dia e estudo à noite – com os filhos me subindo pelas pernas, fazendo perguntas, chorando, brincando, com a responsabilidade de preparar o almoço, o jantar, cuidar da casa... Eu tinha que escrever de algum modo e escrevi. Podia ter saído um conto, um romance, mas saiu uma peça[20].

Como se pode ver, não havia por parte da autora nenhuma inclinação específica para o teatro nem tampouco interesse especial pelas formas experimentais desse meio.

Embora a crítica tenha feito reparos, *Bodas de Papel* acabou sendo uma estréia bem-sucedida para a autora, prenunciando a boa

18. Vera Magyar, Maria Adelaide Amaral, *Jornal da Tarde*, São Paulo, 24.01.1979, p.1.

19. Leilah Assunção, antes de escrever *Fala Baixo Senão Eu Grito*, conviveu com o grupo Oficina, que, na história do teatro brasileiro, foi um dos que mais se preocupou com as questões da encenação e do desenvolvimento da forma teatral.

20. Maria Adelaide Amaral: Iluminada, Abraçando o Sucesso Com Volúpia, *Jornal da Tarde*, São Paulo, 01.12.1984, p. 1.

74 MARGEM E CENTRO

recepção que teria sua obra posterior, principalmente devido ao reconhecimento da comunicabilidade de sua escrita teatral. Se o público de *Bodas de Papel* não saía do teatro como se tivesse tido uma experiência poética reveladora, tampouco saía como se tivesse simplesmente se divertido. O choque do retrato cru e frio do afã pelo lucro e da insensibilidade humana era demasiado duro para permiti-lo.

A RESISTÊNCIA

A Resistência foi a primeira peça escrita por Maria Adelaide Amaral. Sua estréia ocorreu em 1979 (Teatro Gláucio Gil, Rio de Janeiro, sob a direção de Cecil Thiré), embora o texto tivesse sido criado em 1975. Em 1976 obteve o quarto lugar no VIII Concurso de Dramaturgia do SNT. A autora, mesmo assim, não conseguiu ver seu trabalho publicado no mesmo ano:

> Quando *A Resistência* ganhou o quarto lugar do Concurso do SNT, todos os cinco primeiros premiados pensavam que o SNT publicaria suas peças em livro, mas até agora não recebemos nenhum tipo de comunicação... para mim isso se deve ao fato de que temem uma grande repercussão das peças, negando-se, portanto, a publicá-las[21].

Os dramaturgos, nessa época, ainda estavam sob grande vigilância e, apesar de receberem prêmios dos órgãos do governo, em geral, tinham dificuldades para ver seus trabalhos divulgados. A declaração da autora acima transcrita – feita ao jornal *Última Hora* em 20 de março de 1978 – é uma referência a um tipo de censura que não se manifestava claramente, porém existia, dificultando a carreira dos principiantes.

Em 1978 o autoritarismo do governo deixou de se manifestar de forma velada. Proibiu-se a Feira Brasileira de Opinião, evento que reuniria dez peças curtas de diferentes autores sobre problemas da época. Maria Adelaide Amaral escrevera para a Feira a obra *Cemitério Sem Cruzes*, um texto sobre os operários da construção civil, em sua maioria migrantes nordestinos que não possuíam nenhum tipo de preparação profissional nem de educação escolar, explorados em sua ignorância pelas grandes empresas[22]. Sobre o problema da censura, a autora declarou à *Folha de S.Paulo* em 26 de julho de 1978:

> Esta proibição em bloco da Feira nos faz pensar, inclusive, que o Ministério da Justiça acredita que o teatro seja um meio tão revolucionário e persuasivo que possa

21. Adelaide: Inédita Até Quando?, *Última Hora*, Rio de Janeiro, 20.05.1978, Cultura, p. 3.

22. O título da peça, segundo a autora, inspirou-se na designação que, na época, dava-se à fábrica Fiat, em Betim, Minas Gerais. O número de mortes por acidente de trabalho ou por simples descuido durante a construção dessa fábrica foi tão grande que a obra passou a ser conhecida como "cemitério sem cruzes". Os corpos eram enterrados sem identificação e as famílias dos mortos muitas vezes sequer ficavam sabendo do que acontecera.

MARIA ADELAIDE AMARAL: DO BRASIL DA ABERTURA POLÍTICA... 75

levar as cem mil pessoas que o freqüentam no Brasil a demolir as bases do sistema. Cem mil é a tiragem de qualquer jornal de uma grande cidade. O mais irônico é que na mesma semana que a censura prévia foi suspensa dos três últimos jornais submetidos a ela, proibiu-se a Feira. Irônico porque não há nada que as peças participantes da Feira denunciem que os jornais já não tenham denunciado. Esperamos que os órgãos de censura recuperem a sensatez e liberem o teatro brasileiro de uma vez por todas. Basta de subfarsas do absurdo[23].

Essa declaração de Maria Adelaide Amaral soou como uma espécie de desabafo de toda a classe teatral. A Feira, mesmo depois dos protestos, continuou censurada. A despeito disso, as dez peças foram publicadas em um volume dedicado ao evento que não aconteceu[24]. Enquanto isso, *A Resistência* continuava sem subir ao palco, embora sua difusão junto ao meio teatral já fosse um fato (tinha sido publicada em 1978 pelo SNT). Finalmente, depois do sucesso de *Bodas de Papel* e o fim do período do AI-5, pôde ser montada, o que permitiu que o nome da dramaturga se consolidasse, deixando de ser apenas uma promessa.

O início da carreira de Maria Adelaide Amaral foi marcado por uma preocupação social muito clara. *A Resistência* e *Cemitério Sem Cruzes*, por exemplo, eram textos cujo interesse girava em torno do problema da exploração da mão-de-obra por um sistema que negava todo valor humano ao trabalhador. Mais uma vez pode se perceber a influência de Arthur Miller sobre esta primeira peça da autora, que, inclusive, utilizou como réplica do personagem Luís Raul, de *A Resistência*, uma das frases mais conhecidas de Willy Loman em *A Morte de Um Caixeiro-viajante*[25]. Ao se concentrar em grupos profissionais distintos – os operários da construção civil e os jornalistas –, a autora queria mostrar justamente como o sistema se propunha descartar a todos, depois de tê-los consumido. No caso de *A Resistência*, destacava-se também a preocupação da autora com o problema do desemprego e dos dramas humanos resultantes desse tipo de ameaça à sobrevivência dos trabalhadores, tanto dos setores da classe média quanto dos setores mais populares[26].

---

23. *Folha de S. Paulo. Ilustrada*, p. 1. A censura proibiu a Feira, porque o evento poderia ter adquirido proporções indesejáveis. Embora apenas cem mil pessoas freqüentassem o teatro no Brasil, um protesto público semelhante ao do Teatro Aberto, realizado posteriormente na Argentina, soava como um risco que o governo militar não queria correr.

24. O volume foi publicado pela editora Global (São Paulo) em 1978.

25. Essa réplica é a conhecida resposta de Willy à notícia de que havia sido despedido: "Não, Howard! Você não pode me despedir! Um homem não é uma laranja que se chupa e depois se joga fora o bagaço, Howard". *Death of a Salesman*, London: News of the World, 1952, p. 5.

26. Elza Cunha de Vincenzo também acha que o problema do desemprego é o ponto de partida da autora para explorar a impotência do trabalhador perante o sistema: "O desemprego (e, no caso de *Cemitério Sem Cruzes*, a exploração e a quase miséria), que se projeta como uma sombra ameaçadora sobre a vida dos vários setores das classes média e baixa da sociedade brasileira ao longo do período pós-milagre econômico,

76 MARGEM E CENTRO

A ação de *A Resistência* se desenrola durante um único dia na redação de uma revista em decadência, onde trabalham os personagens Leo, Luís Raul, Malu, Roberto, Bel, Goretti e Marcos. Nesse dia anuncia-se uma redução de pessoal (só Marcos, o editor, e Goretti, a secretária, parecem não correr perigo de perder seus empregos). No início, ninguém sabe quantas pessoas serão despedidas nem o critério que será utilizado pelos chefes para efetuar as demissões. Como o desemprego na indústria jornalística é muito grande, vai se criando entre os personagens uma atmosfera de pesadelo e de pânico que os faz revelar aspectos não muito agradáveis de suas personalidades. Nesse contexto, surge um movimento de resistência na oficina do lado (que não aparece em cena), ao qual se soma Leo, que tem uma história passada de participação em lutas políticas. Seus companheiros se dividem. Ao tentar convencê-los, Leo provoca reações que empurram a ação da peça para o seu ponto central: o debate sobre a crença no poder de luta de um movimento coletivo que pudesse neutralizar as medidas tomadas pelos patrões. Muito divididos, os personagens agridem-se mutuamente, não conseguindo assumir suas próprias covardias, já que temem perder seus empregos. A única que declara explicitamente não ter a intenção de assinar o documento de protesto é Malu, que está separada do marido e tem que manter sozinha sua filha. No final, Roberto é despedido por ser o funcionário que tinha o salário mais alto e Leo se demite numa atitude de condenação ao comportamento de seus companheiros.

> Roberto: Escuta, Leo, você não está saindo por causa daquela bobagem do documento... Aquilo foi uma besteira, afinal não era motivo para você ter pedido demissão.
> Leo: ...esta empresa engole, tritura, vomita, defeca vocês... Ela mantém vocês dopados o tempo todo e vocês nem percebem...

O crítico Yan Michalski viu na obra de Maria Adelaide Amaral uma dimensão superior ao que, à primeira vista, sugere sua temática:

> Estaríamos diminuindo o âmbito da obra se a julgássemos somente como uma peça sobre jornalistas e seus problemas ... Na verdade, *A Resistência* propõe uma discussão talvez mais aberta e abrangente do que qualquer outra peça nacional recém-montada sobre a crise do pacto social, econômico e trabalhista no Brasil de hoje e sobre fundamentais repercussões desta crise no posicionamento ético das pessoas que a ela se encontram ligadas[27].

Em 1979, depois do fim do período do AI-5, as relações de trabalho no Brasil voltaram a ser revisadas e questionadas, após grande período de silêncio. Peças como *A Resistência* e *Cemitério Sem Cru-*

e os dramas humanos que daí advêm, são os temas de Maria Adelaide Amaral em suas quatro (ou cinco) primeiras peças". op. cit., p. 197.

27. Um Fiel Flagrante da Crise, *Jornal do Brasil*, Rio de Janeiro, 21.08.1979, Caderno B, p.2.

MARIA ADELAIDE AMARAL: DO BRASIL DA ABERTURA POLÍTICA... 77

zes colocavam em cena os problemas cotidianos e as falhas do tipo de capitalismo praticado no país, levando ao teatro um debate que, em outras circunstâncias, poderia ter sido produzido pelos meios de comunicação.

De todo modo, *A Resistência* soube ocupar um espaço de discussão que fora deixado vazio durante o período mais repressor da ditadura, obtendo assim grande sucesso junto ao público e à crítica, que, em geral, identificavam-se diretamente com o que viam no palco. Depois de ter consultado sete resenhas feitas em 1979 sobre a montagem da peça – as dos jornais *O Estado de S. Paulo*, *Diário do Grande ABC*, *Jornal da Tarde*, *Folha de S.Paulo*, *Jornal de Jundiaí* e *Jornal do Brasil*, e a da revista *Isto é* – fomos capazes de verificar que todas unanimemente afirmaram a qualidade tanto do texto quanto da montagem. Esse triunfo se deu porque o momento político-social era extremamente favorável. Durante o ano de 1979, as greves voltaram a ocorrer e formou-se uma organização de esquerda que agruparia trabalhadores e intelectuais (hoje, o PT, Partido dos Trabalhadores); enfim, toda a discussão em relação aos direitos trabalhistas encontrava-se muito em voga no país. Além disso, essa temática encaixava-se muito bem no horizonte de expectativas da comunidade dos críticos, que se alegrava por voltar a ver nos palcos a exploração dos problemas enfrentados pelas diversas categorias profissionais. Como comentamos anteriormente, nesse caso, o realismo/naturalismo, tão criticado em *Bodas de Papel*, foi muito bem recebido. Por outro lado, *A Resistência* dialogava de maneira muito clara com a dramaturgia canônica norte-americana (*A Morte de um Caixeiro-viajante*, de Arthur Miller), o chamado *male canon* pela crítica feminista, evitando desenvolver as questões referentes às relações de gênero. Maria Adelaide Amaral, desse modo, na segunda montagem de um texto seu, orientava sua carreira rumo a uma total sintonia com os parâmetros da comunidade interpretativa mais privilegiada, a que podia emitir seu pensamento por meio dos jornais e, assim, formar opiniões. Não obstante, embora a autora tivesse recebido o apoio expressivo da crítica jornalística, sofreu uma espécie de censura por parte de alguns proprietários de jornais, que chegaram a proibir que seus críticos se manifestassem a favor do espetáculo (é conhecido o episódio do jornal *O Globo*, que proibiu que seu crítico comentasse a peça). Esse fato, porém, não conseguiu prejudicar a carreira da montagem.

A Resistência, como em geral o restante da obra de Maria Adelaide Amaral, propunha a volta a um teatro do texto, da palavra, que privilegiasse o debate lógico de um argumento até esgotá-lo. Seus personagens, embora não percam sua individualidade, remetem a posturas coletivas, como é o caso de Luís Raul e Leo, que representam o que subsistiu dos setores responsáveis pelo protesto político depois do período de repressão: o primeiro simbolizando aqueles que, por ceticismo, negaram o valor da luta organizada, ou seja, que preferiram o caminho das drogas, do misticismo, enfim, do desafio pessoal ao sistema; o segundo, encarnando os que continuaram acreditando no poder de mobilização dos trabalhadores, mesmo que sob circunstâncias difíceis. Vista hoje, *A Resistência* indica um panorama que ia marcar o comportamento da classe média no Brasil dos anos seguintes: o fim de todo idealismo frente às dificuldades cotidianas impostas por um determinado tipo de organização política e econômica. Esse tema, como vimos, apareceu na obra de Leilah Assunção já nos anos 80 com *Boca Molhada*. Maria Adelaide Amaral, de certo modo, antecipou, com essa peça, uma questão que surgiria posteriormente no debate público: como é possível manter valores éticos num sistema que faz da simples sobrevivência uma tarefa tão árdua?

DE BRAÇOS ABERTOS

Depois do sucesso de *A Resistência*, Maria Adelaide Amaral escreveu, em 1982, a pedido do diretor Osmar Rodrigues Cruz, uma peça sobre a vida da compositora Chiquinha Gonzaga, cuja trajetória vai do final do século XIX ao início do XX (a encenação desse texto foi realizada em 1983). Como teve que enfrentar todo tipo de preconceitos e pressões para poder se realizar profissionalmente, já que o contexto sociocultural no qual viveu negava ao sexo feminino qualquer possibilidade de participação na esfera pública, Chiquinha representava a síntese da luta da mulher moderna – havia se separado de um marido imposto pelo pai, conquistado o respeito dos artistas de seu tempo, conseguindo, no final, viver segundo suas próprias decisões –, o que permitiu à autora refletir de forma mais detida sobre um universo (o da mulher que desafia o sistema em busca da realização pessoal) que antes não lhe parecia prioritário.

Assim, *Chiquinha Gonzaga* foi o primeiro texto de Maria Adelaide Amaral que apresentou um ponto de vista feminista, ou seja, que mostrou o desenvolvimento de determinados acontecimentos a partir da visão de uma mulher não integrada ao sistema patriarcal[28]. *De Braços Abertos* seguiu essa tendência, uma vez que a relação dos dois únicos personagens, Luísa e Sérgio, é mostrada ao público a partir do ponto de vista feminino (o de Luísa). Porém, a problemática central da ação, nessa obra, não é a trajetória de um símbolo da luta da mulher por um lugar no espaço público. Ao contrário, em *De Braços Abertos* o centro de interesse da ação é o universo íntimo de um casal

---

28. Decidimos não analisar em separado *Chiquinha Gonzaga* porque esse texto foi construído a partir de um material histórico muito amplo, que mereceria ser tratado de maneira mais extensa. Além disso, os personagens que simbolizam de forma clara lutas tipicamente feministas não recebem prioridade na obra de Maria Adelaide Amaral.

Cartaz de De Braços Abertos, *de Maria Adelaide Amaral. Arquivo Cedoc/Funarte.*

De Braços Abertos, *com Irene Ravache e Juca de Oliveira. Direção de José Possi Neto. Arquivo Cedoc/Funarte.*

80 MARGEM E CENTRO

de amantes e suas dificuldades para viver de forma madura o amor que sentem um pelo outro.

Nascido de uma encomenda da atriz Irene Ravache[29], que estava interessada em encenar algo sobre o desencontro amoroso, o texto de *De Braços Abertos* foi escrito a partir de um romance publicado em 1986, que Maria Adelaide Amaral começara a conceber em 1979, intitulado *Luísa (quase uma história de amor)*. Esse romance era formado por quatro capítulos, três deles sendo relatos masculinos na primeira pessoa sobre uma mesma mulher, Luísa. O quarto capítulo era constituído pela narração do referido personagem feminino, que contrapunha sua visão às anteriores. O capítulo que inspirou a peça teatral era o que expressava a voz de Sérgio, o amante. Apesar disso, quando a autora transpôs o material narrativo para o universo do drama, deu ao personagem feminino, Luísa, uma preponderância tal que o público era levado a interpretar os fatos segundo o ponto de vista feminino. Essa preponderância manifestava-se sutilmente, desde o início do texto, por meio do desenvolvimento dos diálogos, que sempre mostravam Luísa como uma pessoa mais madura, aberta e generosa que Sérgio:

> Luísa: ...O Mário se casou outra vez, você soube?
> Sérgio: Realmente, o destino do seu marido nunca esteve na minha pauta de interesses...
> Luísa: O Mário é uma pessoa muito bacana. Ele merecia encontrar uma pessoa como essa moça que casou com ele...
> Sérgio: Imagino que vocês tenham ótimas relações!
> Luísa: Não chegam a ser ótimas relações porque raramente a gente se vê, mas eu tenho uma relação bastante civilizada com o Mário e acho isso muito importante. Não só por causa da Mariana, mas também pela gente...é o mínimo depois de doze anos de vida em comum!
> Sérgio: Gente fina é outra coisa!
> Luísa: Eu tenho que admitir que a educação faz alguma diferença!
> Sérgio: Isso, por exemplo, jamais poderia acontecer comigo! Se um dia eu me separar da Bernadette, não há a menor, a mais remota chance da gente conseguir vir a ter qualquer tipo de relacionamento civilizado!

A crítica foi unânime em reconhecer o ângulo feminino com que os acontecimentos eram apresentados. Sábato Magaldi afirmou: "A perspectiva é marcadamente feminina, o que se compreende"[30]. A própria autora, em uma entrevista ao *Jornal da Tarde* de 1º de dezembro de 1984, reconheceu que *De Braços Abertos* expunha um problema feminino:

> Uma peça feminista? Maria Adelaide discorda. Acredita que *De Braços Abertos* expõe um problema do ponto de vista feminino. Um problema, além do mais, muito

---

29. Irene Ravache já havia participado da primeira montagem de *Roda Cor de Roda*, de Leilah Assunção, no papel de Amélia.

30. De Braços Abertos: Uma Obra-Prima?, *Jornal da Tarde*, São Paulo, 20.10.1984, p. 2.

MARIA ADELAIDE AMARAL: DO BRASIL DA ABERTURA POLÍTICA... 81

recente no Brasil e que não existe no sentido inverso: a raiva que pode provocar no homem a independência e o sucesso profissional de sua mulher[31].

Levando-se em consideração que a peça foi escrita sob o estímulo de uma atriz (que, obviamente, desejava ser a protagonista) para dar voz a uma problemática feminina – a não aceitação, por parte do homem, do sucesso profissional de sua parceira –, é compreensível que Maria Adelaide Amaral tenha enfatizado o ponto de vista da mulher. Assim, o público é levado a julgar o que vê em cena a partir da visão que lhe confere o personagem de Luísa. Embora Maria Adelaide não trabalhe com um narrador único – os dois personagens utilizam monólogos para expressar sentimentos vividos e para contar os episódios que lhes parecem mais importantes –, as reações de Sérgio ilustram quase sempre a maneira como Luísa o vê, ou seja, mostram um comportamento pouco maduro, mesquinho, que acaba por destruir o afeto real que existia entre o casal.

O surgimento do ponto de vista no teatro é uma marca do drama moderno, como analisa Peter Szondi em seu *Teoria do Drama Moderno*, chegando a demonstrar que a objetividade pura do gênero dramático já não conseguia expressar as motivações especificamente interiores que haviam se tornado fundamentais para o desenho realista do caráter humano, como ambicionavam os dramaturgos do final do século XIX. Para Szondi, a partir do momento em que já não são as ações externas que conseguem refletir as dimensões dos personagens, a forma dramática tradicional vira um problema, surgindo a necessidade de ser transformada:

> A verdade em *Édipo Rei* é objetiva na natureza. Pertence ao mundo. Apenas Édipo vive na ignorância, e seu caminho rumo à verdade forma a ação trágica. Para Ibsen, por outro lado, a verdade é a da interioridade. Aí residem os motivos para as decisões que surgem na luz do dia; aí os efeitos traumáticos dessas decisões permanecem ocultos e reinam a despeito de todas as mudanças externas [...] A temática desponta então das relações interpessoais, mas apenas no lar, no mais íntimo dessas figuras estranhas e solitárias, como um reflexo do interpessoal. Isso significa que é impossível conferir-lhe uma apresentação diretamente dramática [...] Assim como o tema de um romance, que é basicamente o que é, ele só pode ser encenado graças a essa técnica (a analítica). Mesmo assim, a temática definitivamente permanece alheia ao palco. Embora muito da temática esteja ligada à presença (em ambos os sentidos da palavra) de uma ação, ela permanece exilada no passado e nas profundezas do individual. Eis o problema formal não resolvido na dramaturgia de Ibsen[32].

O problema descrito por Szondi a respeito da dramaturgia de Ibsen foi mais bem resolvido por Strindberg, que em sua peça *O Pai* (1887) construiu toda a ação a partir do ponto de vista da figura do título:

31. Maria Adelaide Amaral: Iluminada, Abraçando o Sucesso com Volúpia, op. cit., p. 1.

32. Peter Szondi, *Theory of the Modern Drama*, Minneapolis: U. of Minnesota Press, 1987, p. 20.

MARGEM E CENTRO

O drama neoclássico situa seu princípio como um objetivo ideal. Em *O Pai*, é determinado pela perspectiva subjetiva [...] Em função desse deslocamento, as três unidades, que são rigorosamente observadas em *O Pai*, tornam-se sem significado [...] Essa peça depende da unidade do eu de seu personagem central, não da ação[33].

Uma das formas mais típicas de expressão desse "eu" central é o monólogo. Este já não é resultado de uma determinada situação, como em *Hamlet*, por exemplo, em que o conteúdo dos solilóquios do personagem principal não podia ser conhecido pelos habitantes do palácio, colocando-se aqui como uma necessidade de expressão do ser interior do indivíduo, exteriorizando-o. Em *De Braços Abertos* esse modelo é seguido. Os ex-amantes Luísa e Sérgio, que no início da peça voltam a se encontrar cinco anos depois de terem se separado, recordam sua relação e expressam sentimentos interiores por meio de solilóquios. Vemos mais uma vez, na busca do passado, uma tentativa de encontrar prováveis respostas para as indagações do presente, recurso usual nos textos narrativos escritos por mulheres[34], que aparece aqui como um traço lírico que se concretiza sob uma forma épica – afinal, os monólogos são narrações de um passado –, cujo objetivo primordial é o de projetar um "eu". Esse "eu" é a voz de Luísa, que, embora propicie um espaço de expressão para Sérgio, vem a ser o verdadeiro autor do relato. Os *flashbacks* que se seguem aos solilóquios (divididos entre os dois personagens) ilustram o juízo dela sobre a relação do casal, mostrando-a como algo insatisfatório devido à personalidade irônica, sarcástica e emocionalmente imatura de Sérgio:

> Luísa(monólogo) Eu estava olhando uma foto de Gary Cooper quando fui despertada pelo seu sarcasmo... você dizia alguma coisa ferina a respeito do casamento... alguma coisa maldosa e engraçada e eu gostei... era a maldição me atraindo outra vez, a minha irresistível atração pelo abismo... você era tímido, mas não um tímido de olhar inocente como o galã que eu tinha na mão... seu olhar era duro... você era do tipo que sacrificava uma amizade em um comentário maldoso... me assustava o fato de você não ser uma boa pessoa e saber que, exatamente por isso, eu estava sendo atraída por você...

Diálogo entre Luísa e Sérgio

> Sérgio: Então a moça prepara uma exposição!
> Luísa: Posso saber o motivo de sua irritação?

---

33. Idem, p. 24.

34. Como comentamos na análise da peça *O Momento de Mariana Martins*, de Leilah Assunção, a romancista e professora de teoria literária Helena Parente Cunha considera que a ruptura da linearidade do Chronos em prol de uma circularidade ou de um ir-e-vir do passado ao presente e do presente ao passado é muito freqüente nos relatos femininos. Maria Adelaide Amaral também utiliza esse tipo de ruptura em *De Braços Abertos* com o mesmo objetivo: proporcionar uma visão subjetiva dos fatos.

MARIA ADELAIDE AMARAL: DO BRASIL DA ABERTURA POLÍTICA...   83

Sérgio: Aposto que tudo isso começou como hobby. Mas, de repente, algum ami-
guinho sugeriu uma coletiva e você nem pensou duas vezes! Daí para uma
individual foi um passo. Este é mesmo um grande país, você não acha?
Luísa: O que é que o grande país tem a ver com a minha exposição?
Sérgio: Eu quase escrevi um romance, você sabia? Um dia, relendo as duzentas e não sei quantas laudas, resolvi rasgar e botar fogo! Foi o único grande
gesto da minha vida! Um ato benemérito que poupou os futuros leitores de
mais uma obra que não ia acrescentar porra nenhuma à história da literatura
brasileira!
Luísa: (*irônica*) Realmente, sem ter lido o que você escreveu, é impossível opinar
sobre a benemerência do seu gesto!
Sérgio: E não é que fosse ruim! Era apenas passável! Mas se nós somos tão exi-
gentes em relação à obra dos outros, por que devemos ser complacentes com
a própria mediocridade!?

Como podemos perceber por meio do diálogo transcrito, Sérgio
é invejoso, irônico, perverso, enfim, não consegue suportar o sucesso de sua parceira. Ao longo dos *flashbacks*, essas são as únicas características do personagem que se apresentam ao público. Sérgio só
se torna mais positivo em seus próprios monólogos, ditos em outra
temporalidade, o presente, quando Luísa já o abandonou. Vista desse
ângulo, *De Braços Abertos* pinta o retrato de um grande desencontro,
de uma solidão que jamais poderá ser superada. Em termos formais,
por possuir um caráter especificamente interior, esse tema se concretiza por meio do desprezo pela dramatização pura e da incorporação
ao texto de recursos épico-líricos como o *flashback* e o monólogo[35].
Uma vez que o encontro entre Sérgio e Luísa é impossível, o discurso
dos personagens se retrai, ensimesmando-se:

Luísa: (*monólogo*) Eu não ia dar nenhuma festa... naquela sexta-feira eu fiquei à
espera de uma flor, um telefonema, um convite para partir para Alexandria, mas
você parecia ter esquecido que o meu aniversário era no dia seguinte... meu
primeiro aniversário com você... eu tinha muitas expectativas que uma vez mais
você frustrava... no fim da tarde, minha mágoa era tão grande que eu precisava
te ferir de alguma forma... e então resolvi inventar aquela festa... e tinha que ser
uma festa inesquecível... eu ia estar bonita e alegre... ia dançar e flertar... e você
ia saber de tudo porque eu tomaria o cuidado de convidar as pessoas certas – as
pessoas que na segunda-feira iriam te procurar e comentar sobre a festa...
Sérgio: (*monólogo*) Você acreditou na minha fingida indiferença pelo teu aniversário, mas o teu aniversário era só no dia seguinte... naquela sexta eu passei a
manhã inteira pensando se ligava ou se escrevia, ou simplesmente se esperava
a noite para te dizer que, no dia seguinte, precisava te ver... a gente não iria para
um motel, mas para uma praia, um cenário à altura do convite que ia te fazer...
eu ia te pedir em casamento, Luísa... porque era muito importante que eu conhe-
cesse esse paraíso ou esse inferno, que fosse por um dia, por dez dias, por toda
a eternidade... eu queria ver você, mas você preferiu acreditar na minha falsa

35. Convém mencionar, porém, que na peça de Maria Adelaide Amaral o princípio formal do drama não é questionado radicalmente, uma vez que os monólogos são
ditos à parte, isto é, não se incluem na fluência dos diálogos. O universo da expressão
lírica não está inserido no desenvolvimento dos diálogos.

indiferença e programou uma festa... e me convidou. Aceitei o desafio pensando num presente... teria que ser um símbolo doloroso, pleno de significados, a linguagem subterrânea da minha dor machucando você... uma gaiola!!

Esse passado que brota como uma experiência subjetiva, marcando a separação, o abismo entre os personagens, permite, por outro lado, no final da peça, um momento de harmonia, de compreensão:

Sérgio: Ao menos você me amou?
Luísa: Como nunca amei ninguém.
Sérgio: Me perdoa...
Luísa: O melhor, o mais surpreendente, o mais bonito, meu amigo, é estar aqui e conseguir, depois de tudo, nos olharmos com tanta ternura...

Diferentemente do que ocorre em *A Morte de um Caixeiro-viajante*, de Arthur Miller (que, como vimos, é um modelo para a autora), em que a experiência subjetiva nunca permite um encontro entre os personagens[36], em *De Braços Abertos*, Maria Adelaide Amaral confere à memória um papel purificador, de superação, aproximadamente como fez Leilah Assunção em *Boca Molhada* e *O Momento de Mariana Martins*[37]. Porém, a união final em *De Braços Abertos* não se dá no campo erótico; a possibilidade de relação amorosa está descartada, criando-se uma ponte de comunicação num universo já mais limitado. De todo modo, mais uma vez a trajetória da mulher dá-se num sentido positivo. Luísa, quando se encontra com Sérgio no presente, parece estar muito bem, o passado não a destruiu nem continua a persegui-la (como o persegue)[38]. Embora Maria Adelaide negue qualquer intenção feminista nesse texto, observamos que a autora, pelo menos, compartilha o mesmo otimismo de obras que assumem de forma clara uma referência ao problema da liberação da mulher, como *O Momento de Mariana Martins*, de Leilah Assunção.

---

36. A réplica de Linda, a esposa de Willy, no final de *A Morte de um Caixeiro-viajante*, depois do suicídio de seu marido, é: "Perdoe-me, querido, não consigo chorar, não sei o que é, mas não consigo chorar. Não posso entender. Por que você sempre faz isso? Ajude-me, Will, não consigo chorar. Parece que você está numa outra viagem. Continuo esperando por você. Willy, querido, não consigo chorar. Por que você fez isso? Procuro, procuro, procuro, e não entendo...". Arthur Miller, *Death of a Salesman*, London: News of the World, 1952, p. 139.

37. *Boca Molhada* e *De Braços Abertos* estiveram em cartaz durante o mesmo ano de 1984. A peça de Maria Adelaide, porém, obteve um sucesso maior que a de Leilah Assunção, mantendo-se em cartaz durante um período mais longo. As duas obras tomam como referência o passado recente do país; em contrapartida, no texto de Maria Adelaide Amaral essa referência não faz parte do núcleo central do conflito, uma vez que está relacionada com as recordações que o personagem Luísa tem de um ex-noivo que tinha sido guerrilheiro e fora assassinado no Chile.

38. Não se pode esquecer que, apesar dessa intenção clara da autora, Luísa não consegue encontrar outra pessoa, ou seja, não consegue provar que pode manter uma relação positiva com um homem.

MARIA ADELAIDE AMARAL: DO BRASIL DA ABERTURA POLÍTICA...   85

Para Elza Cunha de Vincenzo, por sua vez, *De Braços Abertos* também é uma peça feminista:

Não há, nos parece, porque não considerar feminista uma peça que trata com tamanha riqueza de tons da "raiva que pode provocar no homem a independência e o êxito profissional de sua mulher".*De Braços Abertos* chama a atenção justamente para este fator de dificuldade no relacionamento homem-mulher. O que está por trás disso é toda uma questão do temário feminista contemporâneo: a questão do reconhecimento das possibilidades de atuação da mulher no mundo do trabalho não doméstico, a questão da divisão sexual do trabalho, em uma palavra, a questão da identidade feminina num de seus aspectos mais importantes: o da sua realização. O fato de surgir como um problema recente no Brasil não significa nada menos que, por um lado, a existência de um número cada vez maior de mulheres de classe média em condições de viver esse problema, e, por outro lado, o desenvolvimento da consciência feminina do fenômeno, consciência que os debates e estudos feministas vinham despertando há muito tempo e cujos ecos, de alguma forma, podiam alcançar as mulheres intelectualmente alertas como Maria Adelaide Amaral[39].

Ainda que Maria Adelaide Amaral tivesse conhecimento de que uma das discussões do feminismo no final do século XX girava justamente em torno do problema da aceitação por parte do homem dessa nova mulher bem-sucedida (que tem competência num campo cuja posse sempre lhe havia pertencido), acreditamos que o resultado da obra superou as intenções iniciais da autora, tornando-se um retrato pungente de um tipo de narcisismo surgido nos anos 60 e desenvolvido na década seguinte, fenômeno que Christopher Lasch descreve em seu *Cultura do Narcisismo*. Para o autor, "o narcisismo aparece realisticamente para representar o melhor caminho de suportar as tensões e angústias da vida moderna, e as condições sociais que prevalecem a partir disso tendem a aflorar traços narcísicos que estão presentes, em graus variados, em todos"[40]. E alguns dos traços mais característicos do tipo narcisista são precisamente o culto da superficialidade, o medo da dependência e o terror de qualquer implicação sentimental profunda:

Novas formas sociais exigem novas formas de personalidade, novos modos de socialização, novos métodos de experiência organizada. O conceito de narcisismo nos fornece não apenas um determinismo psicológico todo pronto, mas um caminho para compreender o impacto psicológico das recentes mudanças sociais – afirmando que carregamos na mente não apenas suas origens clínicas, mas o *continuum* entre patologia e normalidade. Fornece-nos, em outras palavras, um retrato acurado tolerável da personalidade "liberada" de nossa época, com seu encanto, sua pseudo-consciência da própria condição, sua pan-sexualidade promíscua, sua fascinação pelo sexo oral, seu medo da mãe castradora, sua hipocondria, sua superficialidade protetora, seu medo da dependência, sua incapacidade de luto, seu pavor da velhice e da morte[41].

39. Elza Cunha de Vincenzo, op. cit., p. 215.
40. Christopher Lasch, *The Culture of Narcisism*, New York and London: WW-Norton Company, 1979, p.50.
41. Idem, p. 51.

De certo modo, a história de Sérgio e Luísa é a do casal narcísico contemporâneo que não consegue alcançar nenhum tipo de satisfação duradoura, porque não consegue se identificar com um projeto futuro positivo, percebendo o mundo como "um lugar perigoso e proibido"[42] no qual todo tipo de expectativa mais ampla parece inútil. Esse sentimento produz estratégias de autopreservação que não permitem ao casal um encontro que vá além da intimidade sexual:

> Uma sociedade bélica tende a produzir homens e mulheres que são no fundo anti-sociais... A ética da autopreservação e sobrevivência física está enraizada, portanto, não meramente nas condições objetivas da guerra econômica, no aumento dos índices de criminalidade e de caos social, mas na experiência subjetiva do vazio e do isolamento. Ela reflete a convicção – tanto uma projeção de angústias interiores quanto à percepção de como as coisas são – de que a inveja e a exploração dominam até mesmo as relações mais íntimas. O culto das relações pessoais, que se torna cada vez mais intenso à medida que a expectativa de soluções políticas recua, esconde um completo desencanto com as relações pessoais[43].

Esse desencanto não permite uma aproximação completa entre o homem e a mulher. O colapso da fé na legitimidade da exigência de algum tipo de gratificação emocional faz com que o sexo se torne um fim em si mesmo, ou seja, a única expectativa possível num universo em que a idéia de futuro parece ter deixado de existir. Sérgio e Luísa dão corpo a essa problemática, principalmente por meio do afeto e da emoção:

> Luísa: Teria sido preferível que você partisse para a legião estrangeira depois daquele encontro... ah, teria sido perfeito: um homem que me dava o maravilhoso e ia embora, sem tempo para me magoar, sem tempo de matar o sonho.
> Sérgio: Você nunca esteve tão bonita como naquele verão... nem tão bonita, nem tão desejável... e eu morria de ciúmes de todos os machos que se aproximavam de você... menos do seu marido.[...] ao mesmo tempo eu sofria muito com esse ciúme por ser obrigado a admitir o que sentia... porque meu ciúme denunciava a dependência de você e porque eu estava deixando me dominar por um sentimento barato, um sentimento digno de minha mulher, um sentimento medíocre de mulherzinhas...

Desde o início, não apenas Sérgio como também Luísa tinham se fechado à possibilidade de um encontro que fosse além do sexo sem compromisso. Porém, o que o casal realmente buscava, embora não pudesse admiti-lo, era uma experiência de exceção, algo que permitisse a superação do isolamento a que uma vida cotidiana, mecanizada e repetitiva os havia condenado. Não obstante, o medo de serem engolidos, consumidos, por um tipo de sentimento não controlável racionalmente os impedia de manifestar qualquer sinal de carinho ou estima. Nesse ponto, ainda que Luísa pareça menos agressiva e mais aberta à

42. Idem, ibidem..
43. Idem, ibidem.

MARIA ADELAIDE AMARAL: DO BRASIL DA ABERTURA POLÍTICA... 87

exteriorização de afetos, na realidade, tampouco ela consegue romper o quadro narcisista de modo efetivo, não admitindo nunca a própria insatisfação, desejando mostrar uma imagem de harmonia e equilíbrio que contradiz o próprio fato de precisar buscar nos outros homens o que não encontra em seu marido. Além disso, assim como Sérgio, Luísa não consegue assumir seus sentimentos para transformar positivamente sua relação com o amante. Manter a máscara social de mulher feliz e realizada parece ser quase sempre seu principal objetivo.

> Sérgio: Vamos passar a noite juntos?
> Luísa: Um dia...
> Sérgio: Quando?
> Luísa: Vamos ver...
> Sérgio: Amanhã?
> Luísa: Vai ser muito difícil a gente passar uma noite juntos, Sérgio.
> Sérgio: Não vai dar nem para a gente se ver amanhã?
> Luísa: Eu gostaria, mas vai gente lá em casa.
> Sérgio: Se for muito difícil, não tem problema.
> Luísa: Qualquer mudança de programa eu falo com você...
> Sérgio: Sem grilo, Luísa... fica à vontade.
> Luísa: Sem grilo, mesmo?
> Sérgio: É claro, entre a gente não há obrigações.
> Luísa: Talvez depois de amanhã?
> Sérgio: (*Beijando a mão de Luísa*) Quando você puder...

De Braços Abertos é uma peça que se concentra em mostrar os meandros psicológicos de um determinado tipo de relação amorosa. Não existe ação fora do contexto do (des)encontro do casal. Tudo gira em torno do problema de como se maneja a afetividade em uma cultura que parece tentar negá-la. Esse tema, tratado pela autora com a minúcia de um cuidadoso realismo psicológico – tão de acordo com o modelo canônico da dramaturgia norte-americana de meados do século xx –, provocou, além do fantástico sucesso de público (que se identificava completamente com os problemas dos personagens)[44], uma relação sugestiva por parte de psicólogos e psicanalistas, que passaram a estudar o texto como se os personagens e suas motivações fizessem parte do mundo real. O prefácio à edição de *De Braços Abertos* pela editora Memórias Futuras[45], por exemplo, é a transcrição de um artigo escrito pela psicóloga Maria de Melo Azevedo para o diário paulista *Jornal da Tarde* (30 de março de 1985), no qual examinava-se a premissa de que a peça retrataria basicamente a dificuldade da mulher indepen-

---

44. Em uma entrevista a nós concedida a autora afirmou que essa peça mobilizava o público a tal ponto que as pessoas sentiam necessidade de tomar decisões a respeito da própria vida no sentido de mudá-la. Como conseqüência, ela recebia cartas e telefonemas de gente que se separara ou decidira mudar de postura em suas relações pessoais.

45. Maria de Melo Azevedo, Prefácio em Maria Adelaide Amaral, *De Braços Abertos*, Rio de Janeiro: Memórias Futuras, 1985, vol. I-V.

88 MARGEM E CENTRO

dente de encontrar no parceiro do sexo oposto um nível de maturidade
emocional que seja semelhante ao seu:

De Braços Abertos... tenta mostrar a mulher de hoje como pessoa madura, sensível
e pronta para amar. Mas a impossibilidade de encontrar um parceiro capaz de aceitar seu
abraço amoroso, à altura da intensidade de entrega de que ela é capaz, ainda a mantém
afetivamente carente. O homem é visto como um ser emocionalmente infantil, nem de
longe à altura da mulher. Este tema me parece estar no coração da problemática atual
homem-mulher. A mulher liberada, liberada da secular submissão ao homem, cresceu e
venceu; agora, não encontra no homem um companheiro que a satisfaça. E a situação da
mulher se torna patética: crescida, liberada e só, de braços abertos no vazio. O homem,
perplexo e muitas vezes deslumbrado com a nova mulher, perde o jogo, torna-se mesquinho e se destrói, chegando, às vezes, ao desespero, descontrolando-se infantilmente e se
tornando possessivo e primário. Quero mostrar que apesar de que de fato a situação possa,
em um certo nível, ser compreendida dessa forma, em outro ocorrem fenômenos que, se
percebidos, podem mudar nossa compreensão da atual problemática homem-mulher[46].

Os fenômenos analisados pela psicóloga são os vestígios que certo comportamento inconsciente de Luísa deixa transparecer em seus
diálogos com Sérgio. E esse comportamento exacerbaria a impossibilidade de encontro:

Quando se limita à inadequação do homem nos dias de hoje, a análise parece
insuficiente e superficial. Ao mesmo tempo, a mulher não parece consciente dos aspectos de sua personalidade que pactuam, colaboram e exacerbam esta situação. Esta
consciência a tiraria da forma de impotência a que chegou à espera do crescimento do
homem para ser feliz. É necessário que a mulher se pergunte qual é a sua participação
nesse problema. Essa atitude é mais forte, mais generosa e mais saudável do que ficar
lamentando a incompetência masculina... Luísa é bonita, inteligente, lúcida, generosa,
capaz de amar. Mas é também carente e insegura. Na peça, seus defeitos ou debilidades
são sempre um pouco iluminados, de modo que tendam a provocar no público sentimentos de ternura ... O que não fica claro é o toque de Luísa no seu destino. Por que
será que, ao aproximar-se dos seus homens, estes vão se tornando cada vez piores? Por
que não consegue contagiá-los com a sua ternura e o seu amor?[47].

Para a psicóloga, a resposta está numa necessidade de vingança
contra o sexo masculino:

Em seus relacionamentos com os homens, Luísa provavelmente vai revivendo
decepções e feridas antigas vividas na sua infância, com a mãe e especialmente com o
pai. Daí seu sonho freqüente em que seu inconsciente a avisa de que nunca conseguirá
uma aproximação e uma intimidade real com o seu homem. No sonho, ela está de braços abertos esperando um homem que chega a visualizar a certa distância. Sente que só
esse homem preencherá seu vazio interior. No entanto, à medida que se aproxima dele,
a imagem desaparece e ela não consegue tocá-lo.

Para se relacionar, Luísa escolhe homens agressivos, infantis e frágeis... ela vai se
vingar dos homens por uma dor antiga, inconsciente, incrustada na sua personalidade
desde a infância. Sua técnica é disfarçada e suave. Com toques sutis, vai permitindo e

46. Idem, vol. II.
47. Idem, vol. III.

MARIA ADELAIDE AMARAL: DO BRASIL DA ABERTURA POLÍTICA... 89

"estimulando" Sérgio a viver sua destrutividade; sua neurose se encaixa e complementa a de seu homem[48].

Nesse ponto, a análise de Maria de Melo Azevedo, embora pertinente, torna-se problemática, porque não existem dados no texto que possam comprovar efetivamente o fato de que Luísa queria se vingar de uma dor antiga, adquirida em sua primeira infância. Além disso, os comentários feitos no diálogo sobre os outros homens da vida do personagem feminino não garantem que eles tenham reagido de forma semelhante a Sérgio; ou seja, a análise proposta, nesse ponto, carece de provas textuais que a justifiquem de modo pleno. Porém, é óbvio que o fato de Luísa dizer a Sérgio: "você despertou um lado negro que existe dentro de mim" reforça a hipótese da psicóloga, que conclui ter sido Luísa tão incapaz quanto Sérgio de renovar sua postura na relação com o sexo oposto:

> Luísa, em sua postura superior e generosa, consegue se transformar em vítima. Ela se mostra profundamente ineficiente em se defender da destrutividade de Sérgio, chegando, em alguns momentos, a se expor a ela, ainda que sempre de forma sutil. Deixa-se torturar para que ele se envileça, Luísa assiste à autodestruição de Sérgio e, de vez em quando, favorece este processo. Como, por exemplo, quando conta inocentemente seus êxitos e seus finais de semana maravilhosos (ela é casada com um homem rico). Quando comenta pormenores de sua vida de gente rica, não o faz por mal. Só não se dá conta de que tais coisas podem machucá-lo. Isso demonstra que ela nunca tinha prestado atenção a ele, não o conhecia em absoluto. Pouco a pouco, Luísa vai crescendo como gente e Sérgio vai se tornando mais vil e pequeno. Aí, ela o abandona, com o amor próprio e o coração feridos. Mas seu narcisismo se recompõe em parte e sua vingança se consuma: os homens não servem para nada[49].

Embora nem todas as hipóteses dessa interpretação psicológica possam ser comprovadas, a visão de Maria de Melo Azevedo é importante, porque rompe com a análise tradicional da situação proposta pelo texto, criticando não só a postura de Sérgio, mas também a de Luísa. Elza Cunha de Vincenzo, embora considere corretas algumas das colocações da psicóloga, afirma que a peça se concentra em mostrar como certo tipo de homem, apesar de ligado aos valores machistas, não sabe ou não consegue aceitar a mulher independente: "Ele não sabe ou não pode aceitá-la tal como é, com sua independência e sua forma de ser, à qual ele não consegue aplicar nenhuma das habituais imagens de mulher"[50]. Se a obra foi construída com a única intenção de explorar essa problemática, felizmente o resultado superou bastante o projeto inicial, uma vez que a riqueza de matizes do quadro mostrado propõe possibilidades muito mais amplas. Se alguns críticos, como Elza Cunha de Vincenzo, insistem em ressaltar apenas

48. Idem, vol. IV.
49. Idem, vol. V.
50. Elza Cunha de Vincenzo, op. cit., p. 221.

esse aspecto do texto é porque acham que a autora, embora não tenha admitido, escreveu uma peça feminista. É claro que o objetivo foi dar espaço para o ponto de vista da mulher; porém, isso não significa dirigir por completo a interpretação da obra.

Um dos pontos em que a análise da psicóloga é mais pertinente, ainda que personagens não devam ser tratados em termos psicológicos como seres de carne e osso, é o que tenta explicar o sonho de Luísa como uma comprovação de que inconscientemente não deseja encontrar-se com o sexo oposto:

> Luísa: Às vezes eu tenho um sonho recorrente... estou sozinha com uma grande sensação de desamparo... então alguém se aproxima... um homem... eu nunca consigo ver o rosto mas sei que é por aquele homem que eu estou esperando... ele caminha para mim e eu estou de braços abertos, a garganta sufocada pela emoção, mas de repente ele se desvanece... e nunca chego a abraçar esse homem porque ele se vai e só fica uma sensação de insuportável melancolia... e acordo sempre chorando, convulsivamente, num primeiro momento aliviada, porque foi apenas um sonho e, imediatamente, angustiada porque me dou conta que essa tem sido a minha realidade afetiva... eu sempre de braços abertos à espera do homem que nunca chegou... mas vou continuar de braços abertos porque, apesar da dor, do desencanto que sempre experimento nas minhas relações, continuo acreditando que o amor é a única coisa capaz de me salvar...

Para Maria de Melo, Luísa, embora sofra com esse sonho, procura reproduzi-lo em sua vida diária, uma vez que não adota as atitudes adequadas para pôr fim à briga constante com Sérgio, terminando sempre por alimentá-la.

O ator Juca de Oliveira, que fez o papel de Sérgio na montagem que percorreu o Brasil inteiro, afirmou:

> O cidadão, pai de família, Juca de Oliveira, não tem simpatia por Sérgio. Faço graves críticas ao personagem. Como é possível um amante nos dias de hoje? Que maluquice, meu Deus! Que trabalho só para inventar desculpas! Que cansaço! Do motel para casa, da casa para o motel. Falta de caráter. Tipo covarde. Falta de respeito. Com sua mulher, pobre, com os filhos, com ele mesmo. Por que diabos não se separa de uma vez? Que seja homem! Que assuma isso, sei lá! Ter uma amante fixa? Muito antiquado para o meu gosto[51].

O sugestivo desse comentário é o fato de incorporar um tipo de interpretação que nega qualquer responsabilidade do personagem feminino por sua própria "desventura". Afinal, tampouco Luísa se separa "de uma vez" (é seu marido quem no final pede a separação), parecendo preferir, como Sérgio, ir do motel para casa e da casa para o motel.

Embora menos agressivo, o medo de se deixar guiar por um sentimento que não domina está presente em todas as suas ações.

---

51. Cit. em Sábato Magaldi, De Braços Abertos: Uma Obra-Prima?, op. cit., p. 2.

A Crítica e o Texto

De Braços Abertos, cuja estréia se deu no teatro Faap em 10 de outubro de 1984, proporcionou à sua autora quatro prêmios importantes: o Molière, o Mambembe, o Apetesp e o Governador do Estado. É considerado um dos textos mais importantes da dramaturgia brasileira contemporânea e um marco na carreira de Maria Adelaide Amaral, que, depois desse sucesso arrebatador, passou a figurar de modo definitivo no cânone da história do teatro brasileiro da segunda metade do século XX. O triunfo dessa peça, além disso, coloca outras questões importantes. Se em 1979 *A Resistência* conseguiu chamar a atenção do público e da crítica por abordar os problemas provocados pelo desemprego em determinadas categorias de trabalhadores, cinco anos depois essa temática já se veria completamente fora dos parâmetros do mercado e, provavelmente, não conseguiria suscitar o mesmo tipo de interesse, o que fez *De Braços Abertos* escolher a direção oposta para obter tão bem-sucedida recepção. Desse modo, pode-se perceber de maneira inequívoca, primeiro, a mudança ocorrida em função da nova atuação das empresas patrocinadoras dentro do conjunto das relações entre consumidores e produtores de teatro no Brasil dos anos 80 e, segundo, a alteração do horizonte de expectativas do público e da crítica como conseqüência do novo panorama político que se estabeleceu a partir do início dessa década. Se por um lado é possível que *A Resistência* não obtivesse o mesmo sucesso caso sua estréia tivesse ocorrido cinco anos depois, tampouco *De Braços Abertos* teria sido recebida de forma tão positiva em 1979. Michalski, como já comentamos em capítulos anteriores, afirma em seu *O Teatro Sob Pressão* que os anos 80 foram um período marcado pelo desinteresse do público pelo teatro político predominante nos anos que antecederam o golpe militar [52]. Entre as razões para que tal contexto pudesse ter se instaurado estava, entre outras, o fato de que um dos fatores que permitiram a transição do governo militar para o civil foi o esquecimento – ou seja, não serem levadas aos tribunais – das pessoas implicadas nos crimes cometidos durante a ditadura. Assim, reatar com o passado para comentá-lo resultou num processo repelido pelos espectadores, que desejavam ter a impressão de estar superando uma fase amarga. Embora *A Resistência* não se apresentasse como um estudo do último período histórico-político do país, ainda estava impregnada pela atmosfera de denúncia social que inspirava os autores durante a década de 70, o que *De Braços Abertos* evitou por completo. Tampouco podemos esquecer que as expectativas da comunidade crítica acompanharam as do público, e assim se passou a valorizar as temáticas referentes às questões do indivíduo em sua relação com a família, o sexo oposto

---

52. Yan Michalski, *O Teatro Sob Pressão*, Rio de Janeiro: Zahar, 1989, p. 84.

etc. No caso de *De Braços Abertos*, embora posteriormente parte da crítica acadêmica tenha encontrado determinadas posturas feministas disseminadas no texto, o fato de não se comentar de maneira específica as estruturas patriarcais foi capaz de proporcionar à peça de Maria Adelaide uma aceitação mais ampla, sem polêmicas. Os anos 90 não chegaram a impor mudanças maiores no panorama que descrevemos; por outro lado, a dramaturga não conseguiu obter o mesmo tipo de sucesso em seus trabalhos posteriores a *De Braços Abertos*, como veremos em seguida.

QUERIDA MAMÃE

Querida Mamãe estreou no Rio de Janeiro em 1994, no Teatro Delfin, como produção da Casa da Gávea. Sob a direção de José Wilker, com Eva Wilma e Eliane Giardini, a encenação obteve boa recepção por parte do público e proporcionou a Maria Adelaide Amaral outros três prêmios importantes: o Molière, o Mambembe e o Sharp (melhor autor da temporada teatral de 1994). A peça, que, como *De Braços Abertos*, concentra-se no universo de dois únicos personagens, tematiza as dificuldades das relações familiares, principalmente no que se refere ao paradoxo amor/ódio entre mãe e filha. Toda a ação se desenrola no salão da casa de Ruth, a mãe (em temporalidades distintas, uma vez que não existe unidade de tempo), quando Helô, a filha, vai visitá-la. Nesses encontros, os diálogos são marcados por acusações mútuas, e o rancor, resultante de expectativas não realizadas, de uma cumplicidade afetiva que nunca pôde se concretizar de fato, parece sobrepor-se a qualquer tentativa de criar uma comunicação além das fronteiras dos papéis desempenhados.

Na realidade, a gênese do texto *Querida Mamãe* se deu como uma espécie de resposta à montagem brasileira de *Uma Relação Tão Delicada*, peça de Lolah Bellow que tinha sido adaptada por Maria Adelaide Amaral para os palcos brasileiros, a pedido das atrizes Regina Braga e Irene Ravache. A obra de Bellow, que propunha mostrar um universo no qual os conflitos entre mãe e filha eram superados em prol de um encontro afetivo real, foi um estímulo para que a autora escrevesse um texto próprio, sugerindo justamente o oposto, ou seja, a inviabilidade de uma verdadeira aproximação. Sobre esse tema, a autora declarou:

> São completamente diferentes [seu texto e o de Bellow]. Tanto é assim que eu tenho o costume de dizer que o subtítulo da minha peça poderia ser "Uma relação tão indelicada". A peça estrelada por Irene Ravache trata dos conflitos do cotidiano dessas mulheres. *Querida Mamãe* vai mais fundo nessa questão, mostrando a impossibilidade dessa relação, as dificuldades do encontro, da cumplicidade. A relação é difícil porque envolve expectativas que nunca se cumprem... A filha não é exatamente o que a mãe gostaria que fosse. A mãe, por sua vez, representa um modelo que a filha imita e rejeita ao mesmo tempo. É uma relação sem saída. Mesmo quando comparti-

MARIA ADELAIDE AMARAL: DO BRASIL DA ABERTURA POLÍTICA... 93

lham confissões íntimas, como a questão do homossexualismo, elas não conseguem se aproximar[53].

Querida Mamãe, dentro do contexto da dramaturgia brasileira, remete a uma tradição moderna, surgida a partir da obra de Nelson Rodrigues, que tematiza a dissolução do universo familiar patriarcal[54]. De modo distinto de Leilah Assunção, que em *Roda Cor de Roda* discute a legitimidade das relações de submissão, de que a família é um espelho, Maria Adelaide Amaral preocupa-se, nessa peça, em mostrar como a estrutura, ao delimitar papéis e regras de relação, obstrui qualquer possibilidade de contato que não resulte de determinações formais pré-estabelecidas. Na prosa de ficção, a obra de Clarice Lispector também já tratara do mesmo tema. No conto "Laços de família" a comunicação entre mãe/filha, marido/mulher, mãe/filho se estabelece dentro de um vazio, ou seja, nunca consegue se realizar para além das fronteiras delimitadas pelos papéis institucionalizados. Elódia Xavier discute essa questão ao analisar o conto de Clarice:

> O caráter institucional da família impede um relacionamento autêntico; as normas sociais são as responsáveis pela distorção dos laços afetivos. No conto comentado, mãe e filha não encontram o que dizer na hora da despedida, repetindo as mesmas frases até se esgotarem... Mas são as banalidades sociais, vazias de significado, que acabam por preencher o incômodo silêncio[55].

No caso de *Querida Mamãe*, não são as banalidades que preenchem o vazio, mas as acusações, as agressões, que têm o objetivo de instaurar a possibilidade de comunicação perdida. A linguagem deixa de ser utilizada para mascarar sentimentos, passando a dar voz ao que estava oculto.

> Helô: Um dia afinal tinha que aparecer alguém que ia me achar o máximo!
> Ruth: (*Sinceramente*) Eu sempre achei você o máximo.
> Helô: (*Colocando o chapéu numa sacola de papel*) Eu nunca fui o máximo para você. O máximo é a Beth. Bonita, inteligente, iluminada, bem casada.
> Ruth: Você também é bonita e inteligente.
> Helô: Mas não bem casada e muito menos iluminada. [...] Que pena para você que não tenha sido eu a me mudar para o exterior. Ia ser um alívio você não ser obrigada a conviver comigo.

Esse tipo de ataque verbal é uma constante no texto e, embora resulte repetitivo, tem a função de instituir um intercâmbio de sen-

---

53. *Tribuna da Imprensa*, 01.04.1994, p. 2.

54. Esse é um dos temas mais recorrentes da dramaturgia brasileira do século XX, já presente na primeira peça de Nelson Rodrigues, *A Mulher Sem Pecado* (1942), e em todo o seu teatro posterior, passando pela obra de Jorge Andrade, até a dramaturgia dos anos 70, com Leilah Assunção e Naum Alves de Souza.

55. Elódia Xavier, *Declínio do Patriarcado: A Família no Imaginário Feminino*, Rio de Janeiro: Rosa dos Tempos, 1988, p. 28-29.

timentos autênticos entre os personagens. Porém, esse intercâmbio nunca consegue estabelecer uma comunicação que supere os rancores do passado, não conseguindo projetar uma possibilidade verdadeiramente positiva de futuro. Ao final, inicia-se uma tentativa de contato físico, apesar de não claramente afetuoso. Contudo, isto não consegue se colocar como uma vitória definitiva sobre o distanciamento, embora assinale um instante de trégua e de quase compreensão:

> *Helô abraça impulsivamente Ruth. As mãos de Ruth acariciam o rosto e os cabelos de Helô. Subitamente, surpreendida com o seu próprio gesto, Helô afasta-se. É um gesto mais assustado do que qualquer outra coisa: e Ruth não se magoa, antes, tem pena da própria impossibilidade da filha. As duas se olham.*
>
> Ruth: Eu não vou morrer... eu não vou morrer...
> Helô: (*Desviando o olhar*) Não...
>
> *Ruth abaixa-se e pega na sua sacola de tricô uma meada, coloca na cadeira e começa a enrolar o novelo. Helô lentamente vai até a cadeira, pega a meada, coloca-a esticada entre as suas mãos. Enquanto Ruth enrola o novelo. É o modo pelo qual ela consegue estabelecer uma ligação com a mãe, por meio de um fio de lã, simbolicamente.*

Para a autora, mãe e filha se necessitam a tal ponto que se cria uma espécie de vínculo absoluto. Esse vínculo, embora resultado de uma mistura de sentimentos contraditórios (amor/ódio; cuidado/desdém), acaba por ter uma existência que se sobrepõe a tudo. Nesse sentido, para Maria Adelaide Amaral, a estrutura familiar acaba sendo aprisionadora, porque é gerada por laços que são antes impostos que escolhidos. Ruth, por exemplo, como sua mãe e sua avó, não gostava do marido, tendo mantido uma relação extraconjugal durante doze anos. Por não conseguir romper ou superar os valores impostos, reproduziu para si um modelo em que o prazer e a paixão eram vividos fora do espaço da família, cuja existência passava a ter um objetivo básico muito bem definido: dar acesso ao indivíduo a uma socialização bem-sucedida. Obviamente, todas as relações produzidas nesse tipo de contexto, inclusive as mantidas com os filhos, sofrem as conseqüências de terem sido resultado de um pacto do qual não fazia parte o afeto autêntico. Ruth, típica representante da classe média conservadora, aceita todas as normas impostas pelo sistema patriarcal, revoltando-se, porém, no que se refere à expectativa da monogamia. Essa "revolta", não obstante, ocorre num espaço privado e nunca se torna pública. Assim, em lugar de uma reação abertamente contestadora, o personagem escolhe um tipo de comportamento que colabora com a manutenção do próprio aparato que o impede de viver de forma mais íntegra.

> Ruth: Eu tive um amante de 1963 a 1975.
>
> *Helô digere a informação absolutamente estupefata.*

MARIA ADELAIDE AMARAL: DO BRASIL DA ABERTURA POLÍTICA... 95

Helô: Meu pai não sabia?
Ruth: Não.
Helô: Quem sabia?
Ruth: Ninguém.
Helô: E por que você foi tão dura comigo, mamãe? Por que me reprimiu tanto? Por que me encheu tanto o saco com castigos e sermões, se a gente fazia parte da mesma turma, mãe?

Ruth pertence a uma geração para a qual a identidade feminina está totalmente relacionada com o fato de ser esposa e mãe. As aspirações individuais perdem toda a importância para estar em conformidade, como explica Maria Lúcia Rocha Coutinho, com um projeto globalizante e totalizador que representa os mitos e anseios de uma sociedade numa época determinada[56]. Helô, por sua vez, embora não quisesse participar desse projeto, não consegue se revoltar de forma positiva e verdadeira. Apesar do desejo de negar o modelo materno, precisa da aprovação de Ruth para tudo que faz:

Helô: Aquela história que você me contou da vovó... dela ter fugido na véspera do casamento... eu achei incrível. Tem alguma coisa de grandioso, é um grande gesto... que eu sempre tenho a impressão de que esse tipo de coisa jamais será para mim? Por que não fugi de casa quando era adolescente? Por que sempre me acomodo e me acovardo? Por que esbravejo tanto e sempre acabo fazendo o que os outros querem que eu faça? Por que estou sempre angustiada? Por que sempre tenho a sensação de catástrofe iminente?

Helô, embora não acredite que os papéis de mãe e esposa determinem a identidade feminina, não consegue obter no trabalho de médica nenhum tipo de satisfação. Para ela, sua vida profissional consiste num tédio, como também a maternidade. Acreditando ter escolhido a medicina por influência de Ruth e não por algum interesse particular, Helô não consegue perceber em suas atitudes mais que uma rebeldia frustrada. Na realidade, sua crise permanente demonstra que nunca conseguiu obter uma independência em relação aos valores maternos. Até mesmo a homossexualidade acaba se integrando a esse contexto de dúvidas e hesitações[57]:

Helô: Ontem à noite a Leda apareceu em casa... Não precisa fazer essa cara de pânico porque a gente não vai voltar... Ela só passou pra pegar umas coisas que tinha deixado. Livros, discos... Ela não veio jantar naquele dia pra não magoar você, ela

56. Maria Lúcia Rocha Coutinho, *Tecendo Por Trás dos Panos*, Rio de Janeiro: Rocco, 199, p. 49.

57. No que se refere à *Querida Mamãe*, é comum os críticos considerarem o tema da homossexualidade feminina mal explorado pela autora. Pensamos que Maria Adelaide Amaral de fato não se preocupou em construir um personagem homossexual. Assim, a homossexualidade nesse caso tem basicamente a função de provocar um conflito mais forte entre mãe e filha. Na entrevista que nos concedeu, a autora confirmou que o objetivo principal da homossexualidade de Helô era criar um choque mais intenso entre os dois personagens.

96 MARGEM E CENTRO

falou. Ela sabe que você não concordava com o nosso caso, ela sabe que você se sentia agredida. Ela acha que estava me fazendo muito mal. Ela disse que estava prejudicando a minha relação com a Priscila. Ela acha que eu só me apaixonei por ela pra magoar você. E como ela quer o meu bem e o seu bem, mamãe, achou melhor terminar comigo!

Helô dá a Ruth a oportunidade de exercer sobre ela o poder assegurado pela estrutura familiar hierárquica, cuja ação repressiva se baseia em princípios conservadores como a honra. Tudo o que a mãe considera impróprio é o que, afinal de contas, acaba sendo descartado na vida da filha: Helô, ao não conseguir superar a necessidade de agradar a Ruth, não consegue viver plenamente sua liberdade sexual nem com parceiros masculinos nem com parceiras femininas, terminando por orientar sua conduta para as normas que tenta romper. Amarga e desiludida pela fraqueza mostrada perante o sistema que a oprime, Helô representa um tipo de mulher incapaz de se transformar e que, portanto, não percebe um sentido positivo em sua trajetória. Luiz Felipe Ribeiro, ao analisar o universo da mulher tal como aparece nos romances brasileiros desde seu surgimento, afirma que, em geral, o prazer está exilado da família; esta apenas se mantém moralmente com sua exclusão[58]. Assim, o espaço do prazer é o espaço do pecado; os homens podem freqüentá-lo; as mulheres que se aproximam dele estão perdidas para sempre e passam a ser excluídas da estrutura familiar.

O universo que Maria Adelaide Amaral representa em *Querida Mamãe* é o das mulheres que ainda não superaram por completo as dicotomias impostas pelo sistema patriarcal. Se em *De Braços Abertos* Luísa acaba por superá-las, aqui esse fato não se dá. Nesse sentido, como sugerem Graciela Ravetti e Sara Rojo, para a autora, é necessário mostrar que a sociedade brasileira moderna continua reproduzindo as estruturas conservadoras da sociedade colonial[59], principalmente no que se refere ao comportamento da classe média com relação à sexualidade feminina.

A Crítica e o Público

Querida Mamãe foi o texto que, uma década depois do sucesso de *De Braços Abertos*, conseguiu recolocar o nome de Maria Adelaide Amaral entre os mais premiados da dramaturgia brasileira contemporânea. É significativo que essa circunstância tenha ocorrido justamente com uma peça que também explorava o tema da impossibilidade de estabelecer relações afetivas satisfatórias (nesse caso, dentro do contexto familiar patriarcal). Como afirmava o jornal *Tribuna da Imprensa*: "A peça trabalha com um tema bem aceito atualmente: o sem-

58. Luís Felipe Ribeiro, A Mulher no Romance Brasileiro: Trajetória de Uma Ideologia, *Tempo Brasileiro. Perfis/Problemas na Literatura Brasileira*, Rio de Janeiro, jan.-mar. de 1985, n. 4, p. 5-25.

59. Fall, *Latin American Theater Review*, 1996, p. 52.

MARIA ADELAIDE AMARAL: DO BRASIL DA ABERTURA POLÍTICA...   97

pre complicado relacionamento familiar"[60]. Mais uma vez, a autora voltava a produzir trabalhos que iam ao encontro das preferências do público, relacionadas ainda a peças de caráter intimista que não explorassem com profundidade suficiente as possibilidades dramáticas da ação interior (o que as tornaria pouco comerciais). Tampouco *Querida Mamãe* propunha-se a discutir os problemas dos personagens a partir de uma crítica radical do patriarcado, ou seja, repelia o formalismo imposto às relações mãe/filha dentro da estrutura familiar tradicional, porém sem fazer de tal posição uma censura direta ao sistema. O personagem Helô, por exemplo, nunca conseguiu romper completamente com os modelos de comportamento que lhe foram impostos e que aprisionaram as mulheres das gerações anteriores de sua família, demonstrando quase sempre medo e insegurança. O paradigma da ruptura, portanto, não era apresentado de maneira positiva, o que resultava menos agressivo para os parâmetros conservadores. O sucesso de público foi tão significativo que a montagem ficou em cartaz por todo o país durante dois anos, proporcionando também a Eva Wilma, atriz que fazia Ruth, os principais prêmios de interpretação da temporada.

Embora Maria Adelaide Amaral quase sempre tenha sabido interpretar e refletir as necessidades do mercado em seus textos, esteve afastada por uma década (de 1984 a 1994) da lista dos grandes sucessos teatrais, que passou a ser ocupada, em termos de produção teatral, por, entre outros, nomes como Naum Alves de Souza (sobretudo na primeira metade da década de 80), Miguel Falabella e Mauro Rasi. Ísis Baião, que começou sua carreira no final dos anos 70, como logo veremos, posicionou-se sempre à margem dos acontecimentos centrais da atividade teatral e acabou tornando-se um nome menos conhecido fora do Rio de Janeiro.

---

60. *Tribuna da Imprensa*, 01.04.1994, p. 2.

4. O Teatro "Desagradável" de Ísis Baião

INSTITUTO NAQUE DE QUEDAS E ROLAMENTOS

Instituto Naque de Quedas e Rolamentos foi a primeira peça de Ísis Baião a ser encenada, estreando no Rio de Janeiro, no Teatro da Casa do Estudante Universitário, em 1978, sob a direção de Júlio Wohigemuth. Antes de ter escrito o *Instituto*, a autora já fizera incursões no universo da dramaturgia com *Maria Manchete Navalhada e Ketchup*, de 1975, e *Chá de Panelas*, de 1976, que nunca subiram aos palcos. *Maria Manchete* trata da relação de uma empregada com seu patrão, Abílio, em que a primeira enlouquece o segundo com as histórias de crimes e de sangue que faziam parte da vida diária das classes populares no Brasil. Nesse texto, a autora já começava a desenvolver uma característica que, mais tarde, como veremos a seguir, apareceria em outras de suas peças: a preocupação de colocar em cena os problemas do baixo proletariado por meio de um tratamento cômico grotesco.

Instituto Naque de Quedas e Rolamentos, escrita em 1976 e montada em 1978, ano em que Maria Adelaide Amaral, como vimos, estreava *Bodas de Papel* nos palcos do Rio de Janeiro, é uma comédia em tons farsescos que explora a estupidez e o completo sem-sentido da burocracia do final dos anos 70 no Brasil. Diferentemente de *Maria Manchete*, *Instituto Naque* segue uma construção tradicional, com exposição, estabelecimento do problema, desenvolvimento, clímax e desenlace. Em termos temáticos, porém, como no primeiro texto da autora, destacam-se os aspectos incongruentes e disparatados da vida cotidiana. No caso de *Instituto Naque*, a ação se desenvolve dentro de um universo mais fechado, o de uma instituição pública que nada produz (apenas excrementos) e que não serve a ninguém, em que tipos característicos das repartições, ou seja, funcionários que se dedicam ao ócio constante ou a seus interesses privados, desprezam e ignoram a própria existência da comunidade que os sustenta, vivendo, assim como a sociedade que lhes deu origem, na superfície de problemas que se tornam cada vez mais graves:

> *Astrolábio, um dos funcionários, fala ao telefone.*

> Astrolábio: (*Ao telefone*) Dr. Rodrigues, bom dia. Encomendei o seu baralho com as proporções que o senhor exigiu (ri) (...) Já sei, seu gosto é refinado, mulheres magras, sem abundâncias (...) Sim, sim, não do tipo modelo, tem que ter carnes (...) Claro (...) Bom, fiz o pedido à Suécia, vai demorar mais ou menos um mês.

> *Toca outro telefone. Neusa, outra funcionária, atende.*

> Neusa: Alô! (...) (*fazendo charme*) Se você me conhece, por que não diz o seu nome?
> Astrolábio: Olhe, recebi uma nova remessa do whisky, do melhor, próprio para um homem do seu gabarito (...)
> Neusa: Olha, se você não disser o seu nome, eu desligo. Não falo com desconhecidos.
> Astrolábio: Ótimo. Estarei no seu gabinete em dois segundos. (*desliga*)

No início, o texto parece resgatar a comédia de costumes, o gênero mais tradicional da dramaturgia brasileira; porém, com o desenrolar da ação, percebe-se claramente como a autora se desvia desse caminho, principalmente pelo tipo de problema proposto: os esgotos do Instituto encontram-se obstruídos porque os escoadouros não conseguem tragar a quantidade de fezes excretada pelo grande número de funcionários. Como a alta administração do INQR é incompetente e corrupta, não se consegue resolver a questão de modo satisfatório, o que termina por provocar uma catástrofe: os canos explodem e todo o Instituto se vê invadido por detritos fecais, com seus funcionários cobertos de imundície até o rosto.

A opção pelo escatológico, típica da farsa grotesca, foi questionada por parte da crítica jornalística da época, que considerou esse recurso de um gosto atroz. Yan Michalski afirmou:

> Os esgotos obstruídos podem ser um símbolo eficaz da podridão de todo o sistema retratado; no entanto, o desdobramento possível da ação a partir de tal problema é claramente muito limitado para amparar uma peça longa. Por mais que Ísis Baião esprema a sua imaginação, os incidentes em torno do conserto ou não dos esgotos e do uso ou não dos banheiros se tornam cada vez mais repetitivos, arbitrários e pouco convincentes, acabando por conduzir a um final de um gosto atroz, gratuito e contraproducente[1].

---

1. Yan Michalski, Burocracia em Ritmo de Farsa, *Jornal do Brasil*, 17.08.1978, p. 2.

O TEATRO "DESAGRADÁVEL" DE ÍSIS BAIÃO 101

Esse mesmo crítico, no artigo mencionado, elogiou, porém, a encenação em seu conjunto, ressaltando a qualidade da imaginação da autora e do diretor:

Ainda que não chegue a ser uma realização capaz de marcar profundamente a temporada, *Instituto Naque de Quedas e Rolamentos* nos transmite a agradável – e ultimamente tão rara – sensação de assistir ao surgimento de uma nova autora e de um novo diretor, ambos dotados de uma imaginação, de uma nitidez de idéias e de um *know-how* pouco comuns em nossos iniciantes[2].

Embora sua impressão geral, como podemos perceber, tenha sido favorável, Michalski não pôde ou não quis notar que o desfecho escolhido pela autora foi uma opção clara por um tipo de humor subversivo, provocador, que pretendia inspirar no público, de uma forma quase violenta, o repúdio aos mecanismos que permitiam a existência de universos como o mostrado no palco. Ao evitar fazer uso das formas tradicionais da comédia, que privilegiam um retorno final à harmonia, achando-a viável, Ísis Baião parece optar, desde o início da peça, pela exploração de uma desordem permanente que só faz acentuar-se com o desenvolvimento da trama. Não existem soluções possíveis que permitam reinstaurar a ordem em tal universo: o que acaba explodindo junto com os esgotos do Instituto é todo um conjunto de passividade, corrupção e decadência refratário a qualquer tipo de mudança.

Para o crítico Armindo Blanco,

Astúcias, golpes baixos, rotina podre, ausência de valores éticos e morais formam o pano de fundo desta peça, retrato sem retoques de uma situação que todos conhecemos e com a qual nos acostumamos a coexistir... nada havendo que fazer para transformar as coisas. O fim é catastrófico e, em termos cênicos, quase abusivo na sua deliberada e assumida grosseria. No entanto, a autora alcança o seu objetivo, que é o de sacudir a inércia geral e propor ao público uma confrontação traumática com os frutos inevitáveis, a curto prazo, da alienação vigente[3].

Armindo Blanco assinala nesse artigo o interesse de Ísis Baião em "propor ao público uma confrontação traumática". Ao tocar num ponto bastante importante para a compreensão de certos aspectos da obra dessa autora, o crítico percebeu que Baião se negava a fazer concessões ou dar ao universo retratado tons menos rudes em troca de facilitar a recepção da platéia. Uma das características mais marcantes do teatro de Baião, que já estava presente em *Instituto Naque*, é justamente a de não procurar satisfazer prioritariamente o público mais conservador, ou seja, suas obras não são escritas com vistas, em primeiro lugar, ao sucesso comercial. Não desejamos insinuar, porém,

2. Idem, ibidem.
3. Armindo Blanco, O Carrossel da Alienação, *O Dia*, 04.09.1978, p. 2.

que a autora evite o grande público, ou que suas obras não possam se tornar sucessos de bilheteria. O que ela não parece disposta a fazer é abdicar de um espírito satírico mordaz, cortante e nada conciliatório em prol da satisfação de sensibilidades mais conservadoras. Portanto, seus temas e a forma mediante a qual os desenvolve são resultado de uma maneira de compreender o teatro como um meio de conscientizar, de "sacudir" a platéia, para que esta possa se dar conta de um tipo de horror banalizado pela vida cotidiana.

No *Instituto Naque*, como se pode perceber, a preferência pela farsa leva ao trabalho com o exagero, num diálogo com a literatura fantástica, inserindo elementos – os detritos fecais acabam invadindo todas as repartições – não realistas em um contexto inicialmente construído sobre o realismo mais prosaico (os personagens esquentam sua comida no escritório, colocam bobes nos cabelos durante as horas de trabalho etc.). A natureza desses recursos antirrealistas, como veremos em seguida com *As Chupetas do Senhor Refém*, está vinculada à predileção da autora pelo uso do grotesco – em que a comicidade surge sempre relacionada ao horrível em uma síntese contraditória – como estética dominante.

AS CHUPETAS DO SENHOR REFÉM

Em sua segunda peça, *As Chupetas do Senhor Refém*, escrita e encenada em 1981, sob a direção de João das Neves, no Teatro Glauce Rocha, Ísis Baião optou por retratar o universo da maternidade pública, ou seja, de um estabelecimento que atende a população mais humilde do país. Com um enredo que gira em torno da trajetória do personagem Deusdita, mãe de um menino que fica no hospital como refém até completar dezoito anos, a autora se dedicou a colocar no palco um tipo de problemática que muito raramente tinha se manifestado no teatro brasileiro, radicalizando ainda mais o caráter de denúncia social já proposto anteriormente em *Instituto Naque*. Em *As Chupetas*, Deusdita, negra e miserável, vê-se impedida pelas autoridades de levar seu filho da maternidade sem receber sequer uma explicação para tal arbitrariedade. Assim, não acompanha seu crescimento nem consegue relacionar-se com ele como mãe verdadeira. Esse tema ocorreu à autora a partir de uma notícia verídica, publicada num jornal do início da década de 80, narrando em poucas linhas o drama de uma mãe que tentava, sem êxito, tirar seu bebê da maternidade, já que a administração do hospital exigia que fosse pago o débito atrasado com o instituto que havia lhe garantido assistência médica. Baião, surpresa com o fato, decidiu utilizá-lo teatralmente, explorando, por meio de uma sátira musical, o aspecto chocante da situação, a fim de ressaltar o horror de um determinado sistema em que os valores humanos mais primordiais já não tinham nenhuma importância.

O TEATRO "DESAGRADÁVEL" DE ÍSIS BAIÃO   103

Como já comentamos, a dimensão social da vida brasileira, incluindo a denúncia dos problemas vividos pelas classes populares do país, adquiria nessa dramaturgia nascente de Ísis Baião um papel fundamental. Até mesmo em *As Chupetas* há uma referência implícita ao modelo de teatro político elaborado por grupos como o Arena[4], por exemplo, que já a partir de finais da década de 1950 começou a propor um teatro "engajado", dirigido a desmascarar os mecanismos de opressão de classe, em que o paradigma brechtiano era refundido para se adaptar ao contexto nacional e à visão política de determinados autores e diretores. Em termos estruturais, também existiam semelhanças bastante óbvias entre *As Chupetas* e peças como *Revolução na América do Sul, Arena Conta Zumbi,* e *Arena Conta Tiradentes.* O texto de Ísis Baião, por exemplo, privilegiava uma dramaturgia de tons épicos em que se reforçava o distanciamento emocional, as cenas funcionavam quase como unidades próprias, a saga de Deusdita, personagem principal, era tratada como a de uma heroína popular, dava-se preferência à tipificação, ao caricatural, e utilizava-se a música como técnica de narração. Em termos específicos da encenação, todos os atores faziam mais de um personagem, técnica que foi utilizada metodicamente pelo Arena por meio do "sistema coringa" de Augusto Boal, numa tentativa de reforçar o caráter metateatral e antiilusionista do texto e de sua representação. Também em *As Chupetas* destacava-se o ponto de vista do autor – nesse caso, o dos responsáveis pelo espetáculo, Ísis Baião e João das Neves – em sua denúncia do autoritarismo, da corrupção e da ineficácia do aparelho governamental[5].

Já nas primeiras cenas de *As Chupetas* são apresentados personagens fantoches (as gestantes são descritas como "gestantes fantoches"), títeres sem individualidade cuja existência marcava o jogo de poder imposto por um sistema que a todos manipulava, determinando comportamentos e modos de atuação. Deusdita, a única que possuía nome e, portanto, alguma individualidade, funcionava como a força antagônica à engrenagem e que seria derrotada por ela.

---

4. O grupo Arena foi o primeiro a se dedicar ao desenvolvimento de um teatro de caráter mais nacional, isto é, a buscar um estilo brasileiro de representação que produzisse uma dramaturgia mais voltada para o universo dos operários e das classes populares, com o objetivo político de conscientizar o público da necessidade de lutar por um sistema econômico mais igualitário e socialmente justo.

5. Na entrevista que nos concedeu, Ísis Baião afirmou o seguinte com relação à possível influência do grupo Arena sobre a construção do texto e do espetáculo *As Chupetas do Senhor Refém*: "Não tive intenção alguma de resgatar nenhuma linguagem, porém, sem dúvida, era teatro político (para mim, todo teatro é político), em alguns momentos até panfletário, como tinha sido o teatro do grupo Arena e do grupo Opinião. Era uma época de grande indignação... Em 1980, quando escrevi a peça, a ditadura ainda estava no poder".

Médico: É home.

Enfermeira: Dois quilos.

Médico: Pode ir para casa fazer outro.

Deusdita: Agora, doutor? Acho que nem güento de pé...

Médico: Vamos...

Deusdita: Doutor, o meu João?

Médico: Parabéns! Bote ele no Exército que vai terminar presidente do Brasil ou da Bolívia! (*para outra mulher*) Abra mais as pernas.

Deusdita: (*Tentando sorrir*) Hum, já viu crioulo ser presidente! E meu filho, doutor? Meu filho, cadê ele?

Médico: Espere no corredor.

Enfermeira: Saia, a senhora tá atrapalhando.

Deusdita sai e desce a rampa para o corredor. No corredor, gestantes-bonecas buchudas e bonecas-gestantes esperam. Passam médicos, enfermeiras, macas, padiolas, etc. As gestantes-bonecas tentam falar com os médicos e enfermeiras, mas eles surgem e somem como bólidos.

Como podemos perceber, a autora procurou tratar os problemas sociais em um tom tragicômico, em que o horror do retratado produzia um riso de choque e incredulidade. Para o diretor João das Neves, a forma como as classes populares brasileiras convivem em geral com uma vida cotidiana trágica, sem sucumbir diante dela, é por meio do riso, do humor[6]. Baião, que já explorara anteriormente as possibilidades da sátira grotesca, ampliou seus recursos em *As Chupetas*, mediante a exposição do substrato de terror subjacente a uma ordem aparentemente racional, eficiente e adequada, representada pelas instituições públicas.

O Uso do Grotesco em As Chupetas

Historicamente, o grotesco sempre esteve presente nas mais diversas manifestações da cultura, derivando esse termo do italiano *grotta*, que significa "gruta", "antro", e refere-se às pinturas encontradas em torno do ano 1500 em escavações feitas em Roma, que retratavam figuras heterogêneas nas quais traços humanos misturavam-se a atributos animais e vegetais, criadas já no período de decadência do Império Romano. Segundo Philip Thomson, a extensão da palavra ao mundo da literatura deu-se a partir do século XVI com Rabelais, na França, e a partir do século XVIII na Inglaterra e Alemanha[7]. Durante o período iluminista, foi-lhe atribuído o sentido vulgar de "ridículo, deformado, contra o natural" predominante contemporaneamente.

Como categoria estética, o grotesco foi objeto de interesse de teóricos e artistas desde o século XIX. John Ruskin e Walter Bagehot na Inglaterra, Victor Hugo na França, Friedrich Schlegel na Alemanha,

---

6. A Assistência Social em Tom de Tragicomédia, *O Globo*, 23.10.1981, p. 3.

7. Philip Thomson, *The Grotesque*, 1972, p. 13.

O TEATRO "DESAGRADÁVEL" DE ÍSIS BAIÃO 105

foram alguns dos que tentaram compreender o grotesco a partir de um ponto de vista menos relacionado com os preconceitos da postura iluminista diante do tema. Ruskin, por exemplo, assinalou o fato de que o grotesco resultava sempre de uma mistura, ou seja, a síntese de elementos lúdicos e horríveis[8]. Schlegel já manifestara um ponto de vista semelhante, principalmente ao comentar o trabalho do romancista alemão Jean Paul (Friedrich Richter), que associou ao humor as idéias de dor e nojo, ressaltando o lago negro e terrível da natureza[9]. Hugo também, no prefácio a seu drama *Cromwell*, resgatou o grotesco das margens da expressão artística, atribuindo-lhe um lugar central ao destacar que o horrível fazia parte do universo empírico, da própria natureza, e era resultado, para o autor, do interesse por uma busca de realismo, não o produto de uma imaginação distorcida[10].

Já no início do século xx, Wolfgang Kayser, analisando o tema a partir de uma perspectiva mais associada à herança romântica e ao expressionismo alemão, concluiu que o grotesco era uma expressão que percebia o mundo como algo estranho, absurdo, vinculado a uma tentativa de controlar e exorcizar os elementos demoníacos da existência[11]. Essa visão, muito criticada por sua ênfase nesse último aspecto, foi a primeira, como afirma Thomson, a tratar o grotesco como uma categoria estética independente, um princípio estrutural abrangente[12]. Bakhtin, ao rebater o pensamento de Kayser e propor uma nova hipótese para o sentido do grotesco, inspirado pelas manifestações carnavalescas medievais e pela obra de Rabelais, identificou-o com as expressões cômicas populares da Idade Média, que propunham um "mundo ao avesso", na contra-corrente de uma concepção oficial, religiosa e séria, em que a exacerbação de todo o vulgar, material e corporal afirmava a positividade do concreto diante do abstrato. Sua concepção foi essencial para destacar o sentido regenerador do grotesco medieval, perdido com o subjetivismo do cânone romântico e moderno.

É esta relação com o "vulgar" e o corporal que Ísis Baião mantém em *As Chupetas*, enfatizando também a animalidade do universo em que circulam os personagens, cujo cenário (um hospital) mostrava uma espécie de fábrica de bebês em dois planos, o superior, em que as crianças eram penduradas como carne num açougue para serem lançadas por um tubo, e o inferior, em que as mães os recebiam como se fossem objetos inanimados. A vida humana perdia, assim, qualquer

8. John Ruskin, *The Works of John Ruskin,* 1904, p. 20.

9. Citado em P. Thomson, op. cit., p. 16.

10. Victor Hugo, Préface de *Cromwell*, *Œuvres complètes*, Paris: Robert Laffont, 1985, vol. 12, p. 160.

11. Wolfgang Kayser, *The Grotesque in Art and Literature*, Bloomington: U. of Indiana Press, 1963, p. 35.

12. P. Thomson, op. cit., p. 19.

sentido maior para ser tratada como pura matéria, no mesmo nível que a vida animal. O grotesco aqui adquire uma significação distinta da descoberta por Bakhtin nas manifestações carnavalescas medievais, já que não se fundamenta no par degradação/regeneração, mas funciona como reflexo de uma visão negativa, testemunho de uma decadência de valores e princípios. Toda a peça é construída a partir de uma preocupação em destacar o conteúdo de violência e brutalidade subjacente às relações de classe no Brasil. A opção pelo uso de uma estética baseada no grotesco reforça esse aspecto e assinala a banalização de determinadas práticas violentas que já não são reconhecidas como tais no tratamento cotidiano. Para Baião, essa insensibilidade gera e perpetua relações baseadas no par dominação/submissão. A luta de Deusdita está inserida num determinado paradigma da ficção moderna (inaugurado por Dostoiévski) que opõe o indivíduo a um ambiente hostil, negando-lhe um lugar ou uma identidade de acordo com suas necessidades ou aspirações, cercando-o com violência. Em *As Chupetas* o eixo desse choque é determinado pela injustiça de um tipo de organização socioeconômica que impede o estabelecimento de laços tão fundamentais quanto aquele que une a mãe a seu filho dentro de um contexto positivo. O uso do grotesco permite que se ilumine o terror subjacente a essa perda de valores básicos e autênticos. Ísis Baião fecha a trajetória do personagem principal, reduzindo-a a um espetáculo. Na última cena, Deusdita participa de um programa de televisão chamado "A Miséria é o Limite", em que os horrores da vida de algumas mulheres miseráveis tornam-se um espetáculo cômico para as camadas sociais mais privilegiadas. Nesse programa, Deusdita conta sua história e implora para que tirem seu filho do hospital. A todo momento é interrompida por bailarinas, chamadas "miseretes", e pelo animador, que explora o horror do relato de maneira jocosa:

> Deusdita: Sou a mãe do "bebê-refém".
> Apresentador: A mãe do "bebê-refém"! "A Miséria é o Limite" tem hoje uma candidata famosa, a mãe do "bebê-refém". Palmas para ela! Apesar da fama, ela se sente a mãe mais miserável do ano. Por que D. Deusdita?
> Deusdita: Tem 18 anos que sofro...
> Apresentador: O "bebê-refém" já tem 18 anos?
> Deusdita: Completou o mês passado. Até hoje não me entregaram meu filho, nem disseram porque ele ficou preso lá na maternidade onde nasceu. [...] Vim aqui mais pra pedir que liberem o meu filho.
> Apresentador: [...] Senhor Presidente, "A Miséria é o Limite" pede que V. Excia. ponha um limite nesta miséria. [...] Dona Deusdita, a sra. tem mais alguma outra miséria para contar?
> Deusdita: (*Mostra os bonecos que representam os seus filhos*) Tá vendo essas crianças? Num crescem. Este aqui tem 17 anos, este tem 15, esse 14 e este de colo, 12 anos...
> Apresentador: Merece uma cadeira no camarote das mães miseráveis?
> Auditório: Merece!

O TEATRO "DESAGRADÁVEL" DE ÍSIS BAIÃO   107

Apresentador: Miserete, leva a nossa ilustre candidata pro camarote. "A Miséria é o Limite", um programa ao alcance de todos, um programa eminentemente nacional, sem apoio de multinacionais, um programa para cento e vinte milhões de brasileiros...

Quando o presidente permite a libertação do bebê-refém (já com 18 anos), manda-o para o Exército, impedindo que Deusdita o veja. Toda a trajetória do personagem principal, portanto, é reduzida a um espetáculo risível e divertido, banalizado pela indústria do entretenimento, perdendo seu caráter de horror e de denúncia para servir de alimento para a cruel engrenagem que o produziu. Baião, desse modo, utiliza o grotesco para resgatar o estranhamento perdido com a normalização de um tipo de violência já não percebido por uma sociedade inerte, anestesiada. Tratando de suscitar no público um tipo de sensibilidade perdida, seu teatro utiliza uma estética do "desagradável" como arma de agressão, impacto e choque. Para a autora, o início da abertura política representava a oportunidade de expressar todo um sentimento de náusea frente à brutalidade que tinha dominado o país.

A recepção crítica dos mais prestigiosos jornais do Rio de Janeiro a *As Chupetas* não foi muito positiva. Yan Michalski, do *Jornal do Brasil*, elogiou a capacidade da autora de se indignar e desenvolver uma linguagem dramática bastante pessoal. Porém, para o respeitado crítico, a autora não conseguiu imprimir um desdobramento satisfatório ao tema:

O início da peça, quando a autora traça com rápidas e grosseiras pinceladas a grotesca rotina de uma maternidade do Inamps, é promissor e eficiente [...] No entanto, a respiração da autora se revela muito curta: quando entra em ação a narrativa propriamente dita, o interesse da peça se esgota em pouco tempo. Ísis Baião parte de um fato verídico noticiado pelos jornais [...] uma situação dramática de notável potencial de impacto, mas é só uma situação, um ponto inicial que precisaria ser desenvolvido para ser transformado em ação dramática. O desdobramento que a autora dá a este ponto inicial é de extrema pobreza: praticamente toda a peça se limita a explorar através de vários ângulos ou aspectos da situação base sem conseguir partir dela para um verdadeiro desenvolvimento narrativo [...] Não conseguindo estruturar a narrativa, a autora se refugia em longas digressões periféricas ao problema central que dispersam a atenção do público e esvaziam a tensão criada sobre o destino do insólito refém e de sua desgraçada mãe[13].

Michalski parece ter se incomodado com o tipo de estrutura épica escolhida por Baião, que evitou construir seu texto sobre a forma dramática clássica, baseada no fluxo causal, para se expandir espacial e temporalmente por meio de cenas autônomas que comentavam não apenas o conflito de Deusdita, como toda a engrenagem que o produziu. A posição de Michalski, porém, aponta um problema inegável em *As Chupetas*: a existência de cenas longas demais, que pouco contri-

13. Yan Michalski, Pátio Sem Milagres, *Jornal do Brasil*, 29.10.1981, p. 2.

108 MARGEM E CENTRO

buem para mostrar de maneira profunda o universo tratado ou para expor o desenrolar da trama – como exemplos, podemos mencionar a cena dois do primeiro ato, em que duas gestantes brigam, e a cena três do segundo ato, em que as cantoras comentam, por meio de suas canções, o caso do atentado a um juiz. Não nos parece, entretanto, que a estrutura épica seja a responsável por essas falhas. Na realidade, Baião, quando escreveu *As Chupetas*, nunca tinha trabalhado anteriormente nem com esse tipo de estruturação nem com musicais, o que nos permite atribuir tais imperfeições a certa inexperiência da autora.

Outro ponto que Michalski considerou problemático foi o tipo de distorção provocado pela farsa grotesca.

> Por outro lado, o clima de farsa grotesca, que parece constituir o elemento estilístico no qual a autora se sente mais à vontade, pouco favorece o tratamento do tema escolhido: diante de figuras tão violentamente distorcidas pelo lado do grotesco, que levam consigo para o mesmo lado os acontecimentos de que participam, se torna difícil acreditar no que se está vendo, e o que se propunha a ser uma denúncia de um escândalo indigno corre sempre o risco de ser recebido só como uma grande piada. A autora procura contornar o perigo, dando, em geral, uma conotação mais grave às letras das canções, comentários moralistas a la Brecht sobre o que se está mostrando; no entanto, ela se move sem desenvoltura neste terreno mais sério e pretensioso, terminando por cair em um panfletarismo ingênuo, no lugar da pretendida dimensão de poesia social[14].

Michalski, como já demonstrara na crítica a *Instituto Naque*, recrimina o uso da farsa grotesca, escolhida pela autora. Evitando, nesse caso, simplesmente utilizar a expressão "mau gosto", como fizera no caso da primeira peça estreada por Baião, o crítico não parece achar que a comicidade extraída das situações proporcione uma recepção reflexiva, por parte do público, da crítica social proposta pela autora. É importante observar essa postura de Michalski, pois demonstra o repúdio que, em geral, os críticos brasileiros (e também o público), manifestam diante de formas agressivas de humor, que parecem estranhas ao contexto histórico da tradição dramática brasileira, que sempre privilegiou comédias mais ligeiras, como as de costumes[15].

A distorção estabelecida pela farsa grotesca, presente principalmente em *As Chupetas*, embora se insira num âmbito de realismo empírico, supera isso em prol de uma busca do simbólico: é o sentido oculto sob a camada superficial na qual se organiza a vida cotidiana que o grotesco, utilizado por Baião, pretende revelar. E se esse sentido não resulta positivo ou agradável, é conseqüência de um ponto de vista que considera o terror e a crueldade como características mais típicas das relações humanas, sempre dentro de um âmbito em que são ressaltados

14. Idem, ibidem.
15. Ísis Baião não foi a primeira a trabalhar com a farsa grotesca no teatro brasileiro. Existem exemplos muito próximos desse tipo de gênero na obra de Nelson Rodrigues. *Dorotéia*, uma das peças de menor sucesso de público desse autor, é um protótipo do uso cômico do grotesco.

O TEATRO "DESAGRADÁVEL" DE ÍSIS BAIÃO 109

a exploração e o subdesenvolvimento econômico como contexto em que esses traços se relevam de modo ainda mais indigno e chocante. Além disso, o desejo de demonstrar um compromisso político claro fez com que parte da crítica mais conservadora compreendesse *As Chupetas* como uma tentativa de voltar a uma espécie de teatro panfletário. Michalski chega, como vimos, a utilizar a expressão "panfletarismo ingênuo" ao se referir à peça. Na realidade, como comentamos, Baião aqui acaba recuperando a herança de um modelo de teatro político, que, embora bastante difundido nos anos 60, acarretava problemas de difícil solução. Oduvaldo Vianna Filho, participante do grupo Arena e conhecido dramaturgo, cuja trajetória é uma referência na história do teatro brasileiro da segunda metade do século XX, observou uma série de problemas associados a determinado tipo de "engajamento", afirmando, com referência à recepção por parte da platéia dessa categoria de obras, que o público se restringia a um grupo com uma posição ideológica como espectador, o que o tornava, talvez, o pior dos públicos: o que estava de acordo ou não, às vezes cúmplice, às vezes adversário, limitando a comunicação artística a quase nada[16].

Vianinha refere-se, com essa observação, ao difícil equilíbrio entre estética e atuação na vida social. No Brasil, quase sempre o teatro político acabou simplificando os meios de expressão, reduzindo o todo a uma idéia cuja recepção só conseguiu ser verdadeiramente positiva junto aos espectadores "cúmplices". *As Chupetas* sofreu em parte esse tipo de problema, uma vez que um de seus objetivos era denunciar a engrenagem sórdida e autoritária da assistência social no Brasil, destacando a opressão sofrida pelas classes populares. Com toda a ação girando em torno dessa idéia, a peça não conseguiu explorar em profundidade as contradições individuais, a ambigüidade mesma em que a situação colocava o personagem principal. Há apenas um momento, em *As Chupetas*, em que se mostra uma ambivalência por parte de Deusdita frente ao destino de seu filho:

> Deusdita: Tenho até medo do dia em que o João vai sair daqui..., que ele não tá acostumado com barriga vazia...
> Enfermeira: Não se preocupe, ele não vai sair tão cedo.
> Deusdita: Até hoje não entendi porque, mas...

Essa cena ocorre quando o bebê já é um adolescente e Deusdita tem outros filhos que passam fome ao seu lado. Assim, por um instante, a mãe acha que, no final das contas, a "prisão" de João não é tão desvantajosa, já que lhe proporciona uma ração de comida à qual ela mesma não tem acesso. Esse tipo de consideração por parte do personagem, porém, não volta a ocorrer no decurso da peça.

16. *Dyonisos*, Ministério da Educação e Cultura: Funarte/SNT, Rio de Janeiro, out. 1978, n. 24, p. 49.

110 MARGEM E CENTRO

Como todos os que seguiram o modelo de grupos como o Arena, Baião deu ao personagem Deusdita um caráter de heroína popular, que ao mesmo tempo se destacava entre a massa oprimida e representava sua impotência. Ao contrário de Brecht, que pretendeu desconstruir a idéia de herói (é do personagem Galileu, na peça *Galileu Galilei*, a célebre frase: "Triste o povo que precisa de heróis"), os autores brasileiros que se inspiraram no trabalho do conhecido dramaturgo e diretor teatral alemão achavam que essa figura era de grande importância, já que poderia adquirir um caráter exemplar para a platéia. No caso de *As Chupetas*, embora haja uma tentativa de apresentar Deusdita apenas a partir de sua caracterização social (evitando caracterizá-la em termos mais particulares e pessoais), o objetivo parece ser destacar sua resistência, ou seja, enfatizar que o indivíduo, mesmo aviltado pelo contexto que o rodeia, deve se colocar como responsável pela transformação das condições em que vive.

O crítico Anatol Rosenfeld chegou a afirmar que, de certo modo, se pedia ao protagonista do teatro "engajado" no Brasil que fosse ao mesmo tempo homem comum e incomum, herói e não herói, homem anônimo de nosso tempo, vítima de engrenagens, e homem singular, capaz de sobrepor-se ao conformismo e ao peso morto da rotina. Exigia-se, enfim, que fosse objeto e sujeito, que representasse a massa e o líder[17]. Deusdita reflete uma preocupação semelhante por parte de Ísis Baião, a de criar o signo de um problema coletivo que também pudesse ser insubstituível em sua dimensão humana particular. Não se pode afirmar, porém, que *As Chupetas* tenha conseguido solucionar essa equação de modo plenamente satisfatório. A chave da peça parece muito claramente relacionada com a descoberta das relações de opressão no contexto social brasileiro, e a protagonista acaba prejudicada diante da necessidade de sustentar certos conceitos um tanto óbvios.

No que se refere à opressão feminina, em momento algum a trajetória de Deusdita é vista a partir de um ângulo feminista. O drama da protagonista é o de um personagem feminino, porém não tratado como um drama da mulher. A problemática de gênero não é proposta, embora se deixe muito claro que as mulheres sofrem as conseqüências de um sistema econômico injusto, já que são as únicas responsáveis pelos filhos que têm em suas relações matrimoniais – os companheiros não aparecem nunca na peça; as gestantes estão sempre sozinhas e, quando se tornam mães, são as únicas que devem se preocupar com o sustento de seus filhos. Em entrevista a nós concedida, Ísis Baião afirmou que a consciência da importância de abordar a questão do gênero lhe ocorreu depois de ter participado do Primeiro Festival das Mulheres nas Artes (São Paulo, 1982), em que a autora mostrou sua peça *Casa de Penhores*, mais tarde premiada pela Fundação Onassis.

17. Idem, p. 51.

O TEATRO "DESAGRADÁVEL" DE ÍSIS BAIÃO 111

A partir dessa data delineou-se uma nova fase em sua criação artística, como veremos em seguida.

AS BRUXAS ESTÃO SOLTAS

> *A mulher é o fato do século xx. Antes, ela era o silêncio.*
>
> Ísis Baião

As Bruxas Estão Soltas foi a primeira incursão detida de Ísis Baião no universo da mulher visto de uma ótica feminista. Depois de sua experiência no Primeiro Festival Nacional das Mulheres nas Artes, de 1982, em que estabeleceu um contato mais profundo com criadoras e pensadoras que investigavam a identidade feminina por meio de um exercício autônomo de autoconhecimento, fora das fronteiras determinadas cultural e historicamente pelo patriarcado, Baião escreveu *O Cabaré da Crise: As da Vida Também Votam*, uma sátira dedicada a Ana Taborda (diretora do espetáculo), em que um cabaré decadente simbolizava a crise social e ética do país. Não se pode dizer, porém, que o problema da opressão das classes populares no Brasil, tão caro à autora, não aparecesse de modo contundente nessa peça, ou que a autora simplesmente tenha decidido se dedicar por completo às questões mais específicas da mulher. Na realidade, *O Cabaré da Crise* tratava a opressão feminina dentro do contexto de violência de um capitalismo de periferia, no qual a metáfora da prostituição remetia ao panorama pouco estimulante da perda de valores resultante de uma luta desesperada pela sobrevivência.

A peça, dividida em um prólogo e três cenas, com dois entreatos, tem nove personagens interpretados por apenas cinco atores (três do sexo feminino e dois do masculino). O enredo, que gira em torno da vida cotidiana de três atrizes[18] prostitutas, Kátia, Odete e Patrícia, que trabalham em um cabaré, desenvolve metalinguisticamente a encenação de um espetáculo cujos personagens principais também são prostitutas (Ingá, Iracema e Leiloca) e interpretadas pelas mesmas Kátia, Odete e Patrícia[19]. Ao utilizar procedimentos do teatro dentro do teatro, Baião contrasta a vida "real" das atrizes com sua vida "fic-

---

18. Como veremos a seguir, Baião escreverá outra peça em que a protagonista é uma atriz, *Essas Mulheres*. Tanto nessa peça como em *O Cabaré da Crise*, o teatro dentro do teatro serve para comentar os problemas da mulher dentro do contexto social brasileiro.

19. Fred Clark encontra certa semelhança entre o filme *Cabaré* (1972) e a peça de Baião: "A obra em certos aspectos lembra o clássico filme *Cabaré*, ambientado na Alemanha nazista num cabaré local. O cenário do filme é usado para comentar a atmosfera de transformação política e de crescente angústia social à medida que o partido nazista assumia violentamente o total controle do país". A semelhança entre as duas obras é inegável, já que a peça de Baião mistura a questão do panorama sociopolítico e o problema mais específico da opressão feminina.

tícia" como personagens do show do cabaré, até o momento em que esses dois espaços distintos se fundem. O prólogo e o primeiro entreato compunham o momento presente em que as atrizes se preparavam para iniciar e dar continuidade ao espetáculo. O show era constituído por três cenas, com um entreato final marcando a confusão entre o que ocorria na vida das atrizes e o que se passava com seus personagens. Como atrizes, Odete, Patrícia e Kátia conversavam sobre seus problemas como mulheres e sobre a pobreza em que viviam (precisavam se prostituir para poder arcar com os gastos diários). No espetáculo, seus personagens eram prostitutas que se conscientizavam de que estavam sendo exploradas e que precisavam se unir e lutar. Como seus personagens, as atrizes também iam constatando pouco a pouco que precisavam fazer o mesmo na vida "real". Metateatralmente, reagiam como deveria reagir o público ideal do espetáculo que montavam, ou seja, compreendiam que era preciso suprimir a opressão em suas vidas particulares para poderem lutar por um sistema econômico e político mais justo. Essa luta tinha início com uma busca de solidariedade. Como as prostitutas, personagens do show, que acabavam formando um sindicato para fazer frente à exploração praticada pelos cafetões e a polícia, Kátia, Patrícia e Odete, ao final, acabam dando-se conta de que precisam agir da mesma forma em suas vidas "reais", ou seja, lutar para se libertarem e poderem decidir, algum dia, seus próprios destinos. A tomada de consciência dos personagens em dois espaços temporais (mimético e diegético) era simultânea.

Para Fred Clark, o objetivo de Baião era ressaltar a necessidade de se buscar uma solução coletiva:

> A súbita constatação de que sua salvação depende da solidariedade remete ao aspecto social e feminino do contexto histórico: a necessidade de um sentido do coletivo para os pobres e para as mulheres, dois segmentos tradicionalmente marginalizados da população sob o regime autoritário e o patriarcado. O povo precisa se unir contra o governo corrupto, e as mulheres precisam se unir contra a exploração do homem[20].

Embora a idéia de formular uma reação de caráter coletivo pareça hoje uma proposta óbvia para os problemas tratados, em 1982 os sindicatos no Brasil começavam a se estabelecer (durante o início dos anos 80, os líderes sindicais foram presos), devido à abertura política iniciada em 1979, quando subiu ao poder o último general presidente. Desse modo, *O Cabaré da Crise* procurava estimular o projeto coletivo como uma forma de incitar um tipo de resistência que se perdera com a repressão política imposta pela ditadura militar.

O paralelo entre o enredo desenvolvido e os fatos sociopolíticos do Brasil da época remetia ao tratamento já dado anteriormente pela

---

20. Fred Clark, Theater, Actress, Woman: Ísis Baião's *As Da Vida Também Votam* and *Essas Mulheres*, *Luso-Brazilian Review*, n. 35, 1988, p. 93.

O TEATRO "DESAGRADÁVEL" DE ÍSIS BAIÃO

autora em *As Chupetas do Senhor Refém*. Em *O Cabaré da Crise* temos mais uma vez o musical ao estilo brechtiano, em que a mistura dos universos mimético e diegético impedia o desenvolvimento de uma ação linear, fazendo assim com que o espectador construísse os sentidos da cena intelectualmente, abandonando a tradicional recepção passiva. Toda a peça (não apenas o texto) estava construída com o objetivo de despertar no espectador uma atitude crítica em relação ao que via. Essa meta estava explícita desde o início, já a partir da escolha de um elenco de cinco atores para nove personagens – ao fazerem mais de um papel, os atores, segundo o cânone realista, não projetavam para o público uma simples identificação. Além disso, no espetáculo montado no cabaré, um dos principais papéis do show, o da empresária cafetina Cassandra, era interpretado por um homem. A busca de um efeito de distanciamento estava presente na totalidade das partes que compunham a peça como espetáculo, não apenas no texto dramático. Com o objetivo de explorar as relações da obra com o contexto político-econômico da época, Baião e Taborda (responsável pela direção) quiseram suscitar no público o mesmo comportamento crítico demonstrado pelos personagens em cena, ou seja, a conscientização de que a opressão sofrida na vida diária também pode ser mudada por meio de um esforço coletivo. Assim, a peça aspirava a divulgar a idéia de que as mulheres deveriam lutar por sua independência no espaço privado (nível pessoal, familiar) e público, libertando-se de uma tirania de gênero que também marcava as relações econômicas.

Esse tipo de ideário, convém destacar, formulado em termos tão crus, não tinha sido freqüente no teatro brasileiro – apenas as primeiros textos de Leilah Assunção tinham se preocupado em mostrar a necessidade de empreender tal projeto – e, embora espetáculos com temáticas similares tivessem conquistado sucesso de público (*Roda Cor de Roda* e *Fala Baixo* permaneceram muito tempo em cartaz), peças com esse tipo de tratamento da questão feminina receberam, em alguns casos, comentários irônicos por parte da crítica jornalística, que via em sua temática nada mais que a ilustração de conceitos "discutíveis". Em *Bodas de Papel*, por exemplo, como vimos, Maria Adelaide Amaral foi acusada por Yan Michalski de ter distorcido as relações de gênero no contexto da classe média alta paulistana devido às suas idéias feministas. Do mesmo modo, o crítico da *Folha de S. Paulo*, Nélson de Sá, ao referir-se a *O Momento de Mariana Martins*, de Leilah Assunção, escreveu, como mencionamos, que o tema da peça se aproximava do universo "das revistas femininas", ou seja, que era de pouco interesse para uma platéia não especificamente preocupada com tais questões.

A misoginia de comentários, como o descrito acima, é óbvia. Como considerar o público interessado nas questões femininas um nicho de mercado, especialmente quando mais da metade do público teatral no Brasil é composta por mulheres? Ísis Baião, que antes mesmo de tratar de modo específico o problema das relações de gênero no sistema patriarcal, já escrevia um teatro "indignado" (como a própria autora o definiu na entrevista que nos concedeu), cujo trabalho com o grotesco tornava-o ainda menos digerível para a crítica jornalística, quando decidiu se dedicar de modo exclusivo a pôr no palco alguns dos problemas da mulher, fazendo-o talvez ainda mais "indignadamente", ou seja, tocando pontos bastante polêmicos, como a desconstrução de mitos religiosos (Nossa Senhora), o tema do sentimento de culpa afrontado pelo sexo feminino ao desfrutar da liberdade pela qual lutara, a insensibilidade masculina frente às vítimas do estupro, o medo do homem diante da mulher não passiva, os papéis impostos pelo sistema patriarcal, enfim, assuntos que suscitavam ainda uma acirrada controvérsia no panorama do debate cultural brasileiro dos anos de 1980.

Assim, para dar conta de tão variadas temáticas dentro do universo dos problemas da mulher que só recentemente começara a lutar por um espaço próprio e a libertar-se, Baião escreveu em 1984 o texto *As Bruxas Estão Soltas*[21], composto por diversos *sketches* (onze cenas no total) de aproximadamente quinze minutos cada um. O espetáculo, dirigido por Maria Lúcia Vidal, teve sua estréia no Espaço Petite Galerie em 13 de junho de 1984. Contando apenas com o trabalho de mulheres (trinta e três estiveram envolvidas no projeto), a produção escolheu trabalhar unicamente com cinco atrizes que faziam também os papéis masculinos. Em entrevista concedida a jornais na época da estréia, Ísis Baião declarou que tratara de evitar que *As Bruxas* mostrasse um "discurso chorão":

> É verdade, (as mulheres) nós somos oprimidas, desgraçadas, isso realmente acontece, mas este tipo de discurso não funciona mais. É um discurso chato, cansativo. Também não queríamos algo realista em termos de dramaturgia e de linha de espetáculo, nem algo só carioca ou nacional, mas alguma coisa que pudesse se tornar universal[22].

Na realidade, a autora, como fica claro pelo comentário transcrito, não tinha simplesmente intenção de enfatizar o problema da opressão feminina, já tão debatido, mas buscar um novo ponto de vista para essa questão, que também pudesse representar as contradições da mulher que já havia iniciado um processo de libertação, mas que ainda não conseguia viver essa liberdade de maneira plena.

A fim de não nos estendermos na análise do roteiro do espetáculo, decidimos comentar apenas três dos *sketches* que formam *As*

---

21. A autora nos contou que o roteiro final do espetáculo foi resultado do debate ocorrido durante vários encontros com a diretora, as atrizes e uma historiadora. Os temas que surgiam dessas conversas foram os que inspiraram Baião a compor os *sketches* para *As Bruxas*. As experiências das mulheres que participavam nas discussões eram utilizadas diretamente.

22. Mulheres Vistas por Mulheres, *Tribuna da Imprensa*, 18.06.1984, p. 3.

O TEATRO "DESAGRADÁVEL" DE ÍSIS BAIÃO   115

Bruxas Estão Soltas. O primeiro, intitulado "Marcadas pela Culpa", desenvolve a relação entre três mulheres de gerações distintas (a avó, de mais de sessenta anos, a filha, com pouco mais de quarenta, e a neta, adolescente) num mesmo núcleo familiar, que trocam constantemente acusações quando uma delas ameaça deixar de lado o papel feminino tradicional. Seus nomes refletem o sentimento de culpa que demonstram nas ações cotidianas: Maria dos Aflitos, Maria das Dores e Maria do Socorro. Construído como uma paródia do tipo de melodrama que explora as agruras femininas, o *sketch* retrata a tentativa (mal-sucedida) de uma mulher adulta, Maria dos Aflitos, recém-separada, de voltar a ter uma vida emocional satisfatória, sem que tal fato arruíne suas relações com a família.

> Socorro: Vai sair outra vez?
> Dos Aflitos: Como outra vez? Faz dois meses que só saio para trabalhar! Será que não posso me divertir um pouco?
> Das Dores: Não estou dizendo nada.
> Dos Aflitos: Será que não posso?
> Socorro: Pode, mas... podia ir ao cinema de tarde! De noite tudo quanto é mãe fica em casa com os maridos e os filhos.
> Dos Aflitos: Eu não tenho mais marido nenhum, felizmente...
> Das Dores: Ela está lhe dizendo que sente falta do pai...
> Socorro: Não foi isso que eu disse, dona Maria das Dores. Só pedi pra ela ficar em casa à noite.
> Aflitos: Mas é a hora que eu tenho pra sair... Eu preciso, senão enlouqueço...
> Das Dores: A nossa companhia é tão horrível assim? Enlouquece você?
> Aflitos: Eu não disse isso, mamãe.
> Das Dores: Bom, só acho que você devia dar uma atençãozinha aos seus filhos...

Maria dos Aflitos recebe as críticas tanto de sua mãe quanto de sua filha por desejar viver fora dos limites impostos pelo papel de mãe. Esses limites, dentro do esquema tradicional da família burguesa católica, significam a negação de qualquer impulso sexual que não esteja dirigido para a procriação dentro do casamento.

A autora quis salientar o modo pelo qual se estabelecem as imposições à liberdade feminina: por meio das próprias mulheres, que preservam uma lei cujo ponto central desconsidera por completo as necessidades do indivíduo, reproduzindo valores e comportamentos que sufocam impulsos básicos e naturais como os de ordem sexual. Nesse caso, tanto a adolescente quanto a avó, embora aparentemente pensem e ajam de modo distinto, unem-se para comportarem-se segundo os padrões mais conservadores e "machistas":

> Aflitos: Mamãe, já não agüento ser mãe o tempo todo. Eu preciso refazer a minha vida.
> Das Dores: À custa da infelicidade dos seus filhos?
> Aflitos: Eles não estão infelizes.
> Das Dores: Porque eu dou atenção a eles. Mas só Deus sabe! Estou cansada... já tenho que cuidar do seu pai...

Socorro: Mamãe, você podia pelo menos trocar esse vestido antes de sair...

Aflitos: Qué que tem o meu vestido?

Socorro: Uma minissaia, mamãe!...Pôxa, você pensa que é uma gatinha? As mães das minhas amigas...

Aflitos: Isso aqui não chega a ser uma minissaia e eu não tenho nada com a mãe das suas amigas.

Socorro: Mas, e eu? Eu fico com vergonha de você. Você não pensa em mim, não é? Só pensa em você... Você nunca ligou pra mim!

Aflitos: Minha filha, você sabe que isso não é verdade, eu sempre vivi pra você e pra seus irmãos...

Socorro: Mentira! Você só vivia agarrada no papai e agora que brigou com ele tem que ir pra rua atrás de outro!

Maria do Socorro e Maria das Dores utilizam estratégias distintas para pressionar Maria dos Aflitos: enquanto a adolescente afirma direta e explicitamente o motivo de sua contrariedade (o interesse da mãe em ter uma vida sexual fora dos limites da família), a avó faz acusações mais implícitas, apelando para o sentimentalismo barato da chantagem emocional (é muito provável que, como resultado de uma educação demasiado repressiva, das Dores não possa nem queira admitir, em uma conversa, que sua filha tenha impulsos sexuais), a fim de dissimular a natureza reacionária e repressora do tipo de poder por ela representado. Para Baião, apesar de a avó e a filha figurarem como as forças de repressão, na realidade, o sentimento de culpa que querem impor a Maria dos Aflitos é um reflexo do tipo de coação que se impuseram a si mesmas em outros momentos, ou seja, o discurso que utilizam não chega a representar uma voz própria, e sim as tecnologias de gênero (expressão de Lauretis)[23] que construíram essa mesma prática social.

No final do *sketch*, Maria dos Aflitos é vencida e decide não sair:

Aflitos: Que foi, mamãe?

Das Dores: Nada, nada, só uma pontada...pode ir...Ai!

Aflitos: A senhora tem certeza?

Das Dores: Vá...sua mãe compreende...

Aflitos: A sra. está bem mesmo? (*para Maria do Socorro*) Pára de andar assim feito idiota, menina! Vá pro seu quarto, já!

Socorro: Você não me quer perto de você, não é?

Aflitos: Isso não é verdade...(*para a mãe*) Mamãe...

Das Dores: Vá, não se incomode comigo... eu não tenho importância...

Aflitos: Você tem importância sim... (*para a filha*) Pare com isso, Maria do Socorro!

Das Dores: Vá, minha filha, você precisa...

Socorro: Por que você não sai logo?

Aflitos: Parem com isso...eu não agüento mais...eu fico, eu fico... (*cai em prantos*)

---

23. O conceito de "tecnologias de gênero" é desenvolvido e debatido por Lauretis ao longo de seu *Technologies of Gender: Essays on Theory, Film and Fiction,* 1987.

O TEATRO "DESAGRADÁVEL" DE ÍSIS BAIÃO 117

Entra uma voz em off: Acabamos de apresentar mais um emocionante capítulo da sua novela *Marcadas pela Culpa!* Assista amanhã, neste mesmo horário, o próximo capítulo de *Marcadas pela Culpa!*[24]

Todo o *sketch* utiliza uma linguagem naturalista sobre um modelo de melodrama, comparando a vida dos personagens (e, por conseguinte, de todas as mulheres marcadas pela culpa) aos risíveis enredos televisivos. Para que tal comparação adquira um tom ainda mais sarcástico, Baião se vale da "voz em off'" para instaurar uma paródia que ressalta ironicamente o absurdo representado pelo fato de que haja certa semelhança entre determinados aspectos da vida cotidiana de algumas mulheres e as produções de baixa qualidade da cultura de massa.

Como aponta Linda Hutcheon, o sentido da paródia na poética da pós-modernidade está relacionado ao fato de que funciona como um mecanismo que já não busca se esconder como tal, ou seja, é um tipo de representação que assume plenamente seu caráter construtor. Ísis Baião, por meio desse recurso, mostra como a mulher acaba agindo segundo as regras de um sistema que não é "natural", quer dizer, que é mero resultado de um discurso. Assim como a vida dos personagens não é vida "verdadeira", pois faz parte de uma telenovela de baixa qualidade, a vida das mulheres "marcadas pela culpa" é também um engano, já que não passa do produto de um discurso que perdeu sua autoridade ao se mostrar responsável por algo como a telenovela em questão. Assim, Baião parece lançar ao público as seguintes perguntas: como é possível que as mulheres continuem se deixando controlar de tal maneira? Até quando continuarão sendo personagens de drama tão ridículo? A paródia aqui utilizada provoca também um efeito de estranhamento que permite que a platéia perceba, a partir de uma nova perspectiva, a insensatez de determinados padrões de comportamento e valores que impedem a mulher de gozar de modo mais pleno uma recém-conquistada liberdade.

O segundo *sketch*, chamado "A Vingança Histórica", trata do encontro entre dois homens e duas mulheres num restaurante. Os homens, velhos amigos, tinham marcado um encontro para depois do trabalho. Sua atitude e conversa repetem todos os lugares-comuns típicos do comportamento machista do homem brasileiro médio: falam de suas proezas sexuais com orgulho, das ex-namoradas com desprezo, da melhor maneira de tratar o sexo oposto (como objetos de uso na cama e na cozinha, recorrendo à violência em caso de necessidade), enfim, querem mostrar-se seguros, firmes e duros, como protótipos do sucesso de um modelo de relações de gênero já superado:

---

24. Ísis Baião, Marcadas Pela Culpa, *Em Cenas Curtas*, Rio de Janeiro: Achiamé, 1989, p. 19-20.

MARGEM E CENTRO

Marcelo: Bicho, lembra daquela garota da faculdade? Aquela que vivia no meu pé? Topei com ela outro dia. Gorda, um bagulho, cara!

Cláudio: Pô, ela era até gostosinha! Mas tu era mau com ela, hein! Tratava a garota aos chutes...

Marcelo: Detesto mulher que gruda...

A garçonente chega com dois copos de bebida. Coloca-os sobre a mesa e sai. Os dois olham para a bunda da garçonete. Riem. Bebem.

Marcelo: Essa garota parece com aquela tua namorada, a Leda.

Cláudio: Olha, cara, se quer ser meu amigo, não me fala naquela piranha...

Marcelo: Qualé, bicho, faz tanto tempo. Ainda tá fissurado nela?

Cláudio: Claro que não. Mas não me conformo dela ter me deixado quando eu tava até a fim de casamento. Não podia ter me deixado, cara. Meteram na cabeça dela que ela era atriz, ela começou a andar com essa gente de teatro e aí eu fiquei puto... tinha razão de ficar puto, não tinha?

Marcelo: Claro.

Cláudio: Fiquei puto e ela me chutou. Filha da puta! Mas daí pra cá eu aprendi, bicho. Mulher gosta de dureza, de porrada. Era o que o Nelson Rodrigues dizia. E tinha razão. Quando o cara dá bandeira de que tá muito a fim, elas esnobam.

Enquanto os homens demonstram autoconfiança, divertindo-se com as histórias que contam e ouvem, as mulheres, que estão sozinhas e tinham ido ao restaurante na tentativa de encontrar um parceiro, não se sentem muito à vontade no início. Pouco a pouco, porém, vão abandonando a timidez inicial e tomam a iniciativa de se aproximar de Cláudio e Marcelo. Eles, por sua vez, intimidados com a forma objetiva e desafiadora utilizada pelas mulheres para abordá-los, acabam fugindo do lugar, negando a imagem de "coragem e determinação" demonstrada anteriormente:

Lúcia: (*Para Cláudio*) Não se assuste, eu não mordo... e tenho ótimas intenções!

Zilda: Você é tão sério. É casado?

Marcelo: Não... quer dizer, sou... (*afasta-se mais*)

Lúcia: Cê tá tão nervoso! Tá com medo de mim?

Cláudio: Não, claro que não.

Maria Lúcia põe a mão na perna de Cláudio. Ele se afasta dela.

Lúcia: Vamos sair daqui para um lugar mais tranqüilo? Vocês já jantaram?

Cláudio: Não, mas não tenho nenhuma fome.

Marcelo: Eu também não. Olha, eu gostaria de ir, mas não posso...Já tava saindo quando vocês chegaram. Na verdade, saí para comprar um remédio pro meu filho...

Maria Zilda se levanta e agarra o braço de Marcelo.

Zilda: Mas o que é isso, que caretice! Não vai demorar não... te deixo em casa...

Cláudio: Olha, eu também não posso... Moro com a minha mãe, uma velhinha cardíaca... Não avisei que ia chegar tarde.

Cláudio sai como uma bala.

Marcelo: (*Desesperado*) Cláudio! (*para Maria Zilda*) Só um minuto, preciso falar com ele...

Marcelo também sai como uma bala

O TEATRO "DESAGRADÁVEL" DE ÍSIS BAIÃO

Os personagens femininos invertem nesse momento o esquema conservador em que se produzem as relações de gênero no Brasil, assumindo o tipo de discurso intimidante, geralmente utilizado pelos homens na abordagem sexual. Ao explorar o efeito cômico do contraste entre as posturas iniciais e finais tanto dos personagens masculinos quanto dos femininos, Baião ressalta claramente a dificuldade do homem brasileiro de aceitar um modelo de feminilidade que desafie o paradigma imposto pelo sistema patriarcal. O temor de Cláudio e Marcelo expõe ao ridículo todo um sistema que estabelece as relações de gênero a partir de diferenças "intrínsecas", essenciais, para justificar a imposição de determinados tipos de comportamento tanto à mulher quanto ao homem. O fato de que ao final os homens fujam e as mulheres fiquem sozinhas parece indicar também, além do sentido manifesto que já comentamos, a falha das oposições binárias e rígidas referentes aos papéis sexuais, ou seja, a ruptura do princípio de divisão fundamental entre o masculino ativo e o feminino passivo, estruturador da cultura androcêntrica. Para a autora, a não superação desse binarismo impede que homens e mulheres possam se relacionar de modo mais pleno e satisfatório. Quando Marcelo e Cláudio passam a se comportar como "meninas atemorizadas" que fogem diante dos avanços intimidatórios tipicamente masculinos de Maria Zilda e Maria Lúcia, o público se dá conta, por meio desse efeito de distanciamento, da violência simbólica envolvida no jogo de "caça e caçador", em que o ato sexual é sempre concebido como uma forma de dominação[25].

O último dos *sketches* apresentados em *As Bruxas Estão Soltas*, "Aparição da Virgem Maria no SOS Mulher", trata de um tema bastante polêmico: a forma pela qual o principal mito feminino católico, a Virgem Maria, é utilizado como instrumento de repressão por uma cultura androcêntrica que relaciona o gozo feminino à idéia de pecado. De forma bem desafiadora, a autora escolhe encenar a visita da Virgem Maria a uma psicóloga. Com a intenção de se livrar do "peso" de sua santidade, o personagem busca na terapia o apoio necessário para expressar seus próprios desejos e angústias.

> Psicóloga: Mas a senhora é mesmo...? Desculpe, preciso saber...
> Maria: Mesmo, o quê?
> Psicóloga: Virgem.
> Maria: Claro que não. Mas eles não podem saber.
> Psicóloga: A sra. não pode continuar vivendo assim, fingindo o que não é. Isso é
> a fonte de toda a sua angústia!
> Maria: Eles me obrigam.
> Psicóloga: [...] Acho que a senhora está mesmo é cheia de raiva!

25. Pierre Bourdieu acha que na homossexualidade masculina, quando a penetração é exercida por um homem sobre outro, impera a mesma *libido dominandi*. Pierre Bourdieu, *A Dominação Masculina*, Rio de Janeiro: Bertrand Brasil, 1989, p. 31.

Maria: Eu não devo sentir raiva, mas... eu posso sentir tudo, quase tudo, menos raiva, mas...

Psicóloga: Vamos, deixe essa raiva sair, vamos...

Maria: Não, não posso sentir raiva, não posso pensar, eles me beliscam.

A Virgem Maria não pode sentir raiva, não pode pensar e não pode assumir sua própria sexualidade (é preciso que apareça como a eterna virgem); em última instância, representa um modelo de auto-anulação total. Para a autora, a imposição desse ideal às mulheres demonstra a misoginia da cultura androcêntrica e a forma tirânica pela qual esse comportamento misógino se dissemina por meio das manifestações religiosas.

Como aponta Maria Helena Kühner[26], esse texto de Ísis Baião pretende mostrar com nitidez como a religião se transformara em instrumento de uma ideologia, a favor da manutenção de um determinado tipo de poder:

Maria: Estou cansada, arrasada, mal-amada. A virtude exaure uma mulher! (*sonhadora*) Ai, eu queria tanto vestir uma calça jeans! Há mais de dois mil anos que visto esta roupa! Você conhece algo mais demodé? [...] A virtude não pode nem se excitar, quanto mais... Mas o que mais me enlouquece é que as mulheres me culpam quando não gozam. Dizem que não gozam porque o meu modelo tá na cabeça delas. Meu modelo é um corta-barato para elas. Imagine para mim! (*vira-se para o público cheia de charme e doçura*) [...] Eu também quero me libertar. [...] Agora, vou quebrar a minha imagem.

A Virgem Maria tira do seu manto uma pequena imagem de Nossa Senhora e a estapifa no chão.

Dessa maneira, Baião assinala a tirania do conceito de virtude imposto às mulheres pela cultura androcêntrica. Principalmente para o pensamento católico, virtuosa é a mulher que se nega à possibilidade de ter qualquer gozo físico para que seu corpo sirva à finalidade única da reprodução. A imagem da Virgem, encarnando o ideal máximo de negação da sexualidade feminina, é destruída no final como um símbolo do resgate empreendido pelas mulheres do direito de criar suas próprias categorias de percepção sobre comportamentos e práticas sociais. Além disso, a trajetória de Maria como personagem (que abandona a passividade e passa à ação) ilustra a conquista feminina de voz e conduta próprias, da sua bem-sucedida recusa de viver segundo padrões alheios.

O Fantasma da Culpa

Merece destaque a utilização que Ísis Baião faz da ruptura da quarta parede. Através do personagem Fantasma da Culpa, que em alguns

26. Prefácio, *Em Cenas Curtas*, op. cit., p. 10.

O TEATRO "DESAGRADÁVEL" DE ÍSIS BAIÃO

sketches é introduzido na ação dramática (em "Aparição da Virgem Maria" o Fantasma dá o número de telefone do SOS Mulher à protagonista) para interrompê-la ou comentá-la brevemente, a autora ressalta ainda mais seu desejo de trabalhar com uma linguagem distante dos cânones realistas, que permita ao público perceber a obra como construção e jogo. Em termos da encenação, esse personagem se misturava à platéia, entabulando com ela pequenos diálogos, sempre com a intenção de incentivar sua participação crítica. Do mesmo modo que a passividade dos personagens era superada em cena (a Virgem quebrava sua própria imagem), estimulava-se no público feminino um comportamento semelhante por meio da interlocução entre os universos do palco e da platéia.

As Bruxas Estão Soltas foi a peça de maior sucesso da carreira de Ísis Baião e, ainda que representasse um tipo de teatro político (num sentido diferente do que em geral era considerado teatro político no Brasil) cujo conteúdo, vinculado a um referente óbvio e explícito, parecia deter uma importância preponderante sobre os outros aspectos da obra, não significou, por parte da autora, o abandono da reflexão formal. Dando continuidade a seus experimentos com as técnicas de distanciamento e com a interação entre público e palco, Baião, mais uma vez, mostrou seu interesse em desenvolver uma dramaturgia fronteiriça, mais distante dos princípios do realismo tradicional, híbrida na forma, não encaixada em formas e convenções demasiado rígidas, transitando por diferentes possibilidades de linguagem[27]. De certo modo, *As Bruxas Estão Soltas*, por seu espírito anárquico e por sua busca de uma teatralidade antropofágica, que fosse o produto de uma síntese do tradicional humor de "escracho", de expressões da chamada cultura de massa e da vanguarda teatral européia, remete à dramaturgia de Oswald de Andrade, autor que marcou profundamente a história do teatro brasileiro por meio de seu texto *O Rei da Vela*, ao explorar as possibilidades de uma linguagem integradora de influências estranhas à herança nacional[28].

As Bruxas *e a Crítica*

As Bruxas foi, como mencionamos, a peça que, na carreira de Ísis Baião, obteve um sucesso de público mais contundente[29]. Embora

27. A dramaturgia de Ísis Baião, de certo modo, retoma uma preocupação típica do cinema e do teatro brasileiros da década de 1960, ou seja, o desejo de agregar a experimentação formal ao interesse pela temática de caráter social e político.

28. A diretora Ana Taborda, embora não tenha publicado nenhum texto teórico sobre o tema, foi a primeira a afirmar as semelhanças entre o teatro de Ísis Baião e o de Oswald de Andrade.

29. Esse êxito provocou um interesse bastante significativo pelo texto, inclusive em regiões que não se destacam especialmente pela efervescência da atividade teatral, como o Nordeste. A autora inclusive se viu obrigada a proibir uma encenação por um

esse triunfo não tenha representado a mesma aceitação que tiveram textos como *Fala Baixo* e *De Braços Abertos*, significou, porém, um passo importante para que a autora pudesse situar-se e afirmar-se no panorama das criadoras mais claramente preocupadas com as questões femininas e feministas.

A recepção da crítica jornalística a *As Bruxas*, em contrapartida, foi contraditória. Macksen Luiz, do *Jornal do Brasil*, escreveu:

> São onze cenas, três entreatos (dispensáveis) e um prólogo que mapeiam as situações mais recorrentes que mantêm as mulheres em secular dependência. A ambição deste projeto, portanto, é de servir quase como panfleto didático, capaz de falar às mulheres sobre temas que, a rigor, já são de seu conhecimento (ou vivência). A autora Ísis Baião não procurou a originalidade para tratar o tema, utilizando todos os clichês sobre a temática, talvez inclusive propositadamente, mas que em cena se tornaram lugares comuns [...] quase nunca se coloca na discussão a figura masculina. O homem é o verdadeiro verdugo, quase nunca o objeto do desejo feminino. Em nenhum instante se apresenta como companheiro, reforçando a tendência geral à caricatura e à ridicularização que esfria o debate mais consciente. *As Bruxas Estão Soltas* não passa do plano de discussão proposto pelas revistas femininas ou pelos programas de televisão dedicados às mulheres [...] Ainda não foi dessa vez que a questão feminina chegou com impacto e densidade aos palcos[30].

As afirmações de Macksen Luiz demonstram claramente o caráter de gênero do discurso dessa crítica e sua dificuldade de analisar imparcialmente manifestações que busquem expressar um ponto de vista distinto daquele da cultura androcêntrica dominante. Seus comentários referentes à qualidade literária dos *sketches* de Baião são unicamente dirigidos ao problema da inexistência, nesses textos, de uma voz que represente o ângulo de visão masculino. Seria bastante estranho que uma obra declaradamente feminista se preocupasse com tais questões. O crítico, portanto, em vez de se ocupar com temas como o tratamento dado pela autora a determinados mitos ou ao modo pelo qual se caracterizam no espetáculo as formas de dominação simbólica sobre a mulher, preferiu julgar o trabalho da dramaturga simplesmente por sua "parcialidade" (algo dentro das expectativas de um projeto desse tipo), considerando insignificante o resultado do conjunto, texto e encenação, uma vez que expressaria as mesmas preocupações que o universo das "revisas femininas". Macksen Luiz não dissimula, desse modo, seu pouco interesse em considerar digna de representação uma perspectiva que desafiasse os princípios da ordem estabelecida.

Flávio Marinho, crítico de *O Globo*, demonstrou, por outro lado, uma postura mais compreensiva:

grupo da cidade de Belém, no Pará, cuja proposta era montar o espetáculo apenas com atores do sexo masculino atuando como travestis, o que foi considerado por Ísis um completo absurdo.

30. Macksen Luiz, Papel Feminino, *Jornal do Brasil*, 15.06.1984, Caderno B, p. 2.

O TEATRO "DESAGRADÁVEL" DE ÍSIS BAIÃO   123

Em dois atos, um prólogo, onze cenas, três entreatos e um epílogo, ela [Ísis Baião] traça o panorama da condição da mulher brasileira na sociedade contemporânea com um senso de humor crítico e cruel, às vezes muito divertido. Construindo com habilidade suas cenas em *sketches*, Baião revela uma carpintaria teatral ausente de seus últimos textos: arma seus quadros com bons finais, cria tipos nitidamente perfilados desde o primeiro momento. Tudo a serviço do que poderia parecer, à primeira vista, uma causa feminista. Na verdade, no entanto, é o universo feminino que está sendo defendido em todas as suas discriminações e preconceitos [...] apesar da desigualdade dos *sketches*, existem achados como "A Aparição da Virgem Maria," realmente muito engraçados[31].

Flávio Marinho, embora se mostrando mais imparcial ao ressaltar a excelência dos textos de Baião, quis evitar que o leitor relacionasse o objetivo da autora com o feminismo, como se tal vínculo pudesse desmerecer artisticamente a peça. Na realidade, ainda no início dos anos de 1980, o feminismo continuava sendo compreendido no Brasil (pelo menos no que se refere ao universo não acadêmico) como um movimento pouco "confiável", marcado por um radicalismo redutor.

Apesar da recepção contraditória da crítica, *As Bruxas Estão Soltas* foi uma realização importante da dramaturgia voltada especificamente para as questões femininas. Onze anos depois, já na década seguinte, outra peça de Ísis Baião sobre a mesma temática subiu aos palcos: *Essas Mulheres*, texto que retomava a idéia de discutir o universo social da mulher e as relações de gênero a partir da metáfora do teatro.

ESSAS MULHERES OU SHE BY THREE OF THEM

Essas Mulheres foi escrita em 1993 e encenada em outubro de 1995 no Teatro dos Grandes Atores, Rio de Janeiro, sendo a última peça de Ísis Baião montada na década de 90. O texto, que explora o universo da mulher a partir da vida de uma atriz, referida unicamente como She, está dividido em um prólogo e três movimentos (evitando a construção tradicional em atos e cenas). A autora mesma descreve sua obra da seguinte forma:

Momentos de mulher em um prólogo e três movimentos que representam as fases de uma vida: juventude, a busca do outro, a paixão; maturidade, a busca do eu, a realização do sonho pessoal; velhice, o encontro com a vida, a liberdade. Permeando tudo, o delírio, o humor, a loucura pessoal da protagonista, que se chama simplesmente SHE. Outros três personagens interferem na ação da peça: o cachorro Apolo, companheiro de todas as horas, a Boca da Mãe, uma espécie de superego de SHE, e o Tempo. (Apresentação da peça encontrada no manuscrito da obra a nós cedido pela autora)

A peça inteira, assim, é construída em torno de She, que ocupa o espaço cênico de forma absoluta. Embora o texto se desenvolva como um monólogo, She dialoga com vozes que não têm corporifi-

---

31. As Bruxas Poderiam Estar Mais Soltas, *O Globo*, 15.06.1984, Segundo Caderno, p. 3.

cação no palco. No caso específico do personagem Boca da Mãe, que representa as normas e imposições do sistema patriarcal, a voz se faz ouvir pelo público. Com o objetivo claro de dar vida unicamente ao universo feminino, Baião suprime a independência das figuras masculinas. Desse modo, a presença do sexo oposto não pode ser ouvida nem vista no palco, sendo apenas pressentida por meio do tipo de discurso utilizado por She. Na realidade, em quase todos os momentos do texto, o personagem dialoga com homens como seu filho, maridos, namorados etc., porém, nesses diálogos, só se ouvem as respostas de She, que representa o ponto de vista da mulher. A autora cria, desse modo, uma imagem multifacetada de seu personagem feminino, negando, contudo, o mesmo status às figuras masculinas.

Como todo o texto é construído a partir de uma estrutura épica, no sentido de que se expande, se amplia, para dar conta de toda a vida de She, desde sua adolescência até a velhice, o prólogo, que dá início à peça, inaugura também a trajetória do personagem, apresentando simbolicamente sua transformação em mulher. Por meio do uso de luzes vermelhas, o público constata que She acaba de ter sua primeira menstruação e que, a partir desse momento, a imposição das leis patriarcais se efetuará com mais rigor.

> *Luz vermelha. She assusta-se e pára. Intuitivamente, enfia a mão dentro de sua calcinha. Vê o sangue. Entre perplexa e cheia de pânico, grita, de pernas abertas.*
>
> She: O que é que eu faço, mamãe?
>
> *Foco de luz branca, intensa, sobre uma boca, a boca da mãe.*
>
> Boca da Mãe: Feche as pernas, She! Você ficou mocinha!

A voz da Boca da Mãe acompanhará She durante toda sua vida, desaparecendo apenas na velhice, quando o personagem, finalmente, conseguirá se libertar das pressões impostas pelas tecnologias de gênero. Mais uma vez, a autora escolheu a família (e, metonimicamente, a figura da mãe) para representar a instituição que eterniza as estruturas de divisão sexual. Para Ísis Baião, como vimos a partir da análise de *As Bruxas Estão Soltas*, as mulheres promovem sua própria opressão ao atuarem como perpetuadoras de um sistema que lhes subtrai a expressão individual.

Dando continuidade ao prólogo e à trajetória de She, o primeiro movimento mostra o personagem em diversas fases de sua juventude: aos dezoito anos, estudando para ser atriz e noiva de Alfredo; aos vinte e cinco, já casada; aos trinta e dois, em seu segundo movimento, e, finalmente, aos trinta e nove anos, vivendo ao lado do terceiro marido, porém, em vias de se separar mais uma vez. She, como se pode ver, nunca consegue alcançar um equilíbrio em seus casamentos. Esse fato ocorre, porque os homens com quem se relaciona estão sempre lhe impondo atitudes e comportamentos alheios à sua própria vontade:

Essas Mulheres ou She by Three of Them, *com Beth Grandi, Gláucia Vandeveld e Letícia Duarte. Direção de Aline Andrade. Fotógrafo : Guto Muniz.*

126   MARGEM E CENTRO

> She: (*aos dezoito anos*) Eu não acredito, [...] Olha aqui, Alfredo, tudo bem, teu pai acha que mulher séria não faz teatro, mas eu não namoro seu pai. [...] Não posso escolher entre você e uma profissão! Não tem nada a ver! Juro, você é a razão da minha vida, mas... E se eu te dissesse: "Ou eu ou a engenharia?" É diferente por quê? Não, não, não vai embora! Alfredo!! Merda!! Não, não, Alfredo, você não pode fazer isso. O amor não pode cortar as asas e o vôo.
> Boca da mãe: O amor corta as asas e o vôo sim! E pra que diabo você quer asas, She? Você não é galinha!

Como sempre, a Boca da Mãe reforça a suposta legitimidade do conteúdo opressivo presente na relação com Alfredo. She, não resistindo às forças que pretendem modelá-la, casa-se e abandona o sonho de se tornar atriz:

> She: (*Agora, com 25 anos, casada*) Acordado, me esperando? [...] Mas, Alfredo, hoje era o meu dia de plantão! [...] Você não sabe o que é isso, a vida de uma telefonista! [...] Não, não estou te culpando por nada. Se eu queria me casar, não devia ter estudado teatro. O erro foi meu, sou mesmo errada, mamãe sempre me disse.

A autora retoma mais uma vez o tema da culpa: She sente-se culpada porque não aceitou desde o início o destino que lhe queriam impor. Esse sentimento lhe é ensinado por meio da convivência com a mãe e com o marido. Esse quadro de submissão, porém, não dura muito tempo. She recupera as "asas" perdidas, casa-se com outro e reinicia sua carreira de atriz:

> She: Foi você que me convenceu a assumir a minha profissão de atriz. Eu achava que era tarde demais [...] Um tempo, outra vez? Um tempo para quê? Outra mulher, é isso? Muito bem, você diz que me ama, que eu sou a mulher da sua vida, mas que você precisa se sentir livre [...] Claro que eu não aceitaria! Você aceitaria que eu tivesse outro homem? É, homem é diferente mesmo. O amor de vocês dura o tempo de um tesão, um tesão de pavio curto.

Mário, seu segundo marido, representa um tipo de homem mais moderno (foi a pessoa que estimulou a volta de She aos palcos); por outro lado, tampouco esse casamento se mostra possível, já que Mário também reproduz a hierarquia patriarcal de que She tenta escapar. Para ele, os homens precisam conservar o direito à poligamia. Para ela, entretanto, a possibilidade de agir de modo semelhante é impensável.

Até esse momento de sua trajetória, She se preocupa demais em agradar a todos os homens com quem vive. Como sua autoconfiança era pequena, faz o possível para se transformar na imagem ideal de mulher por eles esperada. Além de atuar nos palcos, She atua em sua vida cotidiana, vivendo os "personagens" que lhe são impostos por suas relações com o sexo oposto. No momento seguinte, aos trinta e nove anos e já no terceiro casamento, uma tomada de consciência começará a se esboçar:

> She: Não posso deixar o meu trabalho para curtir o Pantanal! E detesto mosquito, prefiro a poluição. Ronaldo, você nunca pensou que eu existo independente

O TEATRO "DESAGRADÁVEL" DE ÍSIS BAIÃO   127

de você, que eu tenho desejos diferentes dos seus? Você tem um ego do tamanho de um elefante. [...] Meu Deus, e eu tenho vivido incensando esse ego pra que você me ame. Delírio meu! Você só ama a si mesmo. [...] E eu que pensei ter encontrado o homem da minha vida! Homem, o que será um homem? Só tenho encontrado meninos sedentos. Estou com os peitos caídos de tanto dar de mamar! [...] Não tenho medo da sua violência. Tenho medo é da sua perversidade. Aquela com que você me convenceu a entregar meu filho pro pai dele.

She, ao compreender que nunca tinha conseguido estabelecer com seus parceiros relações que não reproduzissem o modelo androcêntrico de casamento, amadurece e caminha em direção à autonomia. Com essa tomada de consciência, a peça conclui seu primeiro movimento. A partir de então, a personagem é vista em sua maturidade, bem estabelecida em sua carreira, vivendo uma existência não dirigida de modo tão determinante pelo sucesso nas relações amorosas. É um momento de autodescoberta, em que She reflete sobre as mudanças produzidas pelo tempo em seu corpo e em sua personalidade:

> She: Já não consigo mais dizer um texto de amor? Será que a fonte secou? De repente, o vazio... aquela falta de resposta nas cordas da emoção... as cordas afrouxaram e soam surdas ao toque dos dedos... Não, isto não pode estar acontecendo comigo...
> Boca da Mãe: É falta de homem, minha filha! Case-se que passa.
> She: Ah, mamãe, mamãe! Casar? Nem morta! Quero morrer solteira! [...] Agora eu mudei. A gente precisa ter uma visão dinâmica de si mesma... a vida é movimento, mutação constante... a gente muda, muda sempre...Tem que mudar. [...] Sinto que fui deixando pedacinhos importantes de mim nessa trajetória conjugal! [...] Mas valeu a pena. A gente se perde, mas se acha, não é mesmo? Gosto de me perder... Quando me reencontro, tenho novidades.

She descobre que o fracasso faz parte do crescimento. Ao voltar a valorizar sua trajetória, constata que já não precisa de um homem para saber aonde vai. A Boca da Mãe, inclusive, a partir desse momento, já não consegue exercer a mesma influência; She se afastou para sempre do modelo feminino tradicional, que se define como uma existência para o outro (a casa, os filhos, o marido). Ao explorar essa liberdade recém-descoberta, o personagem experimenta relações "proibidas" com um homem muito mais jovem (de vinte e cinco anos) e, também, com uma mulher (sua primeira experiência homossexual).

No terceiro movimento, a velhice, She já completou sessenta e cinco anos. A Boca da Mãe desapareceu e ela está se relacionando amorosamente com um viúvo, a quem acaba descartando, embora se sinta sozinha, por ser demasiado conservador e pouco imaginativo. Continua trabalhando como atriz, porém de forma menos intensa. Tanto na vida quanto no teatro escolhe com precisão os papéis que lhe interessa representar, desfrutando sua liberdade com total autoconfiança:

128   MARGEM E CENTRO

She: Sim, estou decepcionada. Adoro dançar. Não sabe, mas pode aprender. Aca-
bei de aprender a dançar *reggae* e estou programando uma viagem à Argentina pra conhecer casas de tango autênticas. Pensei que você fosse gostar de ir
comigo, mas você não dança nem bolero! [...] Esmeraldas?? Você não devia
ter feito isso, querido. Deve custar uma fortuna! Afinal, temos apenas dois
meses de namoro... Ah, era da falecida! E você está me dando o anel da...
[...] Gostei, adorei, estou encantada, mas... A falecida pode não gostar... Por
favor, guarde, guarde logo esse anel. Ora, não fique assim, meu querido... O
quê?? Isto era um pedido de casamento? Com o anel da outra? [...] (*O relógio
toca meia-noite*) Tem que ir por quê? Sim, deu meia-noite, mas você não é a
Cinderela! (...) Claro que pensei que você ia ficar comigo! E você vai embora
porque precisa correr feito um idiota em volta da Lagoa? (...) Não, não descul-
po. (...) Não, não entendo. (...) Pois vá e não volte. Não quero do meu lado um
homem que não sabe dançar e que tem que dormir à meia-noite.

O final da peça mostra She viajando sozinha para a Argentina
com seu cachorro. Absolutamente consciente de que é melhor levar
uma existência solitária do que viver uma relação insatisfatória, o personagem termina reafirmando a possibilidade da mulher de escolher
suas próprias leis e valores. Ao longo do texto, She vai descobrindo
possibilidades múltiplas de atuação na vida, que lhe haviam sido ne-
gadas pelo sistema patriarcal. Para Fred Clark, a noção de multiplicidade é de grande importância para a peça:

A noção feminista de multiplicidade permeia o texto e é afirmada através da pro-
fissão de She como atriz e seu ato final, quando deixa o espaço doméstico. No último
movimento, quando rejeita a proposta de casamento, a protagonista compreende que
deve levar a sua própria vida, a qual, como ela determinara, consiste de mudanças e
transformações contínuas... O sentido de individualidade para She corresponde ao que
as feministas pós-estruturalistas julgam mais atraente nas teorias de Julia Kristeva, ou
seja, "a teoria do sujeito como instável, em processo e constituído em linguagem" ...
Como observa Tong, "a mulher está sempre se tornando e nunca sendo... [32].

Embora Clark não aprofunde a questão, a noção de multiplicidade
não é basicamente feminista e não aparece sozinha na dramaturgia que
assume esse caráter. Parte do teatro de vanguarda europeu, que rompeu
com o cânone realista, já utilizara, com objetivos distintos, o mesmo
princípio na construção dos personagens[33]. Em todo caso, convém salientar que, no texto de Baião, as transformações de SHE, em lugar de
marcar uma impotência, adquirem um sentido positivo: o personagem
se modifica para se satisfazer e se realizar, superando as fronteiras impostas pelos papéis resultantes de uma visão binária e falocêntrica.
      Outro ponto importante é o problema do monólogo. She na maior
parte da peça dialoga com um outro invisível, a ele reagindo e contes-

32. F. Clark, op. cit., p. 94.
33. Na peça *Um Homem é Um Homem*, de Bertolt Brecht, o personagem Galy
Gay, empacotador, é transformado em soldado, em uma máquina de guerra. Ao contrário de She, porém, Gay não se transforma, é transformado.

O TEATRO "DESAGRADÁVEL" DE ÍSIS BAIÃO   129

tando. Desse modo, embora sua voz seja quase sempre a única ouvida no palco (apenas a Boca da Mãe interfere no que ocorre em cena), o discurso de She não constitui propriamente uma lírica da solidão. No entanto, ao refletir um ponto de vista único, marcado genericamente (em luta com o universo patriarcal) e centralizador[34], que utiliza a linguagem não apenas para se definir, mas também para determinar tudo o que ocorre ao seu redor, acaba expressando uma perspectiva de caráter subjetivo, consistindo numa espécie de dramaturgia do "eu", como descreve Szondi[35]. Embora esse tipo de construção dramática tenha sido utilizado por Strindberg e pelos autores expressionistas como uma forma de marcar o isolamento do indivíduo frente a um mundo hostil, achamos que, no caso de Ísis Baião, mais que marcar a marginalização ou alienação da mulher no mundo patriarcal, o uso do ponto de vista subjetivo tem como propósito conceder um tipo de poder à voz feminina pouco comum nos palcos. Não se trata de mostrar como a mulher é impotente e está isolada, mas afirmar como consegue superar esse isolamento, transformando-o positivamente numa prova de força e determinação.

Fred Clark considera, citando Geis, que o uso do monólogo em *Essas Mulheres* constitui um ato transgressor, porque rompe a continuidade da ação, marcando um *locus* de luta pela subjetividade feminina: "Talvez esta seja uma das razões por que tantas dramaturgas optaram pela forma do monólogo: em certa medida, o monólogo como *gestus* marca um *locus* de luta pela subjetividade feminina, na medida em que encena o 'drama' do corpo gendrado e de seus significantes plurívocos" [36]. Julgamos que a afirmação de Geis é correta; porém, deve-se acrescentar que, no caso de *Essas Mulheres*, a subjetividade feminina não apenas é construída, como também determina a forma pela qual o masculino pode se manifestar. Assim, o uso da voz única assinala uma espécie de tomada do poder por parte da mulher, seu resgate do direito de definir fronteiras e delimitar universos em um espaço público (o teatro).

Já que a protagonista tem total autoridade sobre a descrição dos eventos, em *Essas Mulheres* o problema da representação adquire um sentido muito especial: a linguagem, única maneira pela qual se definem as relações de She com o universo que a rodeia, não pode expor nada além de uma realidade fragmentada, produto de uma perspectiva específica, ou seja, uma possível "ilusão". Dessa forma, Baião explicita o aspecto metalingüístico do texto, reforçado pelo trabalho da protagonista (uma atriz) e pelo cenário (a casa de She, composta de cartazes

---

34. Peter Szondi, *Theory of the Modern Drama*, Minneapolis: U. of Minnesota P., 1987, p. 24.

35. Idem, p. 63-64.

36. F. Clark, op. cit., p. 95.

de teatro), despertando o interesse do público para o caráter construtor do que ocorre no palco e reforçando que a única forma de contato com o mundo é essencialmente artística (criadora de imagens), não existindo nenhum ponto que possa ser considerado "verdadeiro em si mesmo", objetivo e universal. Se She agora pode determinar o modo como vai compreender os fatos, antes que pudesse fazê-lo, havia também uma fonte de sentido, produzida pelo ponto de vista da cultura falocêntrica, que a tudo delimitava. Portanto, se o que a protagonista apresenta na atualidade do espetáculo é resultado de uma construção, as relações tal como estavam estabelecidas antes também o eram. Ao apossar-se do poder de delimitar sentidos, She assinala que por trás de cada discurso existe um sujeito que age segundo determinado interesse e ideologia, desconstruindo a idéia de que existam estruturas universais, essenciais, a-históricas, não submetidas à arbitrariedade de um enfoque.

O tratamento metalingüístico permitiu também que Baião pudesse proporcionar à encenação de seu texto um trabalho com diferentes modalidades: a representada e a descrita, ou seja, a que se apresenta como mímese e a que se manifesta como diegese. O espaço em *Essas Mulheres* é criado de forma múltipla durante o espetáculo, sendo utilizados, para isso, subsistemas de signos como a pantomima que representam situações e lugares fora do contexto em que se desenrola a ação inicial. Essa dicotomia entre presença e ausência refere-se de modo claro à idéia do masculino presente e ausente no palco. Em *Essas Mulheres*, a autora instaura a presença masculina apenas por meio de um objeto inanimado: a estátua de Apolo, o deus grego que, no universo da tragédia, segundo Nietzsche, representava o princípio ordenador, organizador da celebração dionisíaca embriagadora, também um símbolo da defesa do universo patriarcal (é assim que esse deus aparece em *As Eumênides*, de Ésquilo). Baião relaciona o masculino a essa figura, objetificando-a e ironizando-a ao centralizar muito do humor do último movimento da peça em torno do pênis da estátua, que cai.

Outro aspecto do texto que merece um comentário mais detido é a escolha do nome She para o personagem. Parece claro que a autora decidiu universalizar sua trajetória por meio desse recurso, destacando seu caráter quase alegórico no contexto da luta feminina por sua autonomia. Nesse ponto, *Essas Mulheres* e *O Momento de Mariana Martins* são obras com objetivos semelhantes, uma vez que celebram determinadas conquistas da mulher na segunda metade do século xx. Como a última peça de Leilah Assunção, *Essas Mulheres* não alcançou um sucesso estrondoso de público. Convém recordar, porém, que o Teatro dos Grandes Atores no Rio de Janeiro, na época da estréia da peça, era uma casa de espetáculos ainda pouco conhecida. De qualquer modo, como fica claro por meio de nossa pesquisa, nenhum texto

O TEATRO "DESAGRADÁVEL" DE ÍSIS BAIÃO 131

escrito por alguma autora no Brasil sobre questões especificamente femininas conseguiu obter grande sucesso de bilheteria nos anos 90, e não cremos que tal fato esteja relacionado de maneira exclusiva, como comentamos, a contingências práticas relativas aos problemas da encenação.

Ísis Baião é, entre as autoras brasileiras que estudamos, a que mais se preocupa com a experimentação formal. Para Fred Clark, isso é resultado de uma preferência comum entre as mulheres dramaturgas, que geralmente associam o cânone realista à retórica patriarcal:

> O jogo entre o real e o ilusório criado pelos aspectos metateatrais do texto ressalta, de uma maneira pós-moderna, a rejeição de Baião ao teatro tradicional e aos papéis tradicionais impostos às mulheres no patriarcado [...] Como Pavlides observou, mulheres dramaturgas tendem a favorecer uma estrutura épica em detrimento do tradicional desenvolvimento linear do drama clássico, que envolve exposição, desenvolvimento, ação, clímax e resolução [...] A estrutura dos textos de Baião corresponde à das obras de diversas mulheres dramaturgas contemporâneas que, conscientemente, como observa Pavlides, rejeitam a razão rigidamente aristotélica e a retórica dos modelos patriarcais[37].

Na realidade, como vimos a partir das análises de peças como *As Chupetas do Senhor Refém* e *O Instituto Naque*, antes de sua conscientização acerca do feminismo, a autora optara por rejeitar as formas tradicionais do realismo. Sua busca de experimentação é, portanto, anterior e parece refletir uma preocupação específica diante das possibilidades da escrita dramática contemporânea.

Essas Mulheres *e a Crítica*

A reação da crítica à encenação de *Essas Mulheres*, mais uma vez, comprovou a dificuldade de Ísis Baião de ter seu trabalho reconhecido. Macksen Luiz, em sua resenha para o *Jornal do Brasil*, afirmou:

> A autora não mostra muita segurança ao costurar as três épocas... Não há uma fluência natural entre cada um dos monólogos... O que a peça tem de mais interessante são algumas observações de costumes (sobre a prática teatral são muito divertidas) e de preocupações femininas, mas que ficam sempre num nível de conversa sem pretensões. Ísis Baião parece ter feito uma colagem de impressões sem lançá-la numa dimensão verdadeiramente teatral. Não há nenhum sopro de invenção que retire da experiência mais do que o seu aspecto documental. O tom coloquial dos monólogos, por outro lado, faz dessa conversa algo ainda mais inconsciente[38].

Fica claro que o crítico sequer se deu o trabalho de comentar a maneira pouco típica com que Baião utilizou o monólogo. Além disso, tampouco considerou o tipo de retrato de mulher pintado pela

37. F. Clark, op. cit., p. 95-96.
38. Macksen Luiz, Essas Mulheres, *Jornal do Brasil*, 04.11.1995, Caderno B, p. 2.

autora, não desejando relacioná-lo com questões como a decadência do patriarcado e a autonomia feminina conquistada na segunda metade do século XX. Tentando não demonstrar tão claramente sua antipatia pelo tema e pelo tratamento dado (como fizera no caso da crítica a *As Bruxas Estão Soltas*), Macksen Luiz preferiu fazer afirmações tão disparatadas como "Não há nenhum sopro de invenção que retire da experiência mais do que o seu aspecto documental". Como não haveria "invenção" por parte da autora se a forma da peça é todo um *tour de force* para evitar qualquer naturalismo? Além disso, tratar a referência do texto à conscientização da mulher como parte de seu "aspecto documental" é, no mínimo, estranho.

Ísis Baião é, entre o grupo de dramaturgas brasileiras analisadas, a que obteve da crítica uma recepção menos calorosa e imparcial. Consideramos que, além da antipatia provocada por possíveis erros cometidos no universo mais específico das encenações, seu trabalho com o grotesco, assim como a forma como desenvolve temas como a decadência das instituições públicas e a luta da mulher pela autonomia, atacam muito de frente determinados parâmetros conservadores.

Considerações Finais

O panorama que delineamos neste estudo acompanha o desdobramento de algumas questões centrais: quais são as circunstâncias que permitem ou não a incorporação por parte do cânone teatral brasileiro de determinadas obras escritas por mulheres? Até que ponto o mercado e as posturas das comunidades interpretativas de prestígio definiram o desenvolvimento estético-temático das trajetórias investigadas? No caso de Leilah Assunção, sua incorporação ao cânone deu-se em um momento histórico específico, quando o país encontrava-se sob uma ditadura militar, em que o repúdio à submissão da mulher, como se apresentava em *Fala Baixo Senão Eu Grito*, soava como um eco do repúdio à falta de liberdade política imposta pelo regime. A questão feminina, pela primeira vez, deixava de ser unicamente feminina para tornar-se mais universal: o desmascaramento do poder autoritário. Desse modo, o texto pôde ser compreendido para além dos limites de sua relação com o feminismo, o que foi muito importante para permitir o sucesso alcançado. Além disso, o fato de que a peça tivesse sido censurada (como outras obras dos autores que surgiram em 1969) reforçou a leitura política dada à personagem Mariazinha na peça. Por ocasião da estréia de *Fala Baixo* em 1969, ao lado de trabalhos de Consuelo de Castro, José Vicente e Isabel Câmara, jovens que principiavam suas carreiras naquele momento, a juventude era considerada um valor em si para a comunidade interpretativa dos intelectuais menos conservadores. A distância do poder dava à juventude um caráter marginal que, no final dos anos 60, no campo das artes, era muito importante dentro da idéia de vanguarda. Desse modo, grande parte da divulgação obtida pelos autores de 1969 lhes foi assegurada por esse motivo. *Fala Baixo* pôde assim integrar-se a um conjunto de peças que, antes mesmo de sua estréia, já contavam com a simpatia de grande parte da crítica responsável não só pela canonização dos autores, mas também pela formação de um horizonte de expectativas junto ao público.

No caso de *Roda Cor de Roda*, como já não reinava o ambiente propício à recepção positiva que marcou o contexto da estréia de *Fala Baixo*, a desconstrução dos papéis impostos pela família patriarcal mostrada pela autora não conseguiu a aprovação por parte da crítica. Entretanto, *Roda* obteve um sucesso de público bastante significativo, pois este começava a se interessar pelos debates acerca do papel da mulher, devido ao processo de modernização pelo qual passava a sociedade brasileira na época. Embora sem muita liberdade (a censura aos meios de comunicação e à produção cultural continuavam em ação), é inegável que certas discussões conseguiram algum espaço nas páginas dos jornais e até na televisão. É da segunda metade da década de 1970 o programa *Malu Mulher*, série da Rede Globo de Televisão de grande sucesso junto ao público e à crítica, no qual o personagem protagonista Malu, socióloga, se separa de seu marido e passa a enfrentar todos os problemas da mulher separada numa sociedade conservadora.

Como o texto de *Roda Cor de Roda* fora montado sem sofrer os cortes da censura que o havia descaracterizado por completo, propondo um debate sobre a instituição familiar por meio do riso e da inversão – um tipo de crítica que parece sempre menos agressiva para o público –, sua recepção pôde se dar de forma mais positiva, principalmente em São Paulo, onde recebeu uma montagem de alto nível. Entretanto, a crítica jornalística em geral, uma comunidade interpretativa que se mostra quase sempre bastante conservadora em relação às temáticas que se aproximam das posturas feministas, não reagiu da mesma forma. Embora críticos como Sábato Magaldi e Yan Michalski, os de maior prestígio na época, não tenham sido totalmente contrários ao texto, é inegável que a forma corrosiva escolhida por Leilah Assunção para tratar as relações familiares mostrou-se incômoda. O crítico Armindo Blanco, por exemplo, posicionou-se de maneira claramente contrária ao que considerou o "mundinho medíocre" da autora. O fato de uma dona de casa tornar-se prostituta foi tratado por ele a partir de um ponto de vista moralista, que se negava a perceber o sentido profundo do jogo de troca de papéis proposto pela dramaturga.

Já na década de oitenta, *Boca Molhada de Paixão Calada* representou um dos grandes sucessos de crítica de Leilah Assunção, pois a peça fazia referência direta ao momento histórico do país, retratando um casal cujos valores e idealismos foram mudando com o passar

CONSIDERAÇÕES FINAIS 135

do tempo. O público também lhe deu boa acolhida, porém sem demonstrar tanto arrebatamento. Na realidade, a geração que vivera a experiência da contracultura e se via partilhando o mesmo tipo de angústia e sensação de fracasso mostrado em cena era, em grande parte, formada por artistas e (ex) intelectuais de esquerda, que se encontravam, em muitos casos, trabalhando para os meios de comunicação de massa junto à comunidade dos críticos e mesmo dela participando. A identificação com o tipo de problemática explorada pela peça era percebida por meio do tom de certas resenhas, que chegavam a afirmar claramente que a peça expunha um expressivo número de artistas, pertencentes a uma geração teatral, a um verdadeiro psicodrama sociocultural. A relação entre um determinado público específico e a temática da obra era enfatizada de modo evidente. Além disso, *Boca Molhada* mantinha-se dentro dos parâmetros da textualidade herdada do final dos anos de 1960, do chamado "grupo de 69", que explorou uma forma de abordar o político por meio de dramas individuais, e essa faceta mais claramente politizada do texto, que estava de acordo com os valores da comunidade interpretativa da crítica jornalística reduziu em parte o alcance da peça, uma vez que os espectadores, nesse momento, já demonstravam preferir textos em que as referências políticas estivessem bem mais diluídas, como foi o caso de *De Braços Abertos*.

O Momento de Mariana Martins, última peça de Leilah Assunção, foi escrita primordialmente para um público específico: as mulheres de mais de cinqüenta anos que tinham passado pelos mesmos problemas da protagonista do texto e que podiam, com ela, celebrar uma espécie de vitória. A experiência da espectadora, nesse contexto, tornava-se parte de um processo relacional no qual era construída uma subjetividade com o objetivo de consolidar uma imagem de auto-afirmação. Nesse caso, porém, as espectadoras "privilegiadas" não fizeram da peça um sucesso. O espetáculo não obteve a mesma atenção que encenações de obras como *Fala Baixo Senão Eu Grito* ou *Roda Cor de Roda*. Os problemas de construção do texto, aliados ao fato de que a classe média intelectualizada não se identificara com o personagem, já que a excessiva exploração do cômico banalizava de certo modo as conquistas de Mariana Martins, impediram uma recepção mais positiva do espetáculo. Além disso, pelo menos no que diz respeito à temporada carioca, grande parte do público que assistiu ao espetáculo era composto por adultos, senhoras entre sessenta e setenta e cinco anos, pertencentes às camadas econômicas mais altas da sociedade. Muitas delas, embora independentes em termos financeiros, possivelmente, não tinham conquistado a autonomia do personagem Mariana.

O início da carreira de Maria Adelaide deu-se no momento em que os textos "de denúncia" – cuja temática pretendia abordar os problemas da classe trabalhadora diante das mudanças impostas pelo novo perfil econômico que se instaurava no país – ainda eram valorizados. Foi o caso de *Cemitério Sem Cruzes* e *A Resistência*, que, a despeito da censura inicialmente sofrida, conseguiram inserir a autora na dramaturgia prestigiada pela comunidade crítica da época. *Bodas de Papel*, no entanto, por não abordar esses temas e mostrar de maneira crua a natureza das relações de gênero entre os casais de classe média alta, foi alvo da desconfiança dos críticos. Algumas resenhas, inclusive, consideraram a obra como resultado, um tanto exagerado, do feminismo da dramaturga, algo completamente sem sentido já que, para que os personagens femininos pudessem indicar algum tipo de compromisso por parte da autora com essa causa, seria necessário um conflito que problematizasse a própria legitimidade do sistema patriarcal, coisa que não ocorre na peça. As ressalvas da crítica a *Bodas de Papel*, que também se dirigiram ao "naturalismo" marcado pela montagem de Cecil Thiré em 1978, pareciam demonstrar uma mudança de perspectiva nos parâmetros da comunidade interpretativa dos críticos. Porém, no mesmo ano, *Roda Cor de Roda* era criticada por seu desprezo pelas formas realistas, o que não deixa de sugerir, na realidade, uma antipatia pelo tratamento do tema das relações de poder na família patriarcal, que aparece nas duas peças (com menor intensidade em *Bodas de Papel*). Não convém esquecer que no caso de *A Resistência* o chamado "naturalismo" não significou para a comunidade crítica um "defeito", uma vez que foi premiada pelo concurso do SNT, enquanto *Bodas de Papel* não conseguiu obter sequer uma menção honrosa.

Quando finalmente *A Resistência* foi encenada, a peça ocupou um espaço de discussão que fora deixado vazio durante o período de maior repressão da ditadura, obtendo assim sucesso de público e crítica, os quais, em geral, se identificavam diretamente com o que viam em cena. Esse triunfo foi possível graças ao momento político-social extremamente favorável. Durante o ano de 1979 as greves voltaram, e começou-se a esboçar uma organização de esquerda que acolheria trabalhadores e intelectuais (o que viria a ser o PT); em síntese, era muito viva no país toda a discussão relativa aos direitos dos trabalhadores. Além disso, a temática encaixava-se muito bem no horizonte de expectativas da comunidade dos críticos, que se alegrava por voltar a ver nos palcos a exploração de problemas enfrentados pelas diversas categorias profissionais. Nesse caso, portanto, o realismo/naturalismo, tão criticado em *Bodas de Papel*, foi muito bem recebido. Por outro lado, *A Resistência* dialogava, de maneira bastante clara, com a dramaturgia canônica norte-americana (*A Morte de um Caixeiro-Viajante*, de Arthur Miller), com o chamado *male canon* pela crítica feminista, evitando desenvolver as questões referentes às relações de gênero. Maria Adelaide Amaral, portanto, na segunda montagem de um texto seu, orientava sua carreira para uma total sintonia com

CONSIDERAÇÕES FINAIS 137

os parâmetros da comunidade interpretativa mais privilegiada, a que podia emitir seu pensamento por meio dos jornais e, assim, formar a opinião. Isso não impediu que, embora a autora tivesse recebido um apoio expressivo da crítica jornalística, sofresse uma espécie de censura por parte de alguns proprietários de jornais, que chegaram a proibir que seus críticos se manifestassem a favor do espetáculo (é conhecido o episódio do jornal *O Globo*, que proibiu seu crítico de comentar a peça).

A Resistência, como quase toda a obra de Maria Adelaide Amaral, propunha a volta a um teatro do texto, da palavra, que privilegiava a discussão lógica de um argumento até esgotá-lo. Seus personagens, embora não perdessem sua individualidade, remetiam a posturas coletivas, como o caso de Luís Raul e Leo, que representavam o que restara dos setores responsáveis pelo protesto político depois do período de repressão. Vista hoje, *A Resistência* reflete um panorama que ia marcar o comportamento da classe média no Brasil dos anos seguintes: o fim de todo idealismo diante das dificuldades cotidianas impostas por um determinado tipo de organização política e econômica. Esse tema apareceu na obra de Leilah Assunção já nos anos 80, com *Boca Molhada*. Maria Adelaide Amaral, de certo modo, antecipou com essa peça o tratamento da discussão sobre a manutenção de valores éticos em um sistema que fazia da simples sobrevivência uma tarefa bem árdua.

Já em *De Braços Abertos*, que estreou no teatro Faap em 10 de outubro de 1984, todas as questões relativas ao panorama sociopolítico do país foram deixadas de lado. Considerado um dos textos mais importantes da dramaturgia brasileira contemporânea e um sucesso na carreira de Maria Adelaide Amaral, que depois desse triunfo arrebatador, passou a figurar de modo definitivo no cânone da história do teatro brasileiro da segunda metade do século xx, *De Braços Abertos* representa um exemplo de como os parâmetros da crítica e do público tinham mudado entre 1979 e 1984. Cinco anos depois de *A Resistência*, o sucesso de *De Braços Abertos* só pôde se concretizar, porque a autora escolhera um tema radicalmente oposto, ou seja, o do casal em crise. Assim, pode-se perceber de maneira inequívoca a mudança provocada pela nova atuação das empresas patrocinadoras dentro do conjunto das relações entre consumidores e produtores de teatro no Brasil dos anos 80, assim como a alteração do horizonte de expectativas do público e da crítica como conseqüência do novo panorama político que se estabeleceu a partir do início dessa década. Se, por um lado, *A Resistência* não tivesse obtido o mesmo sucesso caso tivesse estreado cinco anos depois, tampouco *De Braços Abertos* teria sido recebida de forma tão positiva em 1979.

Michalski afirma em seu *O Teatro Sob Pressão* que os anos 80 mostraram-se um período marcado pelo desinteresse do público pelo teatro político predominante nos anos que antecederam ao golpe militar[1]. Uma das razões dessa modificação de contexto foi o fato de um dos acontecimentos marcantes, que permitiram a transição do governo militar para o civil, ter sido a decisão da Nova República de não julgar os responsáveis pelos crimes cometidos durante a ditadura. Assim, reatar com o passado para comentá-lo mostrou ser um processo repudiado pelos espectadores, que desejavam ter a impressão de estar superando uma fase amarga. Tampouco podemos esquecer que as expectativas da comunidade crítica acompanharam as do público, passando-se, desse modo, a valorizar as temáticas que abordavam as relações do indivíduo com a família, com o sexo oposto etc. No caso de *De Braços Abertos*, embora posteriormente parte da crítica acadêmica tenha encontrado determinadas posturas feministas disseminadas no texto, o fato de não comentar de maneira específica as estruturas patriarcais também proporcionou à peça de Maria Adelaide Amaral uma aceitação mais ampla, sem polêmicas.

Os anos 90 não chegaram a impor mudanças maiores ao panorama que descrevemos; porém, Maria Adelaide Amaral não conseguiu obter o mesmo tipo de êxito em seus trabalhos posteriores a *De Braços Abertos*. *Querida Mamãe*, por exemplo, foi um sucesso, porém uma década após *De Braços Abertos*. As duas peças exploravam o tema da impossibilidade de manter relações afetivas satisfatórias (no caso de *Querida Mamãe*, dentro do contexto familiar patriarcal). Mais uma vez a autora tornava a produzir trabalhos que seguiam a corrente das preferências do público, inclinadas a peças de caráter intimista que, contudo, não explorassem muito profundamente as possibilidades dramáticas da ação interior. Tampouco *Querida Mamãe* propunha-se a discutir os problemas dos personagens mãe/filha a partir de uma crítica radical do patriarcado, ou seja, repudiava-se o formalismo imposto às relações dentro da estrutura familiar tradicional; contudo, sem fazer dessa posição uma censura direta ao sistema. O paradigma de ruptura, simbolizado pela personagem Helô, por exemplo, não era apresentado de maneira positiva, o que se mostrou menos agressivo para os parâmetros conservadores.

Ísis Baião, que estreou no final dos anos 70, posicionou-se sempre à margem dos acontecimentos centrais da atividade teatral, tornando-se um nome menos conhecido fora do Rio de Janeiro. Embora sua estréia tenha se dado na mesma época que a de Maria Adelaide, ambas abordando temáticas sociais, sua carreira seguiu uma direção oposta, incorporando, em termos estéticos, o trabalho com o grotesco e uma preocupação absolutamente clara em tratar o universo da mulher a partir de posturas mais relacionadas ao feminismo. Uma das características mais destacadas de seu teatro, já presente em seu

---

1. Yan Michalski, *O Teatro Sob Pressão*, Rio de Janeiro: Zahar, 1989, p. 84.

CONSIDERAÇÕES FINAIS   139

primeiro texto montado, *Instituto Naque*, é justamente a de não agradar prioritariamente o público conservador. Suas obras, portanto, não são escritas visando, em primeiro lugar, ao sucesso comercial. Não pretendemos insinuar, contudo, que a autora evite o grande público, ou que suas obras não possam vir a ser sucessos de bilheteria. O que não parece disposta a fazer é abdicar de um espírito satírico mordaz, incisivo e nada conciliador em prol da satisfação de sensibilidades mais conservadoras. Portanto, seus temas e a forma mediante a qual os desenvolve são resultado de uma maneira de compreender o teatro como um meio de conscientizar, de "sacudir" a platéia para que esta possa constatar um tipo de horror banalizado pela vida cotidiana. Além disso, o desejo de mostrar um compromisso político claro fez com que parte da crítica mais conservadora compreendesse *As Chupetas do Senhor Refém*, seu segundo texto montado, como uma tentativa de voltar a uma espécie de teatro panfletário. Na realidade, *As Chupetas* tinha como um de seus objetivos denunciar a engrenagem sórdida e autoritária da assistência social no Brasil, destacando a opressão sofrida pelas classes populares. Com toda a ação girando em torno dessa idéia, a peça não pôde explorar profundamente as contradições individuais, a ambigüidade mesma a que a situação expunha o personagem principal.

As Bruxas Estão Soltas, seu terceiro texto, foi a peça que, na carreira de Ísis Baião, obteve um sucesso de público mais contundente. Embora esse triunfo não tenha representado o mesmo tipo de aceitação que tiveram textos como *Fala Baixo* e *De Braços Abertos*, significou, porém, um passo importante para que a autora pudesse se situar e se afirmar no panorama das criadoras mais preocupadas com as questões femininas e feministas. A recepção da crítica jornalística a *As Bruxas*, entretanto, mostrou-se contraditória. Macksen Luiz, do *Jornal do Brasil*, demonstrava claramente o caráter "masculino" de sua visão e a dificuldade para analisar imparcialmente manifestações que buscassem expressar um ponto de vista distinto da cultura androcêntrica dominante. Seus comentários a respeito da qualidade literária dos *sketches* de Baião dirigiam-se unicamente ao problema da inexistência, nesses textos, de uma voz que representasse o ângulo masculino de visão. É óbvio que seria bastante estranho uma obra declaradamente feminista se preocupar com tais questões. O crítico, portanto, em vez de se ocupar com temas como o tratamento dado pela autora a determinados mitos ou ao modo pelo qual se caracterizavam no espetáculo as formas de dominação simbólica da mulher, preferiu julgar o trabalho da dramaturga simplesmente por sua "parcialidade", considerando insignificante o resultado do conjunto, texto e montagem, já que estaria expressando as mesmas preocupações do universo das "revistas femininas".

Ísis Baião é, no grupo de dramaturgas brasileiras analisadas, a que obteve da crítica uma recepção menos calorosa e imparcial.

Consideramos que, além da antipatia provocada por possíveis erros cometidos no universo específico das encenações, seu trabalho com o grotesco, assim como a forma que desenvolvia temas como a decadência das instituições públicas e a luta da mulher por sua autonomia, atacavam demasiado de frente determinados parâmetros conservadores. Mesmo assim, por apresentar um enfoque mais ideologizado (geralmente contra os conceitos que modelam as estratégias de percepção do público conservador e da crítica), as peças de Baião verificam-se pouco comerciais para muitos produtores. Por outro lado, em termos de meios de produção, a autora realiza um teatro de texto, concebido quase sempre à parte do processo da prática construtiva da montagem. Esse fato a inseriria automaticamente em uma tradição de centro, e não de margem. Porém, como não compartilha a ideologia desse centro, acaba entre as margens; contudo, sem um espaço específico nesse grupo, já que algumas de suas peças não encenadas, *Casa de Penhores* é um exemplo bastante apropriado, precisam de investimentos relativamente altos de capital (pensando-se num esquema de produção com atores conhecidos em que cada um representaria apenas um personagem). Nesse sentido, os limites entre margem e centro tornam-se difusos.

Quanto às temáticas propriamente ditas, as que tratam de problemas exclusivamente femininos, a partir de um ponto de vista que possa ser relacionado a posturas feministas, não conseguiram ser incorporadas pelo cânone da crítica jornalística, que continua considerando-as um tipo de expressão pouco universal. As formas que evitam o realismo a partir de um trabalho com o grotesco, acompanhadas de um posicionamento político, seja referente à condição feminina ou aos problemas sociais do país, também são vistas com desconfiança tanto por parte da comunidade interpretativa dos críticos como por parte do público mais conservador e dos empresários responsáveis pelos investimentos de capital. Todavia, convém ressaltar que os horizontes de expectativas dos diferentes grupos que compõem o eixo que vai desde a produção até a recepção do fenômeno teatral são mutáveis e dependem quase sempre de estratégias de percepção político-ideológicas que vão se transformando. Por exemplo, no Brasil, os espetáculos que utilizam uma linguagem de vanguarda são cada vez mais prestigiados e chegam a ganhar vários prêmios, embora não consigam patrocínio e se vejam obrigados a manter-se em cartaz com muitas dificuldades.

Se no âmbito da narrativa, toda uma maneira de compreender e julgar os romances do século XIX mudou consideravelmente nos últimos cem anos, pois, de uma avaliação que minimizava sua importância por ser "leitura feminina", esses textos passaram a ser considerados como representantes de uma literatura fundacional, que tinha, entre seus propósitos, o desejo de simbolizar os pactos sociais

CONSIDERAÇÕES FINAIS

que marcaram a evolução social das novas nações emergentes. Desse modo, o que antes era pouco valorizado por pertencer às experiências do universo feminino adquiriu um status completamente distinto com o passar do tempo e com as transformações ocorridas nos parâmetros de juízo da comunidade crítica. É possível, portanto, que dentro de muito pouco tempo a mulher possa encontrar nos palcos brasileiros um espaço de expressão mais amplo e sensível, capaz de se abrir de maneira mais plena à sua multiplicidade.

TEATRO NA PERSPECTIVA

O Sentido e a Máscara
Gerd A. Bornheim (D008)
A Tragédia Grega
Albin Lesky (D032)
Maiakóvski e o Teatro de Vanguarda
Angelo M. Ripellino (D042)
O Teatro e sua Realidade
Bernard Dort (D127)
Semiologia do Teatro
J. Guinsburg, J. T. Coelho Netto e
Reni C. Cardoso (orgs.) (D138)
Teatro Moderno
Anatol Rosenfeld (D153)
O Teatro Ontem e Hoje
Célia Berrettini (D166)
Oficina: Do Teatro ao Te-Ato
Armando Sérgio da Silva (D175)
*O Mito e o Herói no Moderno Teatro
Brasileiro*
Anatol Rosenfeld (D179)
*Natureza e Sentido da Improvisação
Teatral*
Sandra Chacra (D183)
Jogos Teatrais
Ingrid D. Koudela (D189)

*Stanislávski e o Teatro de Arte de
Moscou*
J. Guinsburg (D192)
O Teatro Épico
Anatol Rosenfeld (D193)
Exercício Findo
Décio de Almeida Prado (D199)
O Teatro Brasileiro Moderno
Décio de Almeida Prado (D211)
*Qorpo-Santo: Surrealismo ou
Absurdo?*
Eudinyr Fraga (D212)
Performance como Linguagem
Renato Cohen (D219)
*Grupo Macunaíma: Carnavalização e
Mito*
David George (D230)
Bunraku: Um Teatro de Bonecos
Sakae M. Giroux e Tae Suzuki
(D241)
No Reino da Desigualdade
Maria Lúcia de Souza B. Pupo
(D244)
A Arte do Ator
Richard Boleslavski (D246)

Um Vôo Brechtiano
Ingrid D. Koudela (D248)

Prismas do Teatro
Anatol Rosenfeld (D256)

Teatro de Anchieta a Alencar
Décio de Almeida Prado (D261)

A Cena em Sombras
Leda Maria Martins (D267)

Texto e Jogo
Ingrid D. Koudela (D271)

O Drama Romântico Brasileiro
Décio de Almeida Prado (D273)

Para Trás e Para Frente
David Ball (D278)

Brecht na Pós-Modernidade
Ingrid Dormien Koudela (D281)

O Teatro É Necessário?
Denis Guénoun (D298)

O Teatro do Corpo Manifesto: Teatro Físico
Lúcia Romano (D301)

O Melodrama
Jean-Marie Thomasseau (D303)

João Caetano
Décio de Almeida Prado (E011)

Mestres do Teatro I
John Gassner (E036)

Mestres do Teatro II
John Gassner (E048)

Artaud e o Teatro
Alain Virmaux (E058)

Improvisação para o Teatro
Viola Spolin (E062)

Jogo, Teatro & Pensamento
Richard Courtney (E076)

Teatro: Leste & Oeste
Leonard C. Pronko (E080)

Uma Atriz: Cacilda Becker
Nanci Fernandes e Maria T. Vargas (orgs.) (E086)

TBC: Crônica de um Sonho
Alberto Guzik (E090)

Os Processos Criativos de Robert Wilson
Luiz Roberto Galizia (E091)

Nelson Rodrigues: Dramaturgia e Encenações
Sábato Magaldi (E098)

José de Alencar e o Teatro
João Roberto Faria (E100)

Sobre o Trabalho do Ator
Mauro Meiches e Silvia Fernandes (E103)

Arthur de Azevedo: A Palavra e o Riso
Antonio Martins (E107)

O Texto no Teatro
Sábato Magaldi (E111)

Teatro da Militância
Silvana Garcia (E113)

Brecht: Um Jogo de Aprendizagem
Ingrid D. Koudela (E117)

O Ator no Século XX
Odette Aslan (E119)

Zeami: Cena e Pensamento Nô
Sakae M. Giroux (E122)

Um Teatro da Mulher
Elza Cunha de Vincenzo (E127)

Concerto Barroco às Óperas do Judeu
Francisco Maciel Silveira (E131)

Os Teatros Bunraku e Kabuki: Uma Visada Barroca
Darci Kusano (E133)

O Teatro Realista no Brasil: 1855-1865
João Roberto Faria (E136)

Antunes Filho e a Dimensão Utópica
Sebastião Milaré (E140)

O Truque e a Alma
Angelo Maria Ripellino (E145)

A Procura da Lucidez em Artaud
Vera Lúcia Felício (E148)

Memória e Invenção: Gerald Thomas em Cena
Sílvia Fernandes (E149)

O Inspetor Geral *de Gógol/Meyerhold*
Arlete Cavaliere (E151)

O Teatro de Heiner Müller
Ruth Cerqueira de Oliveira Röhl (E152)

Falando de Shakespeare
Barbara Heliodora (E155)

Moderna Dramaturgia Brasileira
Sábato Magaldi (E159)

Work in Progress *na Cena Contemporânea*
Renato Cohen (E162)

Stanislávski, Meierhold e Cia
J. Guinsburg (E170)

Apresentação do Teatro Brasileiro Moderno
Décio de Almeida Prado (E172)

Da Cena em Cena
J. Guinsburg (E175)

O Ator Compositor
Matteo Bonfitto (E177)

Ruggero Jacobbi
Berenice Raulino (E182)
Papel do Corpo no Corpo do Ator
Sônia Machado Azevedo (E184)
O Teatro em Progresso
Décio de Almeida Prado (E185)
Édipo em Tebas
Bernard Knox (E186)
Depois do Espetáculo
Sábato Magaldi (E192)
Em Busca da Brasilidade
Claudia Braga (E194)
A Análise dos Espetáculos
Patrice Pavis (E196)
As Máscaras Mutáveis do Buda Dourado
Mark Olsen (E207)
Crítica da Razão Teatral
Alessandra Vannucci (E211)
Caos / Dramaturgia
Rubens Rewald (E213)
Para Ler o Teatro
Anne Ubersfeld (E217)
Entre o Mediterrâneo e o Atlântico
Maria Lúcia de Souza Barros Pupo (E220)
Yukio Mishima: o Homem de Teatro e de Cinema
Darci Yasuco Kusano (E225)
O Teatro da Natureza
Marta Metzler (E226)
Margem e Centro
Ana Lúcia Vieira de Andrade (E217)
Do Grotesco e do Sublime
Victor Hugo (EL05)
O Cenário no Avesso
Sábato Magaldi (EL10)
A Linguagem de Beckett
Célia Berrettini (EL23)
Idéia do Teatro
José Ortega y Gasset (EL25)
O Romance Experimental e o Naturalismo no Teatro
Emile Zola (EL35)
Duas Farsas: O Embrião do Teatro de Molière
Célia Berrettini (EL36)
Marta, A Árvore e o Relógio
Jorge Andrade (T001)
O Dibuk
Sch. An-Ski (T005)

Leone de'Sommi: Um Judeu no Teatro da Renascença Italiana
J. Guinsburg (org.) (T008)
Urgência e Ruptura
Consuelo de Castro (T010)
Pirandello do Teatro no Teatro
J. Guinsburg (org.) (T011)
Canetti: O Teatro Terrível
Elias Canetti (T014)
Idéias Teatrais: O Século XIX no Brasil
João Roberto Faria (T015)
Heiner Müller: O Espanto no Teatro
Ingrid Dormien Koudela (Org.) (T016)
Büchner: Na Pena e na Cena
J. Guinsburg e Ingrid Dormien Koudela (Orgs.) (T017)
Teatro Completo
Renata Pallottini (T018)
Três Tragédias Gregas
Guilherme de Almeida e Trajano Vieira (S022)
Édipo Rei de Sófocles
Trajano Vieira (S031)
As Bacantes de Eurípides
Trajano Vieira (S036)
Édipo em Colono de Sófocles
Trajano Vieira (S041)
Teatro e Sociedade: Shakespeare
Guy Boquet (K015)
Eleonora Duse: Vida e Obra
Giovanni Pontiero (PERS)
Linguagem e Vida
Antonin Artaud (PERS)
Ninguém se Livra de seus Fantasmas
Nydia Licia (PERS)
O Cotidiano de uma Lenda
Cristiane Layher Takeda (PERS)
História Mundial do Teatro
Margot Berthold (LSC)
O Jogo Teatral no Livro do Diretor
Viola Spolin (LSC)
Dicionário de Teatro
Patrice Pavis (LSC)
Jogos Teatrais: O Fichário de Viola Spolin
Viola Spolin (LSC)
Zé
Fernando Marques (LSC)
Dicionário do Teatro Brasileiro: Temas, Formas e Conceitos
J. Guinsburg, João Roberto Faria e Mariangela Alves de Lima (coords.) (LSC)

Este livro foi impresso na
LIS GRÁFICA E EDITORA LTDA.
Rua Felício Antonio Alves, 370 – Bonsucesso
CEP 07175-450 – Guarulhos – SP – Fax.: (11) 6436-1538
Fone. (11) 6436-1000 – e-mail: lisgrafica@lisgrafica.com.br